30년 경력 국내 최고 데이터 컨설턴트가 알려주는 SQL 핵심!

PostgreSQL로 시작하는
SQL 코딩입문

SQL Programming **in PostgreSQL**

PostgreSQL로 시작하는 SQL 코딩입문(기본편)
SQL Programming in PostgreSQL

초판 발행 · 2018년 11월 27일
지은이 · 박상용
펴낸곳 · (주)엔코아
주소 · 서울시 서초구 서초대로46길 42
전화 · 02-754-7301
팩스 · 02-754-7305
인쇄 · 다큐솔루션

ISBN 978-89-954474-5-1

정가 15,000원

엔코아 홈페이지 · www.en-core.com
플레이데이터 홈페이지 · https://playdata.io/academy
플레이데이터 페이스북 · facebook.com/playdata.io
플레이데이터 인스타그램 · @playdata.io

예제 소스 · https://blog.naver.com/encore_playdata

> 이 책의 저작권은 (주)엔코아에 있으며, 저작권법에 의해 보호를 받는 저작물이므로 무단 복제 및 무단 전재를 금합니다. 내용의 전부 또는 일부를 이용하려면 반드시 (주)엔코아의 서면 동의를 받아야 합니다.

▶ 잘못된 책은 구입한 서점에서 바꿔 드립니다.

30년 경력 국내 최고 데이터 컨설턴트가 알려주는 SQL 핵심!

PostgreSQL로 시작하는
SQL 코딩입문

SQL Programming in PostgreSQL

박상용 지음

Part 01 기본편

| 지은이의 말

SQL, 어떻게 생각하시나요? '재미있는 놀이감'이라고 말씀드리면 당황스러우실까요? 독일의 심리치료사인 롤프 메르클레(Rolf Merkle)는 이렇게 말했습니다. "천재는 노력하는 사람을 이길 수 없고, 노력하는 사람은 즐기는 사람을 이길 수 없다." 이제 막 SQL 세상에 발을 내딛은 분들 입장에서는 이해가 되지 않을 수도 있겠지만, SQL을 즐길 수 있고, SQL로 즐거워질 수 있다면 분명 여러분에게도 새로운 세상이 보일 겁니다.

저도 처음 SQL을 접하고 간단한 문장으로 컴퓨터 화면에 결과가 나오는 것을 신기해하면서 전산 업무를 시작했는데, 그것이 벌써 30년이 넘었군요. 저는 국내에서 관계형 데이터베이스 관리시스템이 업무에 활용되기 시작하던 초기 시절에 전산 업무를 시작했습니다. 그 후 오라클 버전6으로 회사의 기간 시스템을 개발하며 오라클의 SQLPLUS로 처음 SQL을 배우게 되었지만 체계적으로 배울 수 있는 환경이나 교육 체계가 제대로 갖추어지지 않았던 시절이라 이틀간 SQL을 배운 것이 다였습니다. 그때부터 하나하나 부딪혀 가면서 익히고 파헤쳐 가는 속에서 재미를 느끼며 오늘에 이르러, 이제는 데이터 전문회사 엔코아와 역사를 함께 하면서 컨설턴트로 살아가고 있습니다. 데이터 한 분야에서, 그것도 데이터 분야를 선도하는 회사와 동료들의 울타리 안에서 계속 일하면서 살아가고 있는 것을 보면 저도 전생에 나라는 아니라도 조그만 도시 하나 정도는 구하지 않았을까 조심스럽게 생각해 봅니다.

RDB 분야에서 오랜 시간동안 Oracle, Microsoft, IBM 등의 대형 글로벌 기업들이 DBMS 시장을 주도해 오다가 요즘은 오픈 소스 DBMS가 새로운 강자로 등장하여 많은 기업과 사람들의 주목의 받고 있습니다. 이러한 시류에 발맞추어 그동안 제가 실무에서 느낀 노하우와 팁을 SQL을 처음 접하는 분들과 공유하고 싶어 이 책을 쓰게 되었고, 이왕이면 오픈 소스 DBMS를 통해 SQL을 배울 수 있도록 하여 이 책으로 공부하시는 분들이 새로운 시대에 조금이라도 유리한 고지를 선점하는데 도움을 드릴 수 있도록 했습니다.

이 책은 처음 SQL을 접하는 분들을 생각하면서 길잡이가 되기를 바라는 마음으로 썼고, 그래서 더욱 기본에 충실하려고 노력했습니다. 이 책이 오픈 소스 DBMS인 PostgreSQL을 대상으로 하고 있기 때문에 가끔은 PostgreSQL 전용의 SQL 문장도 포함되었지만 가급적 표준 SQL 중심으로 내용을 구성해 보려고 노력했습니다. 이 책의 내용을 이미 숙지하고 있고, 더 높은 수준의 SQL을 배우기 원하는 분들에게는 다음에 출시될 'SQL 코딩입문-활용편'을 추천 드립니다. 활용편은 실제 실무에서 유용하게 사용할 수 있는 핵심적인 SQL 문장과 필자가 현장에서 경험한 SQL을 보다 효율적으로 사용할 수 있는 노하우를 소개하고 있습니다. 현재 SQL을 사용하고 있는 초급 개발자나 다소간의 실무 경험이 있는 개발자라면 활용편에 수록된 내용이 SQL 활용 능력을 향상시키는데 도움이 될 것입니다. SQL을 처음 접하는 분들이라면 기본편인 이 책에 담긴 내용을 충분히 이해하고 숙지하신 후에 활용편을 공부하시길 권고 드립니다.

마지막으로 집필하는 동안 제게 많은 조언과 영감을 주신 엔코아 HRD센터와 회사의 모든 동료들, 그리고 언제나 저를 응원해주는 가족들에게 감사드립니다. 주변의 도움이 없었다면 이 책은 태어나지 못했을 겁니다. 많은 분들께 진심으로 감사의 말씀을 드립니다.

2018년 11월
박상용

Part 01 기본편

1장
SQL 소개

1.1 SQL이란?	13
1.2 SQL의 역사	16
1.3 SQL과 표준 SQL	17
1.4 데이터와 데이터베이스	20
1.4.1 데이터, 정보, 지식은 어떻게 다른가?	20
1.4.2 데이터베이스와 데이터베이스 시스템	22
1.4.3 데이터베이스 관리 시스템	23
1.4.4 데이터베이스의 유형	25
1.5 RDBMS의 데이터 저장 기본 구조, 테이블	31
1.6 SQL, 입문자에서 고수가 되기까지	34

Part 01 기본편

2장 예제용 DB 만들기

2.1 왜 데이터베이스 설계가 필요한가?	39
2.1.1 데이터베이스 설계란?	39
2.1.2 데이터베이스는 어떻게 설계하는가?	42
2.1.3 잘 설계된 데이터베이스의 특징	47
2.2 예제 DB 설계를 위한 업무 명세	48
2.3 예제 DB 설계하기	52
2.3.1 단계1 : 업무 명세 내용 분석	52
2.3.2 단계2 : 논리 데이터 모델을 설계한다	54
2.3.3 단계3 : 물리 데이터 모델로 전환한다	60
2.3.4 단계4 : 테이블을 생성한다	73

Part 01 기본편

3장
SQL 기본 다지기

3.1 SQL의 종류	108
3.1.1 DDL(Data Definition Language, 데이터 정의어)	110
3.1.2 테이블 정보 확인하기	113
3.1.3 DML · 데이터 추가, 삭제, 갱신하기	131
3.2 데이터 조회(select) 기본	139
3.2.1 SELECT 문장의 기본 구성	140
3.2.2 SELECT 문장의 실행 순서	145
3.2.3 출력할 열 제어하기	146
3.2.4 조건절	149
3.2.5 집합의 확장 검색 · 조인(JOIN)	161
3.2.6 주석(Comment) 처리	182

Part 02 활용편

1장 SQL 활용력을 높이자

1.1 조회 결과의 가공

    1.1.1 검색 결과 정렬하기

    1.1.2 검색 결과 제한하기

    1.1.3 함수를 이용한 행 단위 연산

    1.1.4 VALUES 목록

1.2 데이터 그룹화

    1.2.1 GROUP BY

    1.2.2 HAVING

1.3 집계 함수(Aggregate Functions)의 사용

    1.3.1 COUNT 함수

    1.3.2 SUM 함수

    1.3.3 AVG 함수

    1.3.4 MIN 함수

    1.3.5 MAX 함수

    1.3.6 DISTINCT 함수

Part 02 활용편

1장
SQL 활용력을 높이자

1.4 서브 쿼리(SUB-QUERY)

    1.4.1 서브 쿼리(SUB-QUERY)란?

    1.4.2 단일행 서브 쿼리

    1.4.3 다중행 서브 쿼리

    1.4.4 다중 컬럼 서브 쿼리

    1.4.5 상관 서브 쿼리

    1.4.6 스칼라 서브 쿼리

    1.4.7 WITH 서브 쿼리(공통 테이블 표현식)

    1.4.8 인라인 뷰(INLINE VIEW)와 추출 테이블(DERIVED TABLE)

1.5 집합 연산

1.6 데이터의 계층적 질의

Part 02 활용편

2장 도전! SQL 레벨업

2.1 다중 행의 결과를 하나의 행에 나열

    2.1.1 컬럼 값 연결(COLUMN VALUES CONCATENATION)

    2.1.2 행을 열로 바꾸는 방법, 피봇(PIVOT)

2.2 단일 행을 다중 행으로 변환

    2.2.1 하나의 열에 나열된 문자열을 다중 행으로 변환

    2.2.2 단일 행의 다중 열을 다중 행으로 변환, 언피봇(UNPIVOT)

2.3 그룹 함수를 이용한 소계, 총계 구하기

    2.3.1 ROLLUP

    2.3.2 CUBE

    2.3.3 GROUPING SETS

2.4 윈도우 함수에 대한 이해와 활용

2.5 페이지 처리

2.6 복잡한 DML 문장

    2.6.1 SELECT 구문을 활용한 INSERT

    2.6.2 SELECT 구문을 활용한 UPDATE, DELETE

    2.6.3 JOIN을 통한 UPDATE

    2.6.4 JOIN을 통한 단일 테이블 DELETE

    2.6.5 다중 테이블 INSERT

    2.6.6 다중 테이블 UPDATE

    2.6.7 다중 테이블 DELETE

    2.6.8 다양한 DML을 한 번에 처리

    2.6.9 데이터 유무에 따른 UPDATE, INSERT 분기 처리

1
SQL 소개

이 장에서는 SQL이 무엇인지에 대해 설명하고, SQL 세상에 입문하여 능숙하게 사용할 수 있는 수준에 오르기 위해서 SQL을 어떻게 이해해야 하는지, 그리고 어떤 준비가 필요한지 등에 대해 설명합니다. 이 장을 통해 이 책이 의도하는 바를 이해하고 이 책에서 다루는 것이 무엇인지 이해하여 SQL을 공부하는데 도움이 될 수 있도록 기초적인 개념을 알 수 있습니다.

SQL 소개 | 1장

1.1 SQL이란?

SQL은 Structured Query Language의 약어로, 관계형 데이터베이스 관리 시스템(Relational Database Management System; RDBMS)의 데이터를 다루기 위해 가장 일반적으로 사용되는 언어이다. 언어(language)라고는 하지만 우리가 흔히 이야기하는 컴퓨터 프로그래밍 언어와는 차이가 있다. SQL은 RDBMS가 관리하고 있는 데이터베이스를 조작하기 위한 전용 언어로, 원하는 데이터를 읽거나 쓰는 모든 처리에 대해 RDBMS와 대화할 수 있는 유일한 언어이다.

그림1-1 SQL의 개념

사용자는 SQL을 사용해 데이터베이스에 저장된 데이터의 검색, 조작, 정의 등의 처리를 요구할 수 있다. RDBMS는 SQL로 작성된 사용자의 요구를 받게 되면 이것을 해석하여 필요한 데이터를 가져와 사용자가 원하는 형태로 만들거나, 원하는 처리를 수행한 후 사용자에게 그 결과를 전달해 주게 된다.

이와 같은 SQL을 이용한 기본적인 처리 방식은 모든 관계형 데이터베이스 시스템에서 같은 방식으로 데이터베이스를 사용할 수 있도록 표준화 되어 있다. 이에 따라 SQL은 관계형 데이터베이스 시스템과 대화할 수 있는 표준 언어로 정착되어 있기 때문에 표준 SQL을 지원하는 모든 RDBMS에서 동일한 문장으로 실행할 수 있어 높은 생산성(productivity)과 이식성(portability)을 보여준다. 이식성(portability)이라는 용어는 여러 분야에서 사용될 수 있다. 하지만 여기서 논하는 SQL을 놓고 볼 때 다른 RDBMS에서도 그대로 사용할 수 있는 정도를 의미한다. 이식성이 높을수록 SQL문장의 변경 없이 그대로 다른 RDBMS로 옮겨 사용할 수 있고, 이식성이 낮을수록 사용 환경(RDBMS)이 바뀌었을 때 변환 작업이 많이 일어난다. 물론 다양한 RDBMS 제품에 따라 내부적인 구성과 실행 구조(이를 '아키텍처'라고 표현한다)에는 조금씩 차이가 있고 이에 따른 효율에도 차이가 있다. 따라서 사용자가 SQL로 요구한 처리를 수행하는 세부 과정을 하나하나씩 깊이 파고들어 본다면, RDBMS마다 조금씩 특성에 차이가 있겠지만 SQL을 처리하여 그 결과를 사용자에게 돌려주는 처리 과정의 흐름은 대부분 비슷하다. 또한 RDBMS 마다 그 환경에 맞게 최적화되고 그 환경에서만 실행될 수 있는 SQL 문장 구조도 사용되고 있다. 하지만 사용자가 RDBMS에 요구할 수 있는 처리에 대한 SQL문장 구성이 표준화되어 있기 때문에 이러한 표준에 따라 작성한 SQL(표준 SQL)은 어떤 RDBMS에서도 SQL문장을 수정하지 않고 그대로 실행할 수 있다. 그렇기 때문에 한 가지 이상의 RDBMS를 사용하는 기업이나 기관에서는 데이터베이스 시스템을 구축할 때 가급적 표준 SQL을 사용하도록 하여 한번 만든 SQL을 RDBMS의 종류에 관계없이 어디서나 곧바로 실행할 수 있도록 노력하고 있다.

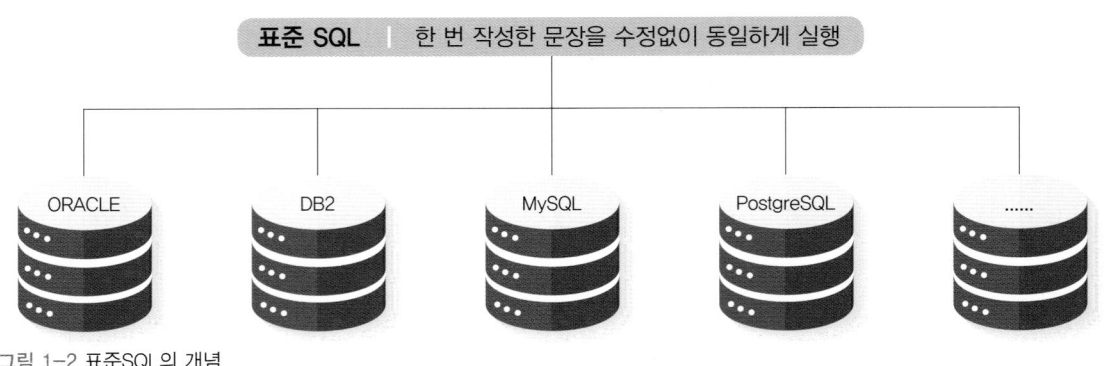

그림 1-2 표준SQL의 개념

SQL을 좀 더 상세하게 정의해 보면, SQL은 관계형 데이터베이스 시스템에서 데이터의 접근과 조작(조회, 입력, 수정, 삭제), 데이터를 관리하기 위한 데이터베이스 구조의 관리(데이터베이스 및 테이블의 생성, 변경, 제거 등), 데이터베이스에 대한 통제 또는 제어에 관련된 관리(권한 부여, 권한 회수 등) 등에 사용되는 데이터베이스 언어라고 할 수 있다.

SQL을 작성하고 사용하는 방법에는 여러 가지가 있다. 거의 모든 RDBMS는 대화식 명령어 사용 환경(command line editor)을 기본적으로 제공하고 있다. 제공된 명령어 사용 환경에 로그인 한 후 SQL을 한 문장씩 작성하고 실행하여 그 결과를 확인하는 방식으로 SQL을 사용할 수 있다. 또 다른 경우에는 사용자에게 익숙한 윈도우 방식의 UI(user interface) 환경에서 자유롭게 SQL을 편집하고 실행하는 것이다. 그 외에도 다양한 기능을 사용할 수 있는 전문 SQL 편집 도구 혹은 데이터베이스 관리 도구 소프트웨어를 사용할 수도 있다. 이러한 전문 SQL 편집기 소프트웨어는 보통 유료로-간혹 무료로 제공되는 것들도 있으나- 제공된다. 특히 기업에서 사용할 때는 일정 비용을 지불하는 경우가 대부분이니 확인 후 사용하는 것이 좋다. 또 다른 SQL 사용 방법은 Java, C, C#, C++, Delphi, PL/I, COBOL 등 다양한 호스트 프로그램 언어에 삽입하여 사용하는 것이다. SQL을 포함하고 있는 프로그램의 처리 과정이 실행되는 도중에 SQL 부분을 만나면, 프로그램 실행을 잠시 멈추고 해당하는 SQL 부분을 RDBMS에 보낸다. SQL이 실행된 결과가 돌아오면 그 결과를 가지고 이후의 처리 과정이 이어서 수행되는 방식으로 처리된다.

RDBMS는 사용자나 호스트 프로그램 등으로부터 SQL로 데이터 처리에 대한 요구를 받으면 SQL로 요구된 해당 데이터의 위치와 접근 경로, 접근 방법 등을 스스로 판단하여 요구된 처리를 실행해 그 결과를 요청자(사용자나 호스트 프로그램)에게 돌려 준다. C나 Java, COBOL 등의 호스트 프로그램 언어는 사람이 그 처리 과정을 일일이 기술하여 그 기술된 처리 과정에 따라 프로그램이 실행되기 때문에 '절차형 언어'라고 부른다. 반면 SQL에는 그러한 처리 과정이 기술되지 않고 오로지 원하는 내용 즉, 무엇을 원하는 지만을 기술한다. 그 결과를 얻기 위한 처리 과정은 RDBMS가 내부적으로 스스로 만들어 내기 때문에 SQL은 '비절차형 언어(nonprocedural language)'라고 부른다. '비절차적(nonprocedural)' 이라는 말은 **어떻게** 작업을 수행하고 처리할 것인가 보다 **어떤** 데이터, 어떤 처리 결과를 원하는지(추가, 수정, 삭제, 추출 등) 만을 기술하면 된다는 의미이다.

또한 SQL이 다루는 대상은 기본적으로 레코드 하나하나가 아니라는 점에 주목해야 한다. 호스트 프로그램 언어로 처리 과정을 기술하는 경우에는 지정한 레코드 시작점에서부터 하나하나를 검사하고, 정해진 처리를 수행하는 과정을 반복하여 어떤 레코드에서 멈추게 할 것인지 등을 지정할 수 있다. 이는 레코드 단위의 처리를 할 수 있다는 특징을 갖는다. 하지만 SQL은 세트 지향(set oriented)의 데이터베이스 언어이기 때문에 어떤 조건에 해당하는 데이터 집합 전체, 즉 테이블 수준에서의 데이터 집합 또는 데이터 세트를 처리 대상으로 삼는다.

SQL은 영어 문장과 비슷한 구문을 갖고 있어서 초보자들도 비교적 쉽게 배우고 사용할 수 있다는 장점이 있다. 또한 대소문자를 구별하지 않고 사용할 수 있으며, 세미콜론(;)에 의해 문장 하나가 종결되기 때문에 SQL을 작성할 때 가독성 향상을 위해 여러 라인으로 나누어서 작성할 수도 있다.

1.2 SQL의 역사

미국 산타모니카에 위치한 소프트웨어 기업 '시스템 디벨롭먼트 코퍼레이션 (System Development Corporation, SDC)'은 1963년 6월, 제 1차 '컴퓨터 중심의 데이터베이스 개발과 관리'라는 심포지움을 열었다. 바로 이곳에서 최초로 데이터베이스(Database)라는 용어가 사용되었다. 그리고 1965년 9월에 2차로 개최한 '컴퓨터 중심의 데이터베이스 시스템' 심포지움에서 데이터베이스 시스템(Data Base System)이라는 용어가 처음 등장했다.

이렇게 시작한 데이터베이스의 역사에 있어1970년대는 매우 뜻 깊은 시기라고 해도 과언이 아니다. 1970년, 에드거 프랭크 커드(Edgar Frank Codd) 박사가 발표한 관계형 데이터베이스에 대한 논문을 시작으로 관계형 데이터베이스의 역사가 시작되었다. 그리고 1976년에는 MIT슬론 경영대학원(MIT Sloan School of Management)에 조교수(Assistant Professor)로 재직 중이던 피터 첸(Peter Chen)이 관계형 데이터베이스의 설계 방법인 개체-관계형 모델(Entity-Relationship Model)을 최초로 제안하면서 관계형 데이터베이스가 화려하게 꽃 피우게 되었다. 또한 1970년대 초반 IBM에서는 System R이라는 프로젝트를 진행했다. System R에 저장되어 있는 데이터를 검색하고 조작하는 처리를 하기 위해 관계 사상(relational model)을 기초로 하는 데이터베이스 언어인 SEQUEL(Structured English Query Language, '씨퀄'이라고 읽음) 언어를 최초로 개발했다. 하지만 이 최초의 이름 SEQUEL이 호커 시들리(Hawker-Siddeley)라는 영국 항공기 제조사의 상표 이름과 같다는 것을 알게 되고, 이후 SQL로 이름을 변경하게 된다. 그리고 1986년, ANSI(American National Standards Institute, 미국규격협회)가 SQL을 표준안으로 채택하면서 공식 발음도 SQL(에스큐엘)이라 선언하였다. 이와 같은 복잡한 역사로 아직도 많은 수의 데이터베이스 전문가들이 여전히 SEQUEL(씨퀄)과 SQL(에스큐엘)을 혼용하여 사용하고 있다.

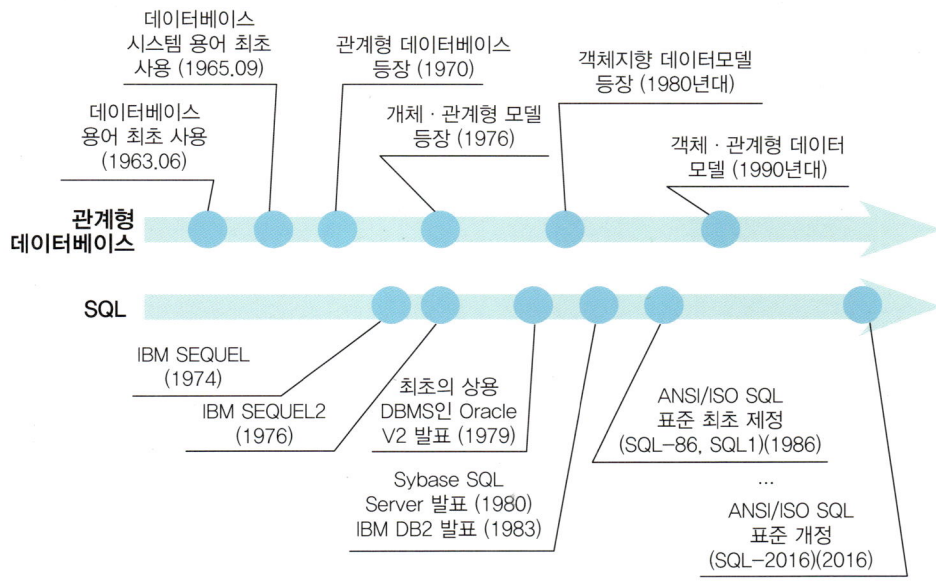

그림 1-3 SQL의 역사

1.3 SQL과 표준 SQL

원래 IBM은 Structured Query Language의 약자로서 SQL이라고 했으나, 국제 표준화 기구인 ISO(International Organization for Standardization)에서는 약어가 아닌 고유 명사로서 SQL(에스큐엘)이라는 명칭을 사용하여 국제 표준화를 관리하고 있다. SQL에 대한 표준화는 1986년에 ANSI에서 SQL-86이라는 이름으로 최초의 SQL 표준이 제정되면서 시작되었다. 그리고 1987년에 ISO에서 이를 비준하면서 ISO 9075-1987(SQL-87)로 국제 표준이 제정되었다. 그리고 다시 1989년, 일부 개정(minor revision)을 거쳐 SQL-89가 발표되었고, 1992년에 다시 기능을 확장하여 대폭적인 개정이 적용된 ISO 9075-1992를 제정했다. 이것을 SQL-

92 혹은 SQL2라 명명하였다. 이 SQL-92는 SQL표준의 세 번째 개정판이 된다. 1999년에는 ISO에서 SQL3 라는 별칭의 표준SQL 버전 SQL:1999를 발표했으며, 이때부터 표준의 명칭에 하이픈(hyphen, '-') 대신 콜론(colon, ':')을 사용하게 된다. 이후로는 더 이상 별칭을 사용하지 않고 연도 표기로 표준SQL 버전을 표시하고 있으며, 2016년에 발표된 SQL:2016 버전은 JSON 타입 데이터에 대한 내용까지 반영된 가장 최근 버전(2019년 3월 기준)으로 알려져 있다. 현재 SQL의 표준화를 주도하고 있는 기관은 ISO이며, ANSI와 ISO는 서로 다른 기관이지만 SQL을 표준화하기 위한 이들의 노력을 존중하여 많은 데이터베이스 관련 종사자들은 표준 SQL을 ANSI/ISO 표준이라고 부르기도 한다.

SQL 표준에 대한 개정 이력을 간단히 정리해 보면 다음과 같다.

연도	버전	내용
1986	SQL-86	ANSI에 의해 공식화된 최초의 SQL 표준
1989	SQL-89	무결성 제약조건(integrity constraints)을 추가하여 일부 개정
1992	SQL-92 (SQL2)	ISO 9075로 정식 표준 번호를 부여하여 전면 개정
1999	SQL:1999 (SQL3)	정규표현식(regular expression matching), 순환쿼리(recursive queries), 트리거(triggers), SQL의 절차적 사용 및 흐름제어 기능, SQL을 Java 코드에 내장(SQL/OLB)하거나 SQL에서 Java 코드를 사용(SQL/JRT)할 수 있는 등의 기능이 표준에 추가됨
2003	SQL:2003	XML 관련 특성이 추가되었고(SQL/XML), 윈도우함수('분석함수' 라고도 함), 자동 생성값을 사용하는 표준화된 시퀀스와 컬럼 기능(아이덴티티 컬럼 포함) 등이 표준에 추가됨
2006	SQL:2006	SQL을 XML과 결합하여 사용하는 방법, XML 데이터 불러오기, 저장, 조작 및 XML과 결합하여 사용하는 방법 등이 정의됨. 또한 World Wide Web Consortium (W3C) 에서 제정한 XML 질의 언어인 Xquery를 SQL 코드와 함께 사용하여 일반적인 SQL 데이터와 XML 문서에 동시에 접근할 수 있게 됨
2008	SQL:2008	커서 정의 외부에서의 ORDER BY 사용을 공식화하고, INSTEAD OF 트리거(VIEW 에서 사용하는 트리거), TRUNCATE 문, FETCH 구문 등이 추가됨
2011	SQL:2011	DB 내에 일시적으로 데이터를 저장하고 사용할 수 있는 임시 데이터베이스 기능이 추가되었으며, 윈도우함수(분석함수)와 FETCH 구문에 대한 내용이 보강됨
2016	SQL:2016	레코드 단위에서 일치 정도 비교(row pattern matching), 임의의 테이블이나 데이터를 FROM 절에서 테이블처럼 선언하여 사용할 수 있는 다형성 테이블 기능 (polymorphic table function, PTF), JSON 데이터 관련 기능 등이 추가 됨

그림 1-4 SQL 표준화 및 개정 이력

그렇다면 SQL 표준화가 필요한 이유는 무엇일까? 1979년 오라클에서 최초의 상용 DBMS가 출시된 이후로 Sybase, DB2 등과 같은 상용 DBMS들이 잇달아 출시되며 저마다 자기 제품에 특화된 SQL을 내장하게 됐다. 그러다 보니 동일한 실행 결과를 얻는데 사용하는 SQL 문장 형태가 서로 달라지게 되고, 동일한 문장 형태로 실행했을 때도 실행 여부나 결과가 서로 다르게 나타나게 됐다. 이에 따른 호환성, 신뢰성 등에 문제가 나타났고, 각각의 DBMS에 따라 개별 SQL을 다시 배워야 하는 등의 불편함이 드러나게 됐다. 이에 따라 모든DBMS에서 사용되는 SQL표준화가 자연스럽게 대두되었을 것이고, 이러한 문제를 해결하기 위해 1986년 ANSI가 앞장서 최초의 SQL 표준을 제정하게 됐다. 이를 통해 세계 어느 나라에서 만드는 DBMS 제품이나 SQL을 사용하는 관련 소프트웨어의 국제적인 표준화가 이루어졌고, SQL을 사용하고자 하는 사람들에게 공통적으로 적용될 수 있도록 ISO 표준이 제정되었다.

SQL 표준화를 통해 우리가 얻을 수 있는 이점은 다음과 같다.

생산성 향상

표준 SQL로 작성된 SQL은 다른 DBMS로 옮겨서도 수정없이 그대로 실행이 가능해 지고 결과 또한 동일하게 얻을 수 있다. 따라서 서로 다른 DBMS를 사용하는 환경에 있어서도 DBMS 마다 SQL을 다시 작성해야 하는 시간과 노력의 낭비를 줄일 수 있어 생산성이 향상되는 효과를 얻을 수 있다.

이식성 증가

현존하는 관계형 데이터베이스 관리 시스템(RDBMS)은 모두 표준 SQL을 사용할 수 있도록 지원하고 있다. 물론 그 종류에 따라 지원되는 표준SQL의 버전에는 차이가 있을 수 있다. 하지만 어떤 DBMS에 특화된 확장 SQL이 아닌 표준 SQL을 사용하여 작성된 어플리케이션이라면 다른 DBMS를 운영하고 있는 서버에 옮겨서도 거의 수정없이 실행이 가능하다. 이 역시 서버나 DBMS 전환에 따른 시간과 노력이 훨씬 적게 든다는 특징을 나타낸다. 그래서 표준SQL 위주로 작성된 어플리케이션은 높은 이식성을 갖게 된다.

학습성 향상

표준SQL을 익히게 되면 어떤 DBMS 환경에서도 쉽게 SQL을 구사하고 어플리케이션을 개발할 수 있는 능력을 갖추게 된다. 또한 새로운 DBMS 환경을 접했을 때도 DBMS의 종류에 상관없이 표준 SQL을 기반으로 쉽게 적응하고 배울 수 있다. 이 뿐만 아니라 새로운 DBMS가 출시되어도 지원되는 표준 SQL 버전의 내용과 비교하여 새로운 기능을 쉽게 이해할 수 있다.

지금까지 표준 SQL의 역사와 필요성, 장점 등에 대해 살펴 보았다. 표준 SQL이 여러모로 장점을 갖고 있는 것은 부인할 수 없는 사실이다. 하지만 DBMS의 종류나 버전에 따라서는 해당 DBMS에 특화된 확장 SQL을 사용하는 것이 더 좋은 성능을 보여주는 경우도 있다. 반대로 어떤 경우에는 표준 SQL이 더 좋은 성능을 보여주기도 한다.

이러한 사실에 비추어 볼 때 SQL을 공부하는 입문자는 우선 표준 SQL을 중심으로 공부하고, 사용하는 DBMS에 특화된 확장 SQL을 추가로 공부하는 순서로 접근하는 방법이 유리할 것이다. 여기에 한 가지 팁을 보태자면, SQL 자체는 표준화 버전을 배워 활용도를 높일 수 있으나, 각 DBMS 마다 특화된 부분들로 인해 가끔은 표준 SQL을 그대로 적용할 수 없는 경우들이 존재한다. 대표적으로 데이터 형식(data type)과 내장 함수(built-in functions)들이다. 예를 들어 text 라는 데이터 형식은 오라클에는 없지만 다른 대부분의 DBMS에는 존재하고 있다. 하지만 그렇다고 해서 text라는 데이터 형식을 모든 DBMS가 동일하게 text라는 데이터 형식으로 다루고 있지는 않다. 숫자 데이터 형식에 있어서도 과거 버전의 오라클에서는 다양한 숫자 데이터 형식을 사용하지 않았다. 또한 내장 함수의 경우 DBMS 마다 동일한 명칭으로 사용할 수 있는 것도 있고, 동일한 기능을 하는 함수가 다른 이름으로 존재하고 있는 경우도 있다. 결국 SQL을 배운 후에는 이러한 서로 다른 부분까지도 알아야 할 것이다. 하지만 우선은 표준화된 SQL을 중심으로 SQL 문장의 구성과 사용법을 익혀 나가는 것이 먼저일 것이다.

1.4 데이터와 데이터베이스

앞에서 SQL이 관계형 데이터베이스와 대화할 수 있는 유일한 언어라는 점을 이야기했다. 이 말은 곧 SQL은 데이터베이스에서 실행된다는 것이고, SQL을 알려면 해당 데이터베이스와 데이터베이스 관리 시스템을 알아야 한다는 것을 의미한다.

1.4.1 데이터, 정보, 지식은 어떻게 다른가?

우리는 일상적으로 데이터라는 용어를 자주 사용하고 있다. '데이터'와 '정보', '지식' 등의 용어는 지금과 같은 정보화, 지식화 사회에서 중요한 핵심 개념이면서 때로는 그 의미가 모호한 상태로 혼용되고 있다. 이들 용어를 구분하여 정리해 보면 다음과 같다.

데이터(data)

데이터란 현실 세계에 존재하는 사실적인 자료를 수집해 놓은 것이라 할 수 있다. 사상, 개념, 의사, 명령 등을 표현한 것으로서 인간 또는 기계(컴퓨터)가 감지할 수 있도록 숫자, 문자, 기호 등을 이용하여 형식화한 것이라고 사전적으로 해석한다. 예를 들면 살고 있는 주소나 판매한 금액과 같은 숫자, 측정치 등이 있을 것이다. 우리가 접하거나 다루는 대부분의 가공되지 않은 원래의 값들은 데이터로 부를 수 있다. 이러한 데이터 자체는 단순한 사실에 불과하지만 컴퓨터의 일정한 프로그램에 따라 처리되어 특정한 목적에 소용되는 정보(Information)를 생성하는 원천이 된다.

정보(information)

데이터를 의미 있는 패턴으로 처리하고 가공하여 도출되는 것을 '정보'라고 부른다. 데이터를 일정한 약속에 의거하여 가공함으로써 보다 값어치 있는 판단 자료로 승격시킨 것이라 볼 수 있다. 가공이라는 표현에는 각종 연산이나 집계, 다른 데이터와의 결합을 통해 새로운 사실을 만들어 내는 등의 행위가 포함된다. 나아가 의사결정을 할 수 있도록 분석, 요약, 가공 등을 통해 데이터의 유효한 해석이나 상호 관계, 의미 등을 나타낸 것도 정보라고 할 수 있다.

데이터 자체로는 특별한 가치를 부여할 수 없을지라도 그것이 모여서 정보가 되었을 때 매우 특별한 가치를 지니게 된다. 정보뿐만 아니라 그 원천이 되는 데이터에도 가치를 부여할 수 있게 된다. 이러한 특성으로 인해 실제 업무 현장에서는 데이터와 정보를 특별히 구분하지 않고 혼용하기도 하며, 국내에서는 데이터라는 용어를 주로 사용하고, 해외에서는 정보라는 용어를 더 즐겨 사용하는 추세이다.

지식(knowledge)

정보를 사용자의 경험과 결합하여 현실에 적용하고 부가가치를 창출해 낼 수 있다면 이것은 '지식'이라고 부를 수 있다. 이것은 데이터와 정보가 의사 결정에 도움이 되는 규칙 집합으로 바뀔 때 얻을 수 있는 결과이다. 예를 들어 의사결정 모델이나 매출액 변동 요인 분석 모델 등과 같은 수많은 데이터는 정보로 가공되어 그 속에서 일정한 패턴이 만들어지며 정형화 된다. 이를 활용하면 현실의 문제를 해결하고, 미래를 실효적으로 바꿔 나갈 수 있는 근거로 작용하게 된다. 따라서 이러한 패턴 속에서 정형화된 지식은 매우 가치 있는 것이라고 할 수 있다.

그림1-5 데이터, 정보, 지식의 개념 비교

1.4.2 데이터베이스와 데이터베이스 시스템

업무와 관련하여 다루게 되는 데이터 사이에는 논리적인 연관성이 내포되어 있다. 이와 같이 논리적으로 연관된 데이터들이 유기적으로 조직화된 집합으로 구성되어 있을 때 이것을 데이터베이스(database, DB)라고 한다. 기업의 업무 관점에서 데이터베이스를 정의하면 다음과 같다.

> 동일한 데이터가 여러 작업에 중복되어 사용될 수 있다는 공용의 개념에서 출발하여, 어느 한 조직의 다수 응용 시스템들을 사용하기 위해 통합, 조정된 데이터의 집합

즉, 정보를 얻기 위해 수집한 데이터를 저장하고 의도에 맞게 찾아낼 수 있도록 정리된 데이터의 집합으로, 여러 사람에 의해 **공유**되어 사용될 목적으로 **통합** 관리되는 정보의 집합 혹은 그 내용을 쉽게 접근하여 처리하고 갱신할 수 있도록 구성된 데이터의 집합체이다. 그리고 데이터베이스는 다시 데이터들 간의 연관관계를 기반으로 데이터를 활용하기 쉽게 조직화 하는 방법에 따라 관계형, 계층형, 네트워크형 등의 유형으로 구분된다.

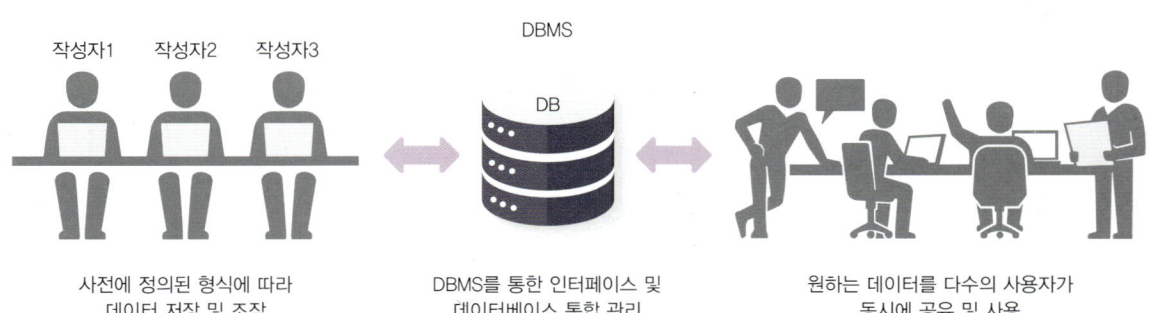

그림 1-6 데이터베이스를 통한 다수 사용자의 동시적 데이터 공유 및 사용

데이터베이스와 유사한 표현으로 데이터베이스 시스템(database system)이라는 표현도 자주 사용된다. 데이터베이스 시스템은 데이터를 중앙에서 통제할 수 있게 하여 데이터의 중복이나 불일치성을 없애고, 데이터를 여러 사용자가 공동으로 이용할 수 있게 한다. 아울러 데이터 접근에 비밀 유지가 되도록 하는 시스템을 의미한다. 이것은 데이터베이스와 데이터베이스 관리 시스템(DBMS) 외에 데이터베이스가 저장되는 하드웨어(서버)까지 포함하여 부르는 개념이라 할 수 있다.

1.4.3 데이터베이스 관리 시스템

그동안 여러 차례 등장한 바 있는 데이터베이스 관리 시스템(database management system, DBMS)은 데이터베이스를 둘러싸고 있는 사용자와 데이터베이스 사이 또는 어플리케이션과 데이터베이스 사이에서의 인터페이스를 제공하는 일련의 컴퓨터 소프트웨어를 일컫는 용어이다.

데이터베이스 관리 시스템(DBMS)이 등장하기 전에는 데이터를 파일 형태로 관리하면서 사용자의 요구사항에 따르거나, 각 개별 응용프로그램에 따라 데이터 파일을 처리했다. 이때는 각 파일 별로 동일 데이터가 중복 관리되었다. 이에 따라 파일 별로 개별 존재하는 데이터 간의 불일치가 빈번하게 발생하는 문제가 있었다. 이러한 파일 시스템의 문제를 해결하며 데이터의 정확성 및 동시성, 다양한 사용자들의 동시 접속 및 권한 관리, 데이터 복구와 백업 등 데이터에 대한 통합적인 관리를 위해 데이터베이스 관리 시스템(DBMS)이 등장하게 되었다.

우리는 일상에서 다양하게 DBMS 사용 환경을 접하게 된다. KTX 열차 예약을 위해 핸드폰이나 컴퓨터를 통해서 좌석을 검색하는 상황을 생각해 보자.

- 핸드폰이나 컴퓨터에서 좌석 예약을 위한 사이트에 접속한다. 해당 프로그램은 DBMS를 통해 데이터베이스에 저장된 좌석 예약 현황 데이터를 검색해 화면에 좌석 현황을 보여준다.
- 고객이 좌석을 예약하면 그 결과는 다시 DBMS를 통해 데이터베이스에 좌석 예약 현황 데이터로 저장한다. 그리고 다른 고객이 보고 있는 좌석 예약 화면 프로그램은 DBMS를 통해 이 예약 현황 갱신 결과를 다시 좌석 예약 화면에 보여준다.

이제 기차역에서 열차를 타고 해당 열차가 기차역을 출발해 각 역을 경유하는 경우를 생각해 보자.

- 열차의 착발 정보를 유지 관리하는 프로그램은 DBMS를 통해 착발 현황을 저장한다.
- 열차운행을 관리하는 직원은 DBMS를 통해 출발한 열차의 각 역 별 착발 정보 및 운행 정보 데이터를 확인할 수 있다.

사실 여기서 DBMS를 통한다는 의미는 다음과 같은 처리 방식을 말한다. 먼저 사용자나 프로그램에서 원하는 데이터를 얻기 위해 DBMS에 질의를 보낸다. 그리고 이 질의를 DBMS가 해석하고, 필요한 데이터에 접근해 원하는 데이터를 검색한다. 그 후 결과를 다시 DBMS를 통해 데이터를 요청한 사용자나 프로그램에 돌려 보내준다.

데이터베이스(DB)는 데이터의 조직화된 형태를 의미한다. 그리고 데이터베이스 관리 시스템(DBMS)은 그 데이터베이스를 둘러싸고 있는 소프트웨어를 의미한다. 두 용어는 분명하게 다르지만 가끔 업무 현장에서는 DB와 DBMS를 구분하지 않고 혼용하는 경우도 있다. 이럴 때는 문맥상으로 접근하여 DB를 의미하는지, DBMS를 의미하는지 파악해야 한다.

DBMS는 다음과 같은 4가지 기능을 제공한다.

- 데이터 정의(Data Definition) : 데이터 구조를 정의하여 신규 생성·변경하거나, 기존 데이터 구조를 제거할 수 있도록 한다.
- 데이터 조작(Data Maintenance) : 데이터 구조 내에 데이터를 저장(insert), 갱신(update), 삭제(delete)할 수 있도록 한다.
- 데이터 추출(Data Retrieval) : 사용자나 응용프로그램이 요청한 데이터 질의에 대하여 해당 데이터를 추출하여 제공한다.
- 데이터 제어(Data Control) : 데이터베이스 사용자 생성 및 모니터링, 데이터 접근 제한, 성능 모니터링 등을 할 수 있도록 한다.

DBMS가 데이터베이스를 둘러싸고 있는 소프트웨어이기 때문에 그 속에 있는 데이터베이스의 유형에 따라 관계형 DBMS(Relational DBMS, RDBMS), 계층형 DBMS, 네트워크형 DBMS, 객체지향형 DBMS 등으로 부를 수 있다. 하지만 이 책에서는 SQL을 다루고 있기 때문에 필연적으로 관계형 DBMS(RDBMS)를 다루게 된다. 이러한 이유로 앞으로는 RDBMS와 DBMS를 같은 의미로 사용할 것이다.

1.4.4 데이터베이스의 유형

데이터베이스는 몇 가지 유형으로 나누어 볼 수 있다.

파일 시스템(File System)

데이터베이스의 초기 모습은 파일 시스템으로부터 시작된다. 데이터 처리를 위해 일정한 규칙으로 나열해 디스크 상에 파일로 저장해 놓는다. 그리고 이후 그 파일에 저장된 레코드를 하나하나 읽어가며 필요한 처리를 대상 레코드가 끝날 때까지 반복하는 방식으로 동작한다. 이러한 파일 시스템으로 존재하는 데이터를 처리하려면 포인터(pointer)와 같은 복잡한 개념에 대해 알아야 한다. 레코드 단위의 처리를 건건이 반복해야 하기 때문에 복잡한 처리를 해야 하거나, 대상 데이터가 많아질수록 좋은 성능을 보장 하기란 쉽지 않다. 무엇보다 결정적인 것은 사용자가 마음대로 원하는 데이터를 쉽게 추출하고 가공할 수 있는 비정형적인 질의(ad-hoc query) 기능이 제공되지 않아 데이터에 대한 활용 측면에서 비효율이 많다는 것이다.

계층형 DB(Hierarchical Database, HDB)

계층형 DB는 데이터를 세그먼트라는 단위로 관리하며, 세그먼트 간을 계층화 해서 트리 형태의 구조로 조직화한 것을 말한다. 이 구조는 반복적인 부모-자식 관계 정보를 표현하며, 세그먼트 간 관계는 물리적으로 DBMS가 생성하여 관리한다. 여기서 각 부모는 다수의 자식을 가질 수 있지만, 자식은 단 하나의 부모만을 가질 수 있다. 계층형 DB는 1960년대 말에 등장하여 1990년대 후반까지 광범위하게 사용되었다. 대표적인 DBMS로는 IBM의 IMS(Information Management System)가 있다. 계층형 DB는 데이터를 계층에 따라 순서화 해서 트리 구조로 저장하고 있기 때문에 구조가 단순하고 이해하기 쉽다. 무엇보다 계층 구조를 이용한 검색은 매우 빠르다는 장점을 갖고 있다. 하지만 계층 구조에 따르지 않는 데이터를 검색하기는 매우 불편해 유연성이 떨어진다고 할 수 있다. 그렇기 때문에 다양한 비계층적 데이터 관계(예를 들면, 다대다 관계)를 표현하는 것에는 취약하다. 또한 특정 레코드를 삭제하면 그 자식 노드(레코드) 이하도 함께 삭제되고 계층 구성에 따라서는 특정 레코드의 내용이 중복될 수 있어 무결성을 유지하는 것이 쉽지 않다는 단점이 있다.

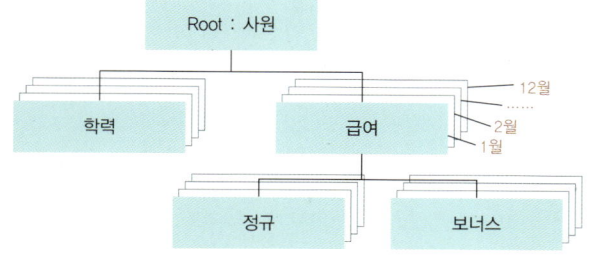

- 데이터 구조(데이터 세그먼트, 노드)간 계층 구조로 물리적으로 연결
- 하위 데이터 구조는 1개의 상위 데이터 구조만을 가진다.

그림 1-7 계층형DB의 데이터 구조 개념

이 유형의 데이터베이스에서는 하나의 엔티티 타입이 하나의 테이블에 해당한다. 각각의 레코드는 행으로 표현되며, 애트리뷰트(attribute)는 열로 표현된다. 엔티티 타입은 엔티티 타입끼리 즉, 테이블끼리 서로 일대다(1:M) 관계로 매핑 된다. 예를 들어 어떤 회사의 직원 목록을 '직원'이라는 이름의 테이블(table), 다시 말해 엔티티 타입에 저장한다고 하자. 이 테이블 안에는 성명, 직위, 월급 같은 속성(열)이 있을 수 있다. 또한 각 직원의 자녀에 대한 자료도 성명, 생년월일 등의 속성을 갖는 '자녀'라는 이름의 별도의 테이블에 둘 수 있다. '직원' 테이블은 부모 세그먼트로 표현하고, '자녀' 테이블은 자녀 세그먼트로 표현한다. 이 두 세그먼트는 하나의 '계층'을 형성하고 각각의 직원은 다수의 자녀를 가질 수 있다. 하지만 각각의 자녀는 한 명의 직원을 부모로서 갖는 구조가 된다. 여기서 부모가 같은 회사에 재직하여 자녀가 한 명의 직원 만을 부모 세그먼트로 갖고 있을 수 없게 되는 경우에는 일대다(1:M)의 관계가 무너지게 되어 네트워크 관계로 정리된다. 즉, 네트워크형 DB 구조가 된다.

앞서 이야기한 바와 같이 계층형 구조는 초창기 메인프레임 컴퓨터에서 널리 사용되던 데이터베이스 관리 시스템이었다. 따라서 계층형 DB 유형은 특별한 경우가 아니면 오늘날의 데이터베이스에서는 거의 사용하지 않고 있다. 대신 XML 문서나 파일 시스템, 윈도우 레지스트리 등과 같은 정보를 기록하는 다른 매체나 기법들에서 사용되고 있다.

네트워크형 DB(Network Database, NDB)

네트워크형 DB 유형은 계층형 DB의 단점을 보완한 구조이다. 네트워크형 DB 유형은 데이터 개체 간에 다양한 관계를 가질 수 있고, 이 데이터 개체 간 관계를 유연한 방식으로 보여주는 구조이다. 데이터를 하나의 부모 레코드에 수많은 자식 레코드가 연결되는 트리 구조로 구성하기는 하지만 각 레코드 즉, 1개의 자식 노드가 다수의 부모 노드(레코드)를 가질 수 있게 함으로써 하나의 일반화된 그래프 구조를 이룬다. 네트워크 모델은 찰스 바크만(Charles Bachman)에 의해 창시되어, CODASYL(Conference on Data Systems Languages) 컨소시엄에 의해 1969년에 표준 사양으로 제정되었다. 그리고 1980년대 초에 이르기까지 지속적으로 개정되어, ISO 사양에도 포함되었으나 제품들에는 거의 영향을 미치지 못하였다. NDB 모델을 적용한 최초의 DBMS는 IDS(Integrated Data Store)로, 대표적인 네트워크형 DBMS는 DMS1100(Univac 제품)이 있다. NDB는 요구사항의 복잡도에 따라 구조가 복잡해지고, 이에 따라 데이터베이스의 독립성도 낮아지는 단점을 갖고 있다.

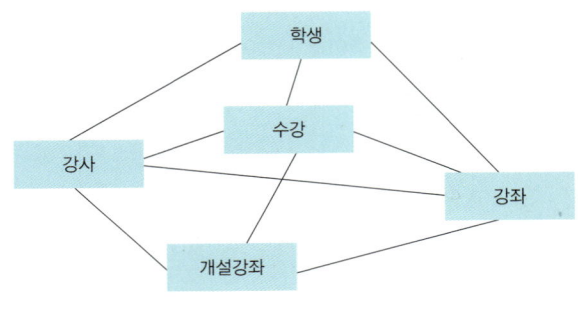

• 레코드 타입과 링크들의 집합으로 구성

• 상위·하위 레코드 집합간 다양한 관계 형성

그림 1-8 네트워크형DB의 데이터 구조 개념

관계형 DB (Relational Database, RDB)

1970년대에 들어오면서 관계형 데이터베이스 개념이 태동하고, 이를 토대로 상업용 관계형 데이터베이스 관리 시스템(commercial relational database management system)들이 등장했다. 이를 통해 파일 시스템을 사용하면서 가졌던 불편들이 해소되자 관계형 데이터베이스의 인기는 크게 치솟았다. 이후 관계형 DB에서 사용되는 SQL에 대한 ISO 표준이 현재까지 지속적으로 개정되고 관리되어 다양한 관계형 DBMS가 나타날 수 있는 원동력이 되었다. 이에 따라 관계형 DB는 현재까지 가장 범용적으로 사용되고 있는 DBMS로 자리 잡았다. 1979년, 첫 번째 상업용 관계형 DBMS인 Database Version2가 RSI(Relational Software Inc.)를 통해 출시되었다. 이 회사는 1982년, 주력 제품의 이름을 따서 회사 이름을 오라클 시스템스(Oracle Systems Corporation)로 변경하고, Database Version2 제품은 오라클 데이터베이스의 초기 버전이 되었다. 관계형 DB는 엑셀 시트와 같이 데이터를 행과 열로 구분하는 2차원 표(테이블) 형태로 구성하여 관리한다. 테이블 간에 관계(Relation)라는 개념을 통해 연결할 수 있고, SQL을 사용해서 데이터베이스 안에 저장된 데이터를 자유롭게 조작할 수 있도록 되어 있다. 관계형 DBMS가 등장하면서 비로소 데이터를 어플리케이션과 독립적으로 관리할 수 있게 되었다. 아울러 기존에 어플리케이션에서 처리하던 많은 기능들을 DBMS 및 SQL을 통해서 처리할 수 있게 되었다.

관계형 데이터베이스는 다음과 같은 특징을 갖는다.

- 2차원 테이블(table)로 표현된다.
- 데이터 무결성(data integrity)을 보장해야 한다.
- 데이터 처리를 위해 SQL을 사용한다.
- 한 번에 한 레코드를 처리하는 것이 아니라 집합(데이터 셋)을 처리한다.

관계형 데이터베이스에서 데이터를 2차원 표 형식(테이블)으로 표현한 예는 다음과 같다.

사번	이름	전화번호	소속부서
1010	김영진	010-123-2345	100
1250	박성현	010-2345-3456	100
1320	황진이	010-3456-4567	120
2410	홍길도	010-4567-5678	200
1342	권해진	010-5567-7890	300

← column name
← ROW (tuple)
↑ COLUMN (attribute)
↓ TABLE

그림 1-9 2차원 테이블 구성 사례

관계형DB는 파일 시스템과는 여러 가지 측면에서 차이점을 보여준다.

- 데이터의 무결성을 지켜준다.
- 데이터의 공유가 용이하다.
- 데이터의 정확성과 일관성을 유지할 수 있다.
- 데이터 중복성 제거가 용이하다.
- 데이터 불일치를 피하기 용이하다.
- 표준화가 가능하다.

관계형DB는 가장 오랜 시간 동안 사용되고 검증된 기술로 대표적인 예로는 오라클, SQL Server, DB2, MySQL, MariaDB, Sybase, PostgreSQL 등 수많은 제품들이 있다.

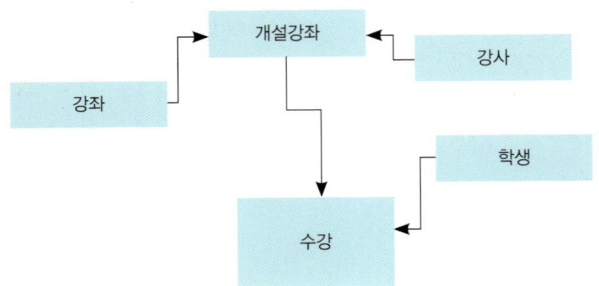

- 테이블(데이터 집합) 간 관계를 KEY 속성을 통해 논리적으로 연결
- 직접 관계(1촌관계, 예: 아버지와 나)만을 표현하여 연관 데이터 전체 연결 가능

그림 1-10 관계형DB의 데이터 구조 개념

객체형 DB(Object-Oriented Database, OODB)

객체형 DB 혹은 객체 지향 DB는 객체 지향 프로그래밍에 쓰이는 것으로, 정보를 객체의 형태로 표현하는 데이터베이스 모델이다. 데이터와 데이터 처리를 모아서 객체(Object)라는 단위로 관리하며, 객체와 객체 식별자, 속성, 메소드, 클래스, 클래스 계층 및 상속 등의 객체지향 개념을 기반에 두고 있다. 즉, 객체지향 프로그래밍 개념에 기반을 두고 DB의 기능을 추가한 개념으로 이해할 수 있다. 객체 지향 데이터베이스는 관계형 데이터베이스 관리 시스템(RDBMS)이 지배하고 있는 DBMS 시장에서 틈새 분야에 해당한다고 볼 수 있다. 객체 지향 데이터베이스는 1980년대 초부터 1990년대까지 사용을 고려해 왔으나 주류의 상용 데이터 처리에는 그다지 큰 영향을 미치지 못 하였고, 표준화된 질의어가 없어 일부 전문 분야에서만 이용되

고 있다. 대표적인 OODB로는 O2, ONTOS, GemStone 등이 있다. 최근에는 기업에서 응용 시스템을 개발할 때 어플리케이션 개발은 객체 지향 특성을 고려하여 UML로 대부분 설계 하고 있으면서도, DB는 사실상 관계형 DBMS로 생성하여 기업 시스템을 구축하는 경우가 많다. 그러나 클래스로 표현된 객체 및 객체간 관계가 관계형 데이터베이스의 개체-관계 모델(entity-relationship model)로 정확히 매핑 되는 것은 아니어서 관계형 DB에 맞게 조정을 거치지 않으면 심각한 성능 저하로 곤란을 겪는 경우가 자주 나타난다.

객체-관계형 DB(Object-Relational Database, ORDB)

객체-관계형 데이터베이스(object-relational database; ORD, ORDB) 또는 객체 관계형 데이터베이스 관리 시스템(object-relational database management system; ORDBMS)은 객체형 DB의 단점을 보완하기 위해 관계형 데이터베이스 관리 시스템(RDBMS)에 객체지향 개념을 추가한 것을 말한다. 1990년대 후반에 등장한 객체-관계형 DB는 관계형 DB에 기반을 뒀지만 기존 관계형 모델에 비해 사용자가 풍부한 데이터 형식을 추가할 수 있도록 설계되었다. 즉, 객체 지향에서 말하는 객체의 클래스에 해당하는 데이터 형과 메서드를 소프트웨어 개발자가 스스로 자유롭게 정의하여 데이터베이스를 개발할 수 있는 데이터베이스 관리 시스템(DBMS)이다. 또한 기존의 RDBMS에 외부 소프트웨어 도구를 추가하여 ORDBMS와 비슷한 기능을 제공하기도 하는데, 이러한 외부 소프트웨어 도구를 객체 관계 매핑 시스템이라고 부른다. ORDB는 객체지향 개념을 지원하는 표준 SQL을 사용할 수 있다.

대표적인 ORDB로는 UniSQL, Object Store, Illustra, Informix Dynamic Server, PostgreSQL, IBM DB2, 티베로, 오라클 데이터베이스 등이 있다.

NoSQL DB

NoSQL이라는 말은 Not Only SQL의 약어이며, 고성능 비관계형 데이터베이스로 요약할 수 있다. 하나의 로우에서 하나의 컬럼은 하나의 데이터 값만 가질 수 있는 RDB의 한계를 극복하는 개념이 적용됐다. 또한 RDB와 달리 데이터 구조를 사전에 확정하지 않고(No Schema), RDB에서 처리가 힘들었던 비정형 데이터 처리에 유리하다. NoSQL DB는 저비용 하드웨어의 분산 클러스터를 사용하여 확장할 수 있도록 설계되었다. 또한 SQL을 사용하지 않으며, 오픈소스 환경을 지원한다. NoSQL DB는 응용 어플리케이션에 대한 개발 생산성 및 대규모 데이터 처리가 요구되는 환경에서 사용을 고려해 볼 수 있다. NoSQL DB는 Key-Value DB, Column Family DB, Document DB, Graph DB 등으로 유형을 나누어 볼 수 있다. 대표적인 Key-Value 유형의 NoSQL DB로는 Dynamo, Redis 등이 있고, Column Family 유형에는 Cassandra, HBase 등에 있다. 또한 Document 유형으로는 MongoDB, Couchbase 등이 있고, Graph 유형으로는 Neo4j, OrientDB 등이 있다.

하지만 NoSQL DB는 피할 수 없는 몇 가지 단점을 갖고 있다. 먼저 오랜 기간 검증되고 성숙해진 RDB에 비해서, 데이터 정합성에 취약하기 때문에 일관성 유지가 핵심인 시스템에는 적합하지 않다. 두 번째는 스키마가 확정된 것이 아니기 때문에 데이터 값 자체의 문제 발생에 대한 탐지가 용이하지 않다. 또한 오픈소스 기반이기 때문에 기존 RDBMS 제품에 비해 기술 지원이 어렵고 자체적인 기술력 확보가 필요하다. 마지막으로 트랜잭션 제어가 RDBMS에 비해 미흡하며, 저장 공간 또한 상대적으로 큰 공간이 필요하다.

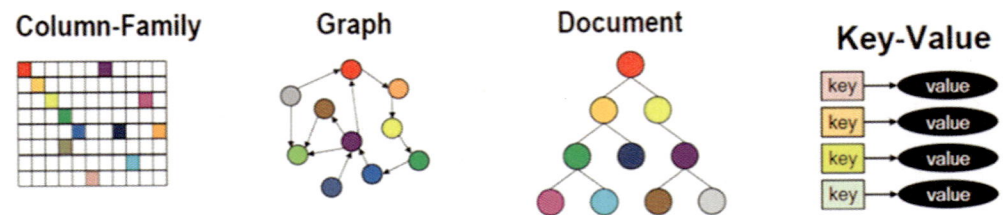

그림 1-11 NoSQL DB 유형별 데이터 구조 개념 (NoSQL Tutorial에서 발췌)

NewSQL DB

2011년경에 등장한 개념인 NewSQL은 New + SQL의 합성어로 기존 RDBMS의 기능에 기존에 갖고 있던 한계점을 극복하는 기능이 추가된 개념이다. 1973년 관계형 데이터베이스를 최초로 구현한 Ingres를 개발했던 마이클 스톤브레이커(Michael Stonebraker)에 의해 설계되었다. NewSQL DB는 데이터를 메모리에 저장하고, 기존의 버퍼풀이라는 중간 단계를 제거하여 높은 처리량과 고가용성의 장점을 갖고 있다. 또한 기존의 처리 시간에 많은 부분을 차지하던 버퍼풀을 제거하고 인메모리 기술을 사용하여 실시간 분석이 가능하다는 특징을 갖고 있다. 대표적인 NewSQL DB로는 VoltDB, ClustrixDB, DeepSQL, MemSQL 등이 있다. 단점은 2011년경에 등장한 DB이기 때문에 기술 수준 및 검증에 아직 시간이 필요하다는 것이다.

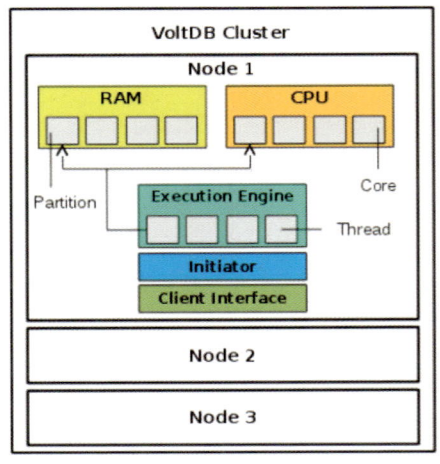

그림 1-12 VoltDB 구조에 대한 개념

지금까지 설명한 데이터베이스 유형을 등장 시기와 주로 사용된 시기를 고려해 시간 순으로 나열하여 도식화 해 보면 다음과 같다.

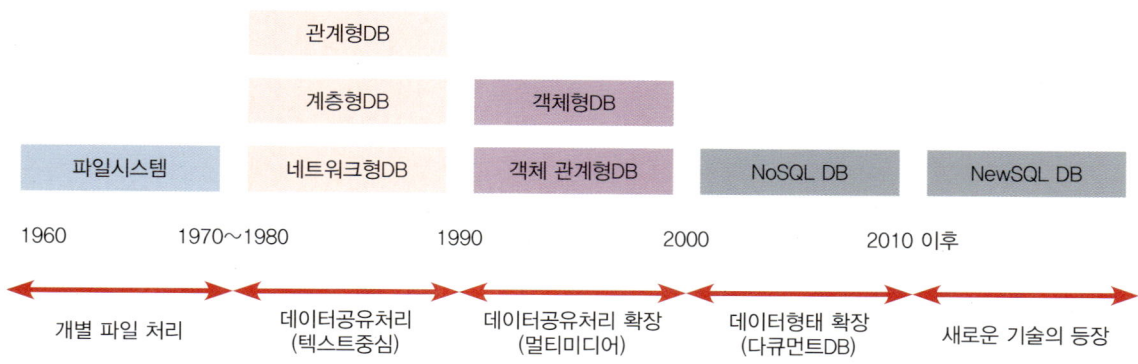

그림 1-13 DBMS 유형의 변천

1.5 RDBMS의 데이터 저장 기본 구조, 테이블

관계형 데이터베이스에서는 데이터를 행과 열로 구성되는 2차원 형태의 표 형식으로 관리하며, 이 구조를 테이블(TABLE)이라고 부른다. 테이블은 어떤 개체나 개념 또는 사실, 행위 등에 대해 기록하고 있는 상세 항목들을 서로 연관성이 큰 것들끼리 모아서 하나의 데이터 집합으로 관리하는 가장 기본적인 저장 구조이다. 관계형 데이터베이스에 저장된 데이터를 SQL로 접근할 때 가장 기본적인 접근 단위가 테이블이다. SQL을 사용해서 테이블에 저장된 데이터에 접근하는 방법은 뒤에서 다시 상세하게 설명할 것이다.

고객이 상품을 주문하는 상황을 가정해 보자.

- 먼저 고객은 핸드폰이나 컴퓨터를 통해 주문 화면에 접속한 후 피자와 콜라를 주문하는 내용을 입력한다.
- 주문 화면에서 입력한 내용은 해당 프로그램이 SQL로 DBMS에 전달하고, DBMS는 SQL을 해석하여 전달받은 주문 내용에 대한 데이터를 다음 그림과 같은 여러 테이블에 나누어 저장한다.
- 데이터가 이상없이 저장되면 DBMS는 그 결과를 다시 데이터 저장을 요청한 해당 프로그램에게 전달해 준다.
- 결과를 전달받은 해당 프로그램은 사용자가 보고 있는 주문 화면으로 주문이 잘 처리되었다는 결과 메시지를 보여준다.

위와 같은 처리 과정을 도식화 하면 다음 그림과 같다.

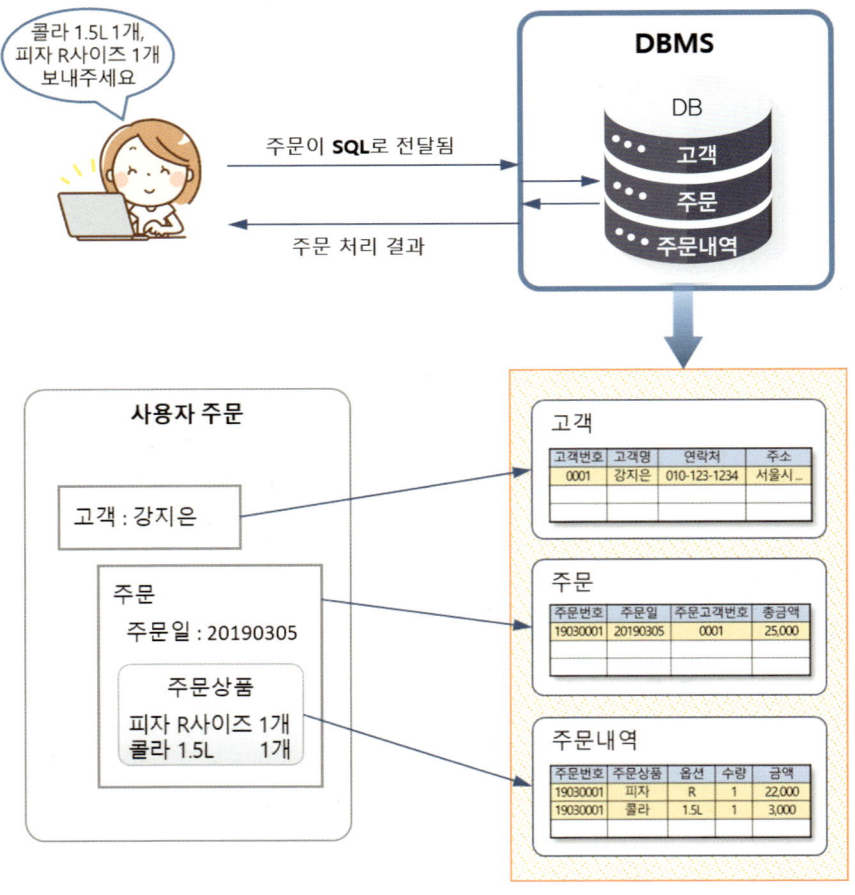

그림 1-14 주문 정보가 테이블에 저장되는 과정

테이블의 구조는 수학의 집합 개념에서 나왔으며, 집합과 집합 간의 관계(relation)를 통해서 테이블들을 관리한다. 엑셀 시트와 같은 '표' 형식으로 데이터를 구성하여, 가로줄에서는 동일한 개체에 대한 데이터를 저장·관리하고, 세로줄에서는 동일한 유형의 데이터를 구분하여 저장하고 관리한다.

테이블의 구조를 간략하게 표현한 예시는 다음과 같다.

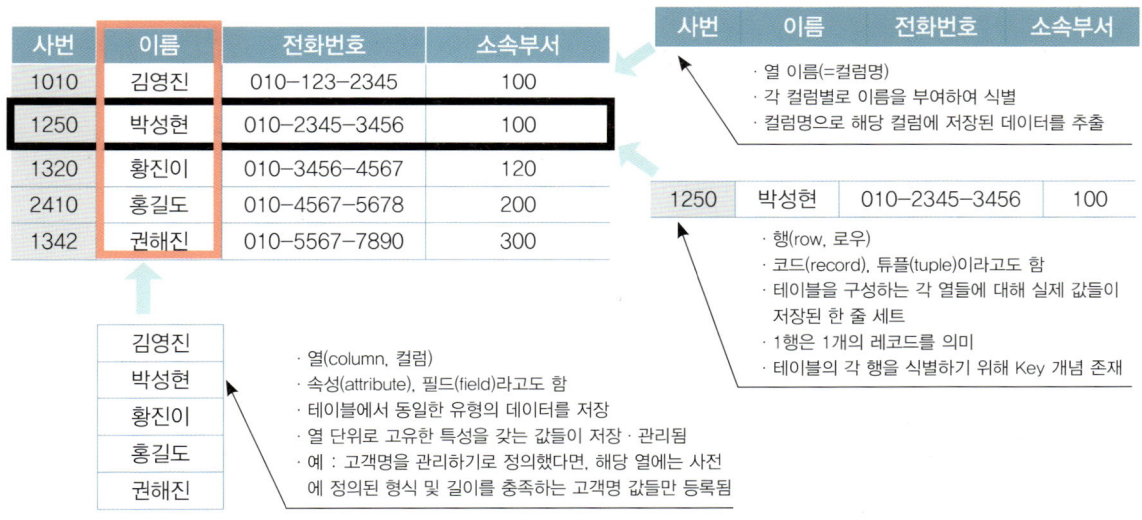

그림 1-15 테이블의 구조 예시

위 그림의 사례는 사원 정보를 관리하는 테이블에 대한 예시이다. 사원명 '김영진'의 오른쪽에 있는 전화번호 및 소속부서는 이 테이블에 저장된 전체 사원 데이터 중 오직 '김영진'에게만 해당하는 고유한 특성을 갖는 정보이다. 사번(사원번호) 컬럼의 값은 각 레코드(김영진의 행, 박성현의 행 등)를 유일하게 식별하기 위해 부여된 값이다. 위 예시와 같이 특정 단위로 필요한 데이터를 저장하고 참조할 수 있도록 설계된 표 형식의 데이터 구조를 **테이블**이라고 한다.

1.6 SQL, 입문자에서 고수가 되기까지

앞서 설명 했듯이 관계형 데이터베이스와 대화할 수 있는 유일한 수단은 SQL이다. 즉, 관계형 데이터베이스에 데이터를 저장하고, 저장된 데이터를 원하는 대로 조회하는 등의 처리를 하려면 반드시 SQL을 사용해야 한다. SQL을 작성하고 실행하기 위해서는 DBMS를 설치할 때 기본적으로 같이 설치되는 명령어 라인 편집기를 사용하거나, 전용의 SQL 편집 소프트웨어(혹은 데이터베이스 관리 소프트웨어)를 사용한다. 또한 C, JAVA 등과 같은 어플리케이션 프로그램 소스 코드 안에 SQL을 삽입하여 실행하는 등의 방법을 사용해야 한다.

여기서 생각해 볼 것은 처음 SQL을 배울 때는 대체로 명령어 라인 편집기나 데이터베이스 관리 소프트웨어를 사용하는 방법을 통해 SQL 자체의 문법과 실행 결과를 확인하는 등의 작업을 주로 하게 된다는 점이다. 그러나 이 과정을 지나 실제 업무에 사용되는 어플리케이션 프로그램을 개발하게 되면 SQL 자체의 작업이 아닌, 소스 코드 안에 SQL을 추가해 프로그램을 실행하는 형태로 SQL을 사용하게 된다. 이때부터는 그야말로 훈련소를 나와서 실전에 투입된 병사와 같은 심정으로 죽기살기로(?) 코딩하고 SQL을 작성하는 시기가 된다. 실수를 연습으로 만회하며 감각을 익힐 수 있는 훈련소 생활과는 다르게, 실전에서는 직접 부딪히며 배우는 수밖에 없다. 그러다 보면 운 좋게 그동안 몰랐던 깊은 세계를 알게 될 수 있을 것이다.

SQL 세상 속 이치도 이와 비슷하다. 처음 SQL을 배울 때는 단순하고 간단한 문장으로 시작하게 된다. 데이터도 학습이나 테스트 목적으로 생성된 소량(몇 건에서 많게는 몇 백 건 정도)의 데이터만을 다루다 보니 결과 또한 비교적 기대했던 결과가 나오기 마련이다. DBMS 내부에서의 처리 과정을 몰라도 기대했던 결과가 나오고 이에 만족하는 과정을 반복하면서 SQL을 배우게 된다. 그러다 이제 어떻게 SQL을 작성하는지 알만하다 싶었을 때부터는 험난한(?) 입문 과정을 거쳐 산전수전이 기다리고 있는 프로그래밍의 무대로 나아가게 된다. 본격적인 프로그램 개발 세상에 내던져지는 것이다. SQL을 다루고 사용하는 대부분의 사람들이 똑같지는 않겠지만 대체로 이와 같은 과정을 거치면서 성장하고 SQL 수준을 높여 가고 있다.

데이터베이스에 저장된 데이터를 조작하는 프로그램을 개발해본 사람들이라면 대부분 아래와 비슷한 생각을 해 보았을 것이다.

'내가 가진 SQL 실력, 이 정도면 충분한 건가? (= 더 높은 세상이 있다고 해도 그게 뭐 대단하겠어?)'

'SQL로 할 수 있는 거? SQL은 데이터베이스에 저장된 원천 데이터를 (프로그램 로직 내로) 가져오는 것으로 제 역할을 충분히 다 한 게 아닌가?'

'프로그램은 모름지기 SQL로 가져온 데이터를 한 건, 한 건 읽어 가면서 내가 갈고 닦은 프로그램 코딩 실력을 발휘해 원하는 대로 마음껏 처리 과정을 만들어야 제 맛'

'……'

이같은 생각의 밑바닥에는 대체로 'SQL은 데이터를 처리하는 명령어다', 'SQL만으로는 복잡한 업무 처리 과정을 대응할 수 없으니 프로그램으로 복잡한 데이터 처리를 해야만 한다'와 같은 인식이 공통적으로 자리 잡고 있을 것이다.

이 책을 포함해서 SQL에 대해 다루고 있는 많은 서적들에서는 SQL을 설명할 때 '명령' 또는 '명령어'라는 단어를 사용한다. 그러나 우리는 이 말을 주의 깊게 되새겨야 한다. SQL을 설명할 때 사용하는 명령어 라는 말은 copy, dir, rm, cat 등과 같은 OS(Operating System)에서 사용하는 명령어와는 차원이 다르다. 무엇인가 '일을 시킨다'는 점에서는 비슷하지만, OS명령어가 특정 행위 하나만을 지시하는 단답식의 직설적인 형태라고 한다면, SQL은 일종의 복잡한 처리 과정이 내포되어 있는 프로그램을 호출하는 키워드 나열 같은 방식이라고 이해하면 된다. 따라서 SQL을 이야기할 때 '명령'이라는 표현도 사용하지만, 실상은 '문장(statement)'이라는 표현을 더 많이 사용한다. 즉, SQL은 일정 형식에 따라 문장 형태로 작성하는 것이다. 그리고 이 문장 형태를 통해 DBMS에게 일을 시킨다. 간결하게 작성된 SQL이라도 DBMS는 이 SQL문장을 해석하고, 내부적으로 SQL로 요구한 결과를 만들어 내기 위한 처리 과정(프로그램 같은)을 만들어낸다. DBMS는 이렇게 만들어낸 처리 과정에 따라 필요한 테이블에 접근하고, 데이터를 추출하여, 요구한대로 가공한 후 사용자나 프로그램에게 결과를 돌려 준다. 이렇게 DBMS가 SQL을 처리하는 과정을 이해하게 되면 SQL을 대하는 시각과 자세가 달라질 수 있다.

그러면 SQL을 제대로 배우기 위해서는 SQL을 어떻게 이해해야 할까? 그에 대한 해답을 다음과 같이 요약해 보았다.

SQL은 처리 절차를 기술한 것이 아니라 결과에 대한 명확한 요구만 갖고 있다.

앞에서도 여러 차례 설명했듯이 데이터에 접근하고, 추출하여, 가공한 결과를 만드는 처리 과정은 DBMS —정확하게는 DBMS에 포함된 '옵티마이저 (optimizer)' 라고 부르는 소프트웨어 세트-가 만들어 낸다. 즉, 진짜 프로그래머는 DBMS인 셈이다. 그렇다면 사람은? 요구만 정확하게 제시할 수 있으면 된다.

SQL도 하나의 프로그램이다.

DBMS는 SQL로 요구된 결과를 제공해 주기 위해서 내부적으로 처리 과정 즉, 프로그램 같은 것을 만들게 된다. 그러므로 결과적으로 볼 때 SQL도 하나의 프로그램이라고 이해할 수 있다. 프로그램이 다양하고 복잡한 처리를 수행할 수 있는 것처럼 SQL을 프로그램이라고 생각한다면 SQL을 통해서 다양하고 복잡한 처리를 하는 것도 가능해 진다. SQL로 다양하고 복잡한 처리를 할 수 있다면 SQL을 포함하고 있는 프로그램은 감당해야 할 부분이 크게 줄어들게 된다. 이렇게 SQL에게 좀 더 많은 역할을 분담시킬 수 있게 되면 프로그램은 더 이상 복잡한 처리 과정을 기술할 필요가 없어진다. 이에 따라 소스 코드는 간결해 지고, SQL만 제대로 빠른 시간 내에 처리될 수 있으면 해당 프로그램의 실행 속도가 더 빨라지는 결과는 당연히 뒤따르게 된다.

동일한 결과를 얻을 수 있는 SQL의 형태는 많다. 그러나 효율성은 다르다.

'모로 가도 서울만 가면 된다'는 말이 있다. 어느 경로로 가도 원하는 목적지에 도달하기만 하면 된다는 말이다. 하지만 SQL 세상에서 이 말은 금기시 하는 것이 좋다. 동일한 결과를 얻을 수 있는 SQL의 형태는 매우 많다. 그러나 DBMS가 그러한 SQL을 해석하고 만드는 처리 과정은 모두 동일하지 않다. 이로 인해 만들어진 처리 과정에 따라서 어떤 경우는 빠르게 결과를 얻을 수 있고, 또 어떤 경우에는 한참 만에야 결과를 얻을 수 있게 되는 차이가 나타난다. SQL을 처음 배울 때는 이러한 차이가 눈에 보이지 않을 것이다. 그러나 같은 결과를 보여주는 다양한 SQL 형태를 지속해서 탐구하다 보면 어느새 높은 경지에 올라 있는 자신을 발견할 수 있을 것이다. 하지만 대부분의 개발자 또는 SQL 사용자들은 SQL을 작성하고 사용할 때 원하는 결과가 얻어지면 더 이상의 SQL에 대한 검토는 하지 않는다. 시간이 없어서 그럴 수도 있겠지만 대부분은 처음 배울 때부터 잘못 들인 습관 때문인 경우가 많다. 이러한 습관이 자신의 성장을 방해하는 암적 요인이 됨을 알아야 한다.

절차적 사고를 집합적 사고로 전환해서 가급적 SQL로 많은 일을 할 수 있게 해야 한다.

앞서 SQL도 하나의 프로그램으로 이해해야 한다고 했다. 이와 일맥상통하는 이야기라고도 할 수 있다. 예를 들어, 어떤 테이블에 저장된 데이터를 가져와 특정 컬럼 값을 기준으로 집계하여 소계를 내고, 전체 총계까지 표현된 집계 보고서를 만든다고 하자. SQL로 해당 테이블에 대상 데이터를 한 건 읽어 프로그램 내로 가져온다. 그리고는 읽어온 한 건의 데이터를 프로그램 로직 처리를 통해 집계 기준에 따라 각각 계산 값, 소계, 총계 누적 처리를 한다. 그리고 다시 SQL로 데이터를 한 건 읽어오는 반복 과정을 거듭한다. 이를 통해 프로그램으로 집계 처리에 반영하는 처리 과정을 데이터베이스에서 대상 데이터를 모두 읽을 때까지 반복하는 프로그램을 작성한다.

대부분은 이러한 처리를 거쳐야만 요구한 집계 보고서를 만들 수 있다고 생각할 수 있다. 그러나 SQL로 해당 데이터를 읽을 때 필요한 데이터를 모두 읽어서 집계 기준 컬럼에 따라 한 번에 집계값, 소계값, 총계값을 만들어 내도록 SQL을 작성할 수 있다. 그 SQL을 한 번 실행한 결과로 이미 프로그램에서 하려고 했던 모든 처리가 이루어지게 되는 것이다. 때문에 프로그램은 그 SQL의 수행 결과를 받아서 보여주기만 하면 된다. 그만큼 프로그램의 전체적인 모습은 아주 간결해 질 것이다. 물론 상대적으로 SQL이 복잡해지는 것이 아니냐고 반문할 수 있겠지만, SQL에 익숙해지면 더 이상 복잡해 보이지 않는다. SQL은 항상 일정한 형식을 갖고 있기 때문에 그 형식에 입각해서 SQL을 들여다 보면 아무리 복잡해 보이는 SQL이라도 생각만큼 어렵지는 않다. 달리 말하자면 DBMS에게 한 번에 해야 할 많은 내용을 잘 일러주어서 DBMS가 알아서 전체 처리를 잘 수행할 수 있도록 할 것인지, DBMS에게 '작은 부탁'을 여러 번 반복해서 결국은 최종 결과는 내가 만들어 낼 것인지의 차이라고 할 수 있다. 이와 같이 SQL에 어떤 역할을 맡길 것인지의 결정에 따라 프로그램의 복잡도도 달라지고, SQL의 처리 능력도 달라지게 된다.

쉬운 문제를 많이 풀어보려고 하지 말고 어려운 문제를 오래 생각하라.
처음 SQL을 배울 때 다루던 간결하고 쉬운 SQL만으로는 실력을 키우기 어렵다. 항상 쉬운 문제만 푸는 사람은 더 이상 성장하기 어렵다. 복잡하고 어려운 상황을 어떻게든 SQL로 해결해 보려고 여러 날 고민을 거듭해 보다 드디어 해결해 내는 사람은 웬만큼 어려운 상황에 대한 문제는 SQL로 쉽게 처리할 수 있는 수준에 오래지 않아 오를 수 있을 것이다. 한마디로 자신도 모르는 사이에 엄청나게 깊어진 내공을 쌓게 될 것이다. 이러한 수준에 다다르기까지 오랜 시간이 걸리는 것은 아니다. 사람에 따라서 다를 수 있겠으나 일 년에서 이 년 정도의 시간이면 충분한 경우가 대부분이다. 항상 프로그램 로직부터 생각하지 말고 SQL로 최종 결과 집합을 만들어 보려는 습관을 지닐 것을 권한다.

2
예제용 DB 만들기

이 장에서는 SQL 실습을 할 수 있는 예제 테이블을 만들기 위해 간단한 업무 상황을 가정하여 이에 대한 데이터 모델을 설계하고 이를 테이블로 생성하는 과정을 설명합니다.

예제용 DB 만들기 | 2장

2.1 왜 데이터베이스 설계가 필요한가?

2.1.1 데이터베이스 설계란?

오랜 시간 일을 하다 보면 짐작할 수 없을 만큼 많은 파일들이 컴퓨터 속에 쌓이게 된다. 업무상 수집한 참고자료와 산출물, 기술 숙지와 신기술 트렌드 공부를 목적으로 모은 자료, 혹은 업무 수행을 위해 수집한 기술 트렌드 자료까지 이런 저런 이유로 틈틈이 모으거나 만들어낸 많은 파일들까지… 이 자료들은 컴퓨터는 물론이고 외장하드, 심지어는 드롭박스 같은 인터넷 공간에까지 자리를 잡았다. 자료가 입수되는 대로 컴퓨터나 외장하드, USB, 드롭박스 등 그때그때 눈에 보이는 저장 장소마다 저장해 놓다 보니, 어쩌다 자료 파일을 찾으려면 이것저것 뒤지다가 결국 다시 만들거나 인터넷을 재검색하는 수고를 반복하게 된다. 단순히 저장한 파일을 찾는 것이 이토록 수고스러운데, 어떤 파일에 포함된 특정 데이터를 찾는다고 생각하면 도통 엄두가 나질 않는다. 이런 경험이 게으르고 정리를 잘 못하는 필자만의 경험은 아닐 것이다. 애초부터 갖고 있는 파일들을 쉽게 찾을 수 있도록 분류해 저장했더라면 좋았을 것이다. 그랬다면 원하는 자료를 찾기 위해 불필요한 시간을 소비하고, 끝내는 자료를 다시 만들게 되는 수고를 하지 않아도 되었을 것이니 말이다. 필요한 자료를 필요한 시점에 쉽고 빠르게 찾을 수 있는 분류·보관·저장 방법 등의 설계가 필요하다는 것을 공감하게 하는 대목이다.

반려견을 위한 작은 집을 짓는다고 가정해 보자. 먼저 집의 크기를 생각하고, 대략적인 집의 구조와 밑넓이, 벽면의 높이와 지붕의 유무 등을 고려하지 않을 수 없다. 설계하지 않고 손에 잡히는 대로 마구잡이로 집을 만든다면 제대로 된 결과물이 나오기 어렵다. 하물며 사람이 기거하려는 집이나 규모가 큰 업무 공간을 만들려면 더욱 치밀한 설계가 없이는 불가능할 것이다.

데이터베이스는 일반적으로 체계화된 데이터의 모임이라고 이야기 한다. 여기서 '체계화'라는 말은 어떠한 목적과 의도를 충족할 수 있도록 일정한 형태로 구성한다는 의미로 해석할 수 있다. 즉, 이 데이터를 생성하여 활용하고자 하는 응용 시스템이 존재하고, 이 응용 시스템을 통해 데이터를 공유하고 활용하고자 하는 여러 사람이 존재한다는 것이다. 이처럼 사람들이 바라는 바에 따라 충족할 수 있도록 데이터를 활용하기 쉽게 모아 놓은 것을 데이터베이스라고 한다. 바로 이 데이터를 체계적으로 모아 놓기 위해 그 '체계'를 구성하고, 그것을 관련자 모두가 효과적으로 활용할 수 있도록 구체적인 구상을 만드는 것을 설계라고 할 수 있다. 다시 말하면, 데이터베이스 내에 데이터가 저장되는 형태를 '데이터 구조(data structures)'라 하고, 이 데이터를 다수의 사용자가 효율적으로 공동 사용할 수 있도록 최적의 데이터 구조를 도출하여 정의하는 것을 '데이터베이스 설계'라 할 수 있다.

사실 제대로 된 설계를 하는 것도 쉽지 않은 일이지만 설계 내용에 따라 정확하게 만들어가는 것 또한 만만치 않은 일이다. 우리는 이미 설계가 부실하거나 설계 내용을 제대로 따르지 않아 일어나는 사고를 주변에서 빈번하게 보고 듣는다. 건물과 다리가 무너지고, 화재나 수해에 제대로 대응이 되지 않아 속수무책으로 인명사고까지 이어지는 사고는 대부분 설계나 시공 부실로 인해 발생하는 경우가 많다. IT 현장에서는 육안으로 형체를 파악할 수 없는 정보시스템의 붕괴로 그 사고를 파악할 수 있다. 정보시스템은 전체적인 구조를 파악하기 어려운 특성을 갖고 있다 보니 결과적으로 예산을 낭비하고 쓸모 없는 시스템이 만들어지게 되는 경우가 자주 발생한다. 구축 중간 과정에서 설계 내용대로 잘 만들어지고 있는지를 확인하고 설계 결과를 검증하고 싶어도 깊은 기술 지식을 갖고 있지 않으면 그 속을 들여다 보고 적정한지 여부를 판단하기 어렵다. 결국 시스템으로 전부 구현되어 사용자가 직접 사용해 볼 수 있는 단계에 가서야 제대로 완성 되었는지 여부를 확인할 수 있게 된다. 그러니 소위 호미로 막을 것을 가래로 막게 되는 경우가 비일비재하게 일어난다. 즉, 오류나 고쳐야 할 부분을 일찍 발견했다면 작은 노력으로 가능했을 일을 큰 비용을 들여 시스템을 재구축해 고쳐야만 하는 상황에 이르는 것이다. 이와 같은 문제가 나타나는 원인 중 상당 부분은 역시 설계 부실, 특히 데이터 모델링을 가볍게 생각하는 데서 온다. 그 원인을 살펴 보면 다음과 같다.

- 사용자가 요구한 내용은 최대한 글로 자세히 작성되어 있어야 하고, 자세히 기술되지 않은 요구사항은 사용자의 책임이라 생각한다. 게다가 분석자나 모델러는 사용자의 요구사항을 구체화 또는 정확히 파악하지 못한 상태에서 진행하여 엉뚱한 방향으로 시간과 노력을 들인다.
- 테이블을 단순히 데이터 저장소로 생각하고, 개발자도 SQL을 알고 있다면 설계가 가능하다고 쉽게 여긴다.
- ERD는 시스템 개발 후 제출할 산출물 중 하나이고 단순히 테이블을 그림으로 표현한 것이라고 생각한다.

이와 같이 데이터 모델링을 가볍게 생각하는 데서 발생하는 현상이나 문제들은 다음과 같다.

- 데이터 모델을 보는 것만으로는 업무 내용을 파악할 수 없다. 데이터 모델은 기업이나 기관의 업무 설계서나 마찬가지 역할을 할 수 있어야 한다. 때문에 데이터 모델만 보고도 대략적인 업무 내용이 파악될 수 있어야 하지만 현실은 전혀 그렇지 않다. 이러한 데이터 모델은 업무 규칙을 공유할 수 없고, 의사소통이 전혀 이루어지지 않아 실질적인 활용도가 매우 낮고 시스템 구축 시 어떠한 가이드 역할도 기대할 수 없어 제대로 된 시스템 구축을 기대하기 어렵다.

- 데이터 모델의 여러 엔티티(Entity)에 동일한 의미의 속성이 존재하거나 거의 동일한 데이터를 갖고 있는 엔티티들이 산재하여 데이터 불일치가 발생할 수 있는 요소가 많다.

- 데이터 무결성에 대한 개념이 부족하여 엔티티 간의 업무적 연관성을 충분히 고려하지 않고 식별자도 제대로 정의되지 않은 상태로 데이터 모델을 작성한다. 단순히 주식별자(primary key)[1] 속성이 ERD 상에 표현되어 있는가의 문제가 아니다. 데이터 집합에 담기는 개체 하나하나를 업무적으로 유일하게 식별할 수 있는 속성을 찾아 내지도 않은 채 별다른 고민이나 검토 없이 데이터 모델을 작성하는 경우가 많다는 것이다. 예를 들면 주문 엔티티에 주문번호를 PK속성으로 지정한다고 하자. 이때 주문번호 없이도 업무적으로 주문 데이터를 유일하게 식별할 수 있는 각각의 속성(이를 테면 고객번호, 상품번호, 주문일자 등)이 무엇인지 검토해 보지 않았다. 이런 경우 이후 시스템 운영에서 확인할 수 있는 생성 데이터에는 주문번호만 다르고 나머지 속성은 동일한 값으로 채워져 있는 경우가 빈번하게 발생하게 된다.

- 데이터 모델의 표기법이 정확하게 사용되지 못하여 업무 내용을 정확하게 파악할 수 없다. 더불어 업무 변화를 최소한의 변경으로 쉽게 수용할 수 있는 유연성이나 확장성이 적절하게 반영되지 않았다. 이러한 상황에서는 사용자의 요구를 정확하게 구현해 내지 못하여 오류나 수정이 빈발하고. 자그마한 업무 변경에도 데이터 모델의 변경이 자주 발생하여 빈번한 프로그램 변경으로 이어지다 보니 유지보수에 많은 시간과 인력이 필요하게 되고 이에 따른 유지 비용도 상승하게 되는 결과가 나타난다.

다소 장황하게 설명한 듯하지만 그만큼 데이터베이스 설계와 데이터 모델링이 매우 중요하고,

---

[1] 식별자란 하나의 엔티티(테이블) 내에서 각각의 인스턴스(로우)를 유일(Unique)하게 구분해 낼 수 있는 속성(컬럼) 또는 속성 그룹을 말하며, 엔티티의 대표성을 나타내는 유일한 식별자를 주식별자라고 한다.

그만큼 제대로 설계해야 한다는 점을 강조하는 바이다. 이제까지 이야기한 내용들을 토대로 데이터베이스 설계가 필요한 이유를 몇 가지로 요약해 보면 다음과 같다.

- 규모가 큰 시스템일수록 최적의 데이터 구조를 도출할 수 있도록 해주는 수단이 필요하다. 큰 건물을 지으려 할수록 정교하고 제대로 된 설계서가 필요하듯이 규모가 큰 시스템일수록 정밀하고 구체적이며 명확하게 정의된 설계서가 없이는 제대로 된 시스템을 구축할 수 없다. 체계적인 설계 과정을 수행함으로써 최적의 데이터 구조를 도출하여 정의할 수 있고, 전사적 차원의 데이터 통합을 도모하기에 용이하다.
- 시행착오를 줄일 수 있어 비용과 시간을 절약할 수 있다. 개발 후에 데이터 구조를 변경하는 것은 많은 시간과 비용이 발생하기 때문에 체계적인 데이터베이스 설계 과정을 통해서만 사전에 오류 가능성을 제거하고 업무 변화에 유연하게 대응할 수 있는 고품질의 시스템 구축이 가능하다. 결과적으로 시스템 구축 및 유지보수에 있어서 비용과 시간의 절약이 가능하다.
- 많은 사람들이 공통의 언어로 명확하게 의사소통을 할 수 있다. 규모가 큰 시스템일수록 이해 관계자의 범위가 넓고 많은 업무들이 복잡하게 얽혀 있기 때문에 관련된 많은 이해 관계자들이 공통의 언어로 명확하게 의사소통을 할 수 있어야 한다. 특히 설계자와 개발자, 사용자 간에 명확한 의사 전달이 가능해야 하고 데이터 구조와 시스템의 최종 형상에 대해 동일한 이해를 공유하기 용이한 수단이 필요하다. 그렇지 않으면 자신들의 용어와 업무 견해에만 의존하여 문제를 해결하려 하고, 자신들의 입장에서만 이해하려 하기 때문에 수많은 오해와 왜곡이 발생하게 된다. 결과적으로 모두가 만족하는 시스템을 완성할 수 없다는 것이다. 명확한 의사전달은 오류 가능성을 제거하고 고품질의 시스템을 구현하는데 있어서 가장 기본이 된다.

2.1.2 데이터베이스는 어떻게 설계하는가?

데이터베이스를 설계할 때 가장 핵심적인 부분은 사용자가 원하는 데이터를 찾아내고 그 데이터의 구조를 정의하는 것이다. 이것을 데이터 모델링(data modeling)이라고 한다. 다시 말하면, 데이터베이스 설계는 데이터 모델링을 핵심 기법으로 사용하여 사용자의 요구사항을 분석하고, 사용자가 요구하는 정보를 제공할 수 있도록 데이터베이스의 구조와 접근 방법 등을 정의하는 것이라고 할 수 있다. 이에 비해 데이터 모델링은 데이터베이스 설계 과정에서의 핵심 기법으로, 사용자 요구사항을 분석하고 필요한 데이터 요소(데이터와 그 상세 항목, 이들 간의 관계 등을 통틀어서 데이터 요소라고 칭한다)를 도출하여 적절한 데이터 구조를 정의하는 것이다.

이 과정에서 데이터 구조를 결정하는데 필요한 대다수의 문제를 도출하여 결론을 이끌어 내고 데이터 구조에 반영할 수 있도록 하기 때문에 데이터 모델링은 '과정의 도구'라고도 할 수 있다. 그렇기 때문에 데이터 모델링 과정에서 나타날 수 있는 수많은 문제나 결정사항들을 그 시점에 적절하게 해소하지 않고 간과하게 되면 이후 응용 시스템을 운영하는 과정에서 대단히 큰 오류와 불편을 겪게 된다. 그때 가서는 돌이키기 어려운 지경에 이르러 처음부터 다시 설계하여 재구축하지 않고는 문제를 해결할 수 없는 상황에 이를 수도 있다. 이와 같이 데이터베이스 설계와 데이터 모델링은 비슷하면서도 큰 차이가 있다.

데이터 모델링 즉, 데이터 구조를 도출하고 정의하는데 있어서 가장 많이 사용하는 기법은 '개체-관계 모델링(entity-relationship modeling)'이다. 우리가 흔히 ER(entity relationship) 다이어그램 또는 ERD 라고 부르는 것은 이 개체-관계 모델링의 결과물이다. 다시 말해 데이터 모델링을 한다는 것은 단순히 ERD를 그리는 것이 아니라는 뜻이다. 사용자 요구사항 도출 및 분석으로부터 시작해 필요한 데이터를 도출하고, 이로부터 데이터 모델을 정의하는 여러 단계들의 최종 결과가 ERD로 나타나야 한다는 뜻이다. 이러한 개체-관계 모델은 다음과 같이 크게 3가지의 구성 요소를 갖고 있다.

- 업무가 다루는 사항(대상) ▶ 엔티티(정확히는 엔티티 타입) 또는 실체
- 그들 사이에 존재하는 연관 ▶ 관계(relationship)
- 각 사항(대상) 가지고 있는 상세한 특성 ▶ 속성(attribute)

데이터 모델링은 이 3가지 요소를 도출, 검증, 정의해 나가면서 차근차근 단계를 밟아 나가야하기 때문에 가히 '과정의 도구'라 할 수 있다. 다시 말하면 3가지 구성 요소를 매개로 하여 업무적으로 복잡하게 얽혀 있는 다양한 이해 관계자들 사이의 문제를 정리하고 해소하여, 그 결과가 서로 쉽게 인지할 수 있는 기호로써 다이어그램 상에 표현된 것이 바로 ERD가 되어야 한다는 것이다. 그래서 어떤 이들은 ERD에 담겨 있는 데이터 모델을 하나의 '업무 설계서'라고 표현하기도 한다.

데이터베이스를 설계하는 과정은 크게 데이터 모델링 과정과 추가적으로 데이터베이스의 물리적인 구조를 정의하는 과정으로 나누어 볼 수 있다. 물론 이보다 앞서 어떤 데이터를 정의하고

설계해야 하는지를 결정하는 사용자 요구 정의 및 분석 과정을 빼놓을 수 없다. 이 과정을 조금 더 풀어서 정리하면 다음과 같다.

1. 사용자의 요구사항을 도출하여 정의한다.
2. 사용자 요구사항을 분석하여 요구사항을 충족하는데 필요한 데이터를 찾아낸다.
3. 찾아낸 데이터들을 검증하고 데이터 간의 관계와 적합한 속성을 찾아낸다.
4. 데이터 구조를 최적화하기 위해 정규화 및 상세화, 통합 등을 거쳐 데이터의 논리적 구조를 정의한다.
5. 앞에서 정의한 논리적 데이터 구조로부터 원하는 DBMS에 테이블로 생성할 수 있도록 테이블 구조를 정의한다.
6. PK(Primary Key)를 정의한다.
7. 효율적인 데이터 접근을 위해 테이블이나 컬럼의 중복을 허용할 필요가 있는지 여부를 검토하고 필요한 중복 테이블이나 중복 컬럼을 정의한다. 이를 반정규화(denormalize) 혹은 역정규화라고 한다.
8. 지금까지 수행한 결과를 DBMS상에 테이블로 생성한다. 이때 데이터 접근과 관리를 더 효과적으로 할 수 있도록 인덱스, 파티셔닝, 스토리지 할당 등과 같은 추가적인 설계를 적용하는 것이 바람직하다.
9. 데이터 무결성을 보장하기 위해 DB트리거(trigger)와 같은 추가적인 조치를 적용한다.

위에 열거한 단계 중 세 번째와 네 번째 단계를 합쳐서 '논리적 데이터 모델링 (logical data modeling)'이라 부른다. 논리적 데이터 모델링은 전산화나 DBMS와는 무관하게 업무 데이터에 존재하는 사실을 인식하여 정보의 구조와 규칙을 명확하게 표현하고 기록하는 기법이라 할 수 있다. 데이터 모델링 과정에서 가장 핵심이 되는 부분이다. 논리적 데이터 모델링의 결과는 논리 데이터 모델(logical data model)이라 부르며, 다섯 번째에서 일곱 번째 단계까지 이를 토대로 원하는 데이터베이스 관리시스템(database management system, DBMS)에 데이터를 저장하기 위한 구조체인 테이블을 정의하는 물리적 데이터 모델링 (physical data modeling)을 진행한다. 물리적 데이터 모델링의 결과는 물리 데이터 모델(physical data model)이라 부른다. 물리적 데이터 모델링은 논리 데이터 모델을 사용하고자 하는 각 DBMS의 특성을 고려하여 데이터베이스 저장 구조(물리 데이터 모델)로 변환하는 것이라 할 수 있다.

여기서 물리 데이터 모델링과 데이터베이스 설계의 차이를 살펴보자. 물리 데이터 모델링은 데이터의 구조에 관련된 것들을 물리적인 모습까지 설계하는 것이다. 반면에 데이터베이스 설계는 설계도면과 같은 물리적인 모델을 DBMS가 관리하는 오브젝트로 생성하는데 있어서 최적의 접근 성능을 제공하기 위한 추가적인 조치를 강구하여 반영하는 것이다.

여덟 번째와 아홉 번째 단계는 이와 같은 추가적인 조치를 반영하는 단계로, 물리 데이터 모델링 이후의 데이터베이스 추가 설계 또는 데이터베이스 상세 설계라고 부르기도 한다. 이렇게 열거한 과정을 크게 나누어 보면 다음과 같이 간단하게 요약할 수 있다.

1. 요구사항을 분석하여 논리 데이터 모델을 정의한다.
2. 논리 데이터 모델을 물리 데이터 모델로 전환한다.
3. 물리 데이터 모델을 테이블로 생성하고 추가적인 조치를 적용한다.

일반적으로 데이터 모델링이라고 하면 두 번째의 물리 데이터 모델을 정의하는 단계까지를 이야기하고, 세 번째 단계까지 모두 수행하는 것은 데이터베이스 설계라고 한다. 데이터 구조 설계 혹은 데이터베이스 설계는 이와 같은 세 단계를 거쳐 데이터 구조를 상세화 하는 것이다. 기업이나 기관의 전사 시스템처럼 규모가 큰 데이터 구조를 설계할 때는 요구사항 분석 결과를 곧바로 논리 데이터 모델로 정의하지 않고, 요구사항을 분석하면서 개념 데이터 모델이라는 상위 데이터 구조를 정의하고, 이것을 토대로 논리 데이터 모델로 상세화 해 나간다. 마치 그림을 그릴 때 먼저 구도를 잡듯이 개념 데이터 모델은 몇 개의 논리 데이터 모델을 포괄하는 수준의 데이터 구성에 대한 윤곽을 정의한 것이다. 일반적으로 논리 데이터 모델과 동일한 표기법을 사용하여 표현하지만 개념 데이터 모델에서의 엔티티와 속성, 관계 등은 논리 데이터 모델에서의 그것들과는 의미나 상세화 수준이 다르다. 예를 들면 개념 데이터 모델에서의 엔티티는 논리 데이터 모델에서 몇 개의 엔티티로 세분화 될 수 있는 상위 개념을 표현한 것이고, 개념 데이터 모델에 표현된 속성은 논리 데이터 모델에서 엔티티가 될 수도 있는 수준이다. 개념 데이터 모델의 사례는 아래와 같다.

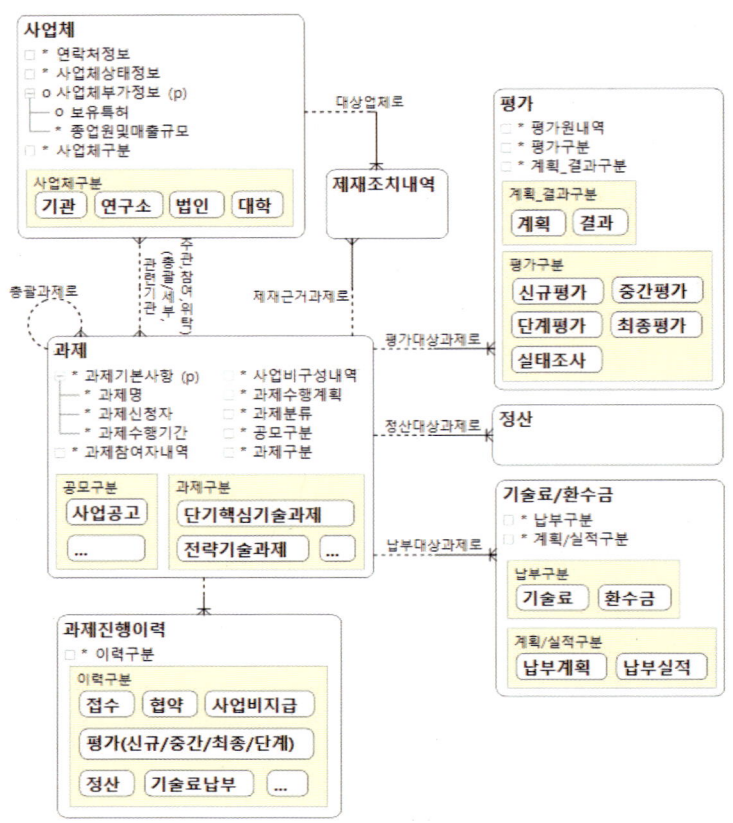

그림 2-1 개념 데이터 모델 사례 (출처 : 데이터산업진흥원, "데이터전문가가이드" 2013ed.)

지금까지의 내용을 요약해 보면, 데이터베이스 설계는 데이터 모델링을 핵심 기법으로 사용하여 포괄적인 의미에서 데이터베이스의 상세 데이터 구조를 정의하는 과정이라 할 수 있다. 각 데이터 개체들 사이에 존재하는 업무적 연관성을 규명하고 각 속성들을 도출하여 상세하고 구체적인 논리적/물리적 데이터 구조를 정의한다. 여기에 더해서 관계형 모델의 경우 이를 DBMS 내에 테이블로 생성하는데 필요한 저장 파라미터와 최적의 접근을 가능하게 하는 색인 구조 등까지 정의하는 과정을 데이터베이스 설계라고 할 수 있다. 데이터 모델링이나 데이터베이스 설계에 대한 보다 상세한 내용을 알고자 하면 데이터 모델링에 대한 다양한 전문 서적을 참고하기 바란다.

2.1.3 잘 설계된 데이터베이스의 특징

잘 설계된 데이터베이스는 다음과 같은 특징을 갖는다.

- 불필요한 데이터를 제거함으로써 디스크 공간을 절약할 수 있다.
- 데이터의 정확성(accuracy)과 무결성(integrity)을 유지할 수 있다.
- 효과적으로 데이터에 접근할 수 있는 방법을 제공한다.

단순해 보이지만 이 말들은 매우 깊은 의미를 담고 있다. 먼저 불필요한 데이터를 제거한다는 것은 사용자들이 필요로 하는 최적의 데이터를 선별하여 정의할 수 있어야 한다는 것이다. 각 데이터들이 중복되지 않으면서 데이터 생성, 변경, 삭제 등의 처리를 통해 아귀가 맞지 않는 이상 데이터가 발생하지 않도록 적절하게 구분하고 통합할 수 있어야만 불필요한 데이터를 제거할 수 있다. 여기에 사용된 '제거'라는 말도 사실 설계할 때의 이론적인 목표이기는 하지만 데이터에 접근할 때의 효율성을 감안하면 실제로는 불필요한 데이터를 100% 제거하는 것 보다 '최소화'를 목표로 가져가는 것이 더 합리적인 경우가 많다. 이렇게 불필요한 데이터를 '거의' 가지고 있지 않도록 함으로써 그렇지 않은 경우에 비하여 필요한 디스크 용량을 상대적으로 적게 할 수 있기 때문에 디스크 공간을 절약할 수 있다는 것이다.

두 번째로 데이터의 '정확성'과 '무결성'은 데이터 구조 설계의 목표이면서 설계 과정을 충실히 밟고, 필요한 설계 기법과 도구를 적절히 사용해야만 얻을 수 있는 데이터베이스의 이상적인 모습이자 특징이다. 데이터 처리에 따라 없어진 부서에 소속된 사원이 존재하게 되는 경우와 같은 이상 데이터가 발생하게 되거나, 여기저기에 존재하는 중복 데이터들이 서로 일치하지 않음으로써 어떤 데이터가 정확한 값인지 알 수 없게 되어 데이터를 사용하지 못하게 되는 등의 문제가 발생하지 않게 하려면 제대로 설계된 데이터베이스를 사용해야 한다. 이와 같은 목표에 도달하려면 이해 관계자(stakeholder)들 간에 명확한 의사소통이 필수다. 명확한 의사소통을 위해 구체적으로 의도나 의사를 표현할 수 있으면서 누구나 직관적으로 쉽게 이해할 수 있는 공통의 언어를 사용해야 한다. 이 역할을 담당하는 수단이 바로 데이터 모델(data model)이다. 그러므로 데이터의 정확성과 무결성은 구체적이고 상세하게 잘 정의된 데이터 모델의 기반 위에서만 달성할 수 있는 목표라 할 수 있다.

마지막 화룡점정은 데이터베이스 설계에 있다. 사용자가 원하는 '필요한' 데이터를 잘 찾아내고 그 구성을 제대로 정의했다고 해도 그 키 구성이나 인덱스 구성에 따라 또는 그 데이터들을 어떻게 저장하고 배치했는지 등에 따라 데이터에 접근하는 효율성은 모두 달라지게 된다. 이 효율성은 간단히 말하면 얼마나 빠르게 필요한 데이터에 접근하고 활용할 수 있는 것인가에 있다. 일반적으로 디스크에 저장된 데이터를 메모리로 읽은 후에 사용자가 시각적으로 인지하는 데이터 접근 과정에서, 디스크로부터 메모리로 데이터를 읽어 올리는 과정은 물리적인 I/O를 통해 처리되기 때문에 디스크에 있는 데이터가 사용자에게 전달되는 과정 중에서 가장 많은 시간이 걸리고, 그만큼 비용이 많이 발생 한다. -컴퓨팅 자원과 시간이 소요되는 것을 '비용'이라는 개념으로 표현하며, 비용이 많이 든다는 것은 그만큼 컴퓨팅 자원과 시간을 많이 사용한다는 의미이다- 이때 물리적인 I/O를 얼마나 줄여줄 수 있는가에 따라 데이터 접근 성능은 큰 차이를 나타내게 된다. 결과적으로 필요한 데이터를 성공적으로 찾아내 정의를 완료하고도, 그 끝에 효율적인 데이터 접근 방법을 제공해 주지 못하면 그 데이터베이스는 잘 설계되었다고 말하기 곤란하다.

2.2 예제 DB 설계를 위한 업무 명세

이 책은 데이터베이스 설계나 응용 시스템을 구축하는 과정을 말하고자 하는 것이 아니다. 그보다는 SQL이 어떤 것인지를 알기 쉽게 설명하고 기본적인 SQL 사용법을 익히며, 조금 더 나아가 실무 현장에서도 활용이 가능한 SQL 사용 방법을 설명하고자 하는 의도를 담고 있다. 이러한 목적으로 SQL을 작성하여 실행하기 위해서는 데이터가 저장된 테이블이 필요하며, 이 테이블은 앞에서 설명한 바와 같이 어떠한 업무를 수행하는 과정에서 발생하는 데이터를 저장하고 활용할 수 있는 데이터 저장 구조(또는 줄여서 '데이터 구조')에 대한 설계를 통해서 얻어진다. 본 절에서 다루고자 하는 바는 이 책에서 의도하는 SQL을 이해하고 학습하는데 필요한 데이터 구조가 어떤 과정을 거쳐서 얻어지게 되는지를 간략하게 설명하고자 하는 것에 있다. 비록 데이터 모델링 과정을 설명하고 있지만 이 책에서는 데이터 모델이 도출되고 정의되는 과정을 이해하기 쉽도록 필요한 부분만 간략하게 다루는 것이기 때문에 데이터 모델링을 수행하는 다양한 방법 중에 손쉬운 하나의 사례라는 관점으로 이해해 주기 바란다. 현장에서 수행되는 데이터 모델링이 여기에 소개한 내용처럼 쉽게 이루어지는 것은 아님을 미리 밝혀 둔다. 데이터 모델링에 대한 실무에 입각한 상세한 내용을 알고자 한다면 별도의 전문서적을 참고하기 바란다.

데이터 저장 구조는 어떠한 개체나 개념, 사건, 행위 등에 대해 기록하거나 묘사하고 있는 데이터 집합과 그 집합들 간의 연관 관계를 정의한 것이라 할 수 있다. 데이터 집합은 성격이나 특징, 의미 등을 공유하거나 동일하다고 볼 수 있는 데이터 개체들을 모아 놓은 것으로, 이들은 그 성격이나 특징, 의미 등을 구체적으로 묘사할 수 있는 세부 항목들을 갖고 있다. 예를 들어 '사원'이라는 데이터 집합에 저장되는 각각의 사원 개체는 사번, 이름, 주소, 전화번호, 입사일, 직급, 소속부서 등과 같은 세부 항목들을 갖고 있다. 이 항목들은 사원 개체의 특성을 나타내기 때문에 이 항목들에 저장된 값으로 임의의 사원을 특정할 수 있다. 이와 같은 각각의 세부 항목들을 속성(Attribute)이라 한다. 이 속성에는 일정한 규칙이 지정될 수 있어서 이 규칙에 만족한다면 어떠한 값이라도 들어올 수 있다. 어떤 데이터 집합에 대한 세부 속성들에 저장된 다양한 값들로부터 임의의 개체에 대한 속성 값들을 불러와 하나로 모아보면 그 데이터가 가리키는 개체를 알 수 있다. 이것이 사원 집합에서 추출한 데이터라면 그 값들이 특정한 사원을 가리킬 수 있게 된다. 다시 말하면 각각의 사원 개체는 모두 저마다의 형태(외모)와 특징 외에도 사번, 이름 등과 같은 공통된 특성들을 갖고 있고, 이러한 특성들을 모아서 '사원'이라는 데이터 집합을 묘사할 수 있게 되는 것이다. 이때 각각의 사원 개체를 엔티티(Entity) 라고 하며, 다양한 사원 개체가 모여서 사원이라는 데이터 집합이 된 것을 엔티티 타입(Entity Type)이라고 부른다. 엔티티 타입은 줄여서 엔티티라고도 하는데, 우리가 흔히 얘기하는 엔티티는 사실상 각각의 개체가 아닌 데이터 집합을 의미하는 엔티티 타입을 줄여서 부르는 용어이다.

데이터 집합 간에 어떤 연관성이 있을 때 이것을 '관계(Relationship)' 라고 한다. 데이터 구조를 설계한다고 하면 필요한 엔티티들을 찾아내고, 성격을 파악하여 엔티티들 간에 존재하는 업무적인 연관 관계(Relationship)를 규명하면서, 각 엔티티들의 성격이나 개념을 설명할 수 있는 속성(Attribute)을 찾아내는 것이라고 할 수 있다.

그렇다면 우리가 필요한 엔티티들을 찾아내 정의하고, 필요한 속성을 찾아 각 엔티티 간에 업무적 연관성이 있다는 등의 판단을 할 수 있는 근거는 무엇일까? 결론적으로 말하면 이러한 모든 판단의 근거는 사용자 요구 사항으로부터 온다. 데이터 구조를 정의하는데 필요한 모든 사항들을 사용자는 꼼꼼하게 제공하지 않기 때문에 현장에서 마주치는 대부분의 초기 사용자 요구사항은 큰 틀에서 대략적인 윤곽을 언급한 수준의 서술로 되어 있다. 이 상태로는 데이터 구조 설계를 수행하기 어렵다. 때문에 실제 프로젝트 실무에서는 모델러나 설계자가 사용자의 요구 내용을 더 상세하게 파악해 행간에 숨은 의미를 찾아내 정리하는 사용자 요구사항 도출이라는 과정을 거치게 된다. 이렇게 상세화 한 요구사항을 분석하여 어떤 데이터가 필요한지, 또 이들 간에 대략 어떤 연관성이 있는지 등을 파악해야 데이터 모델링을 시작할 수 있는 단계에 이르게 된다. 그러므로 필요한 데이터의 판단과 그 연관성의 판단의 근거가 사용자 요구사항에 있다고 할 수 있는 것이다. 예를 들면, 'A기업과 내가 무슨 연관이 있을까?' 라는 질문에 쉽게 대답하기는 어려울 것이다. 하지만 'A기업에서 상품을 구매한 사람을 관리하고자 한다' 라는 요구가 전제되면 '나'는 'A기업'에 대해 '구매자' 라는 관계가 설정되게 된다. 또한 A기업의 입장에서 관리하고자 하는 '구매자'는 '이 세상 모든 사람'이 아니고 '상품을 구매하기 위해 회원으로 가입한 사람'이나, '구매를 하면서 구매자로서 자신의 정보를 제공한 사람'에 국한시킬 수 있을 것이다. 이렇게 구매자의 범위가 모호한 '사람'이 아니라 '어떤 특정 조건에 해당하는 사람'으로 명확하게 한정될 수 있을 때 데이터 집합의 의미가 분명해 질 수 있다. 이에 따라 또 다른 데이터와의 연관성이나 필요한 속성들을 찾아낼 수 있다. 그렇기 때문에 사용자의 요구사항은 데이터 정의의 출발점이 된다. 물론 사용자 요구사항 외에도 데이터 모델을 정의하는데 있어서 결정적인 영향을 주거나 판단의 근거가 될 수 있는 여러 가지 요소가 있을 수 있지만 그들까지 다루기에는 이 책의 의도를 넘어서기 때문에 생략하기로 한다.

이제 지금까지 설명한 내용을 바탕으로 다음과 같은 업무 명세에 해당하는 데이터 구조를 정의해 보자. 아래의 업무 명세는 사용자 요구사항을 대신하는 것으로 볼 수 있으며, 편의상 이 책에서 다루고자 하는 SQL의 접근 대상이 될 데이터들을 도출하여 데이터 모델로 정의하기에 용이하도록 작성되어 있다는 점을 이해할 필요가 있다. 실제 업무 현장에서 이와 같이 친절하게 서술된 업무 명세나 상세하게 사용자 요구사항을 정리한 문서가 있다고 여기는 것은 곤란하다.

주문 관리 업무 명세

우리는 다양한 상품을 판매하고 있다. 우리가 판매하는 상품은 상품명으로 구별할 수 있지만 편의상 상품 아이디를 부여하여 식별하고 있으며, 상품마다 낱개의 가격을 매겨 놓았다. 상품의 출시 일자와 제조사의 명칭을 안다면 이것들 또한 관리하고자 한다.

우리의 고객은 다양한 국적과 직업을 갖고 있다. 고객의 국적을 파악하는 것은 적절한 서비스 개발을 위해 꼭 필요한 부분이다. 고객의 국적을 대륙으로 그룹핑 할 수 있다면 서비스 개발에 도움을 줄 수도 있을 것이다. 고객의 직업은 코드화하여 관리하려 한다. 직업의 종류가 매우 다양하기 때문에 직업을 몇 개의 유형으로 그룹핑하는 방법을 고려하고 있다. 우리는 우리의 고객에게만 상품을 판매하고 있기 때문에 우리의 상품을 구매할 의사가 있는 고객에 대해서는 아이디를 부여하여 구별하고, 고객의 이름과 성별, 전화번호, 생년월일 등을 관리한다. 또한 이메일을 알려주는 고객에게는 우리 상품에 대한 다양한 소개자료를 보내주고 있으며, 고객이 거주 도시를 알려주는 경우는 이를 이용한 다양한 판촉도 기획하고 있다.

고객은 한 번에 여러 개의 상품을 주문할 수 있으며, 상품에 따라서는 하나의 상품을 여러 개 주문할 수도 있다. 주문은 상품 단위로 구분하여 주문번호를 부여하고 있으며, 주문 일시와 함께 주문 고객의 유형 구분을 고려한 주문 담당 부서와 담당 사원을 배정하여 관리한다. 빠르고 편리한 주문 관리를 위해서 주문별로 합계 금액도 미리 계산해 놓으려 한다.

우리는 주문이 접수된 시점부터 주문된 상품이 고객에게 인도될 때까지 주문이 처리되는 과정을 고객과 관리자가 알 수 있도록 관리하고자 한다. 또한 주문별로 최종 상태뿐만 아니라 그 처리 과정을 추적할 수 있도록 각각의 처리 상태가 어느 시점에 변경 되었는지도 알고자 한다. 주문 상품이 고객에게 인도되고 나면 주문이 완료되며, 주문별로 그 완료 일자도 알고자 한다.

사원은 사원번호를 부여하여 구분하고 있으며 사원명과 소속부서, 입사일자, 월급여, 나이, 거주지역, 관리자의 사원번호를 관리한다. 매우 오래 전에 입사한 사원 중에는 더러 입사일자를 기억하지 못하는 경우도 있어서 모든 사원의 입사일자를 관리하는 것은 쉬운 일이 아니다. 또한 사원 중에는 나이와 거주지역을 알려주지 않는 사원도 있다. 사원의 소속 부서는 부서번호로 관리하며, 이를 위해 우리는 미리 부서별로 부서번호를 부여하여 부서명과 함께 관리해야 한다. 또한 부서 조직의 상하 구성 체계를 알 수 있도록 부서별로 상위 부서를 관리한다.

고객 중에는 정기적으로 우리 상품을 구매하는 경우가 있어서 별도의 계약을 체결하여 단골 할인 같은 특별 약관을 적용할 수 있다. 이것은 계약유형으로 분류하여 선택한 유형별로 적용하는 내용을 다르게 하고 있다. 고객이 계약 유형을 선택하면 계약별로 유일한 아이디를 부여하여 구별하고, 계약 가입 일시와 함께 계약 관리 부서를 할당한다. 계약 중인 고객이 계약을 해지하면 해지 일시를 기록하고, 해지 계약에 대해 가급적이면 해지 사유나 기타 필요한 코멘트 내용을 비고로 남길 것이다.

2.3 예제 DB 설계하기

이제 앞에서 설명한 절차에 따라 요구사항 분석부터 논리 데이터 모델을 정의하고, 물리 데이터 모델로 전환하여 테이블을 생성하는 과정을 진행해 보기로 한다.

2.3.1 단계 1 : 업무 명세 내용 분석

업무 명세 내용은 '주문 관리' 업무에 대한 것으로, 제목에서 업무의 범위가 제시되어 있음을 알 수 있다. 명세 내용을 읽어가면서 '주문 관리' 업무의 상세 내용과 하고자 하는 내용, 필요한 데이터 등을 찾아내 보자.

표 2-1 단계1 : 업무 명세 내용 분석으로 도출한 데이터 목록

단락	업무 명세 내용	분석 내용	필요한 데이터
1	우리는 다양한 상품을 판매하고 있다. 우리가 판매하는 상품은 상품명으로 구별할 수 있지만 편의상 상품 아이디를 부여하여 식별하고 있으며, 상품마다 낱개의 가격을 매겨 놓고 있다. 상품의 출시 일자와 제조사의 명칭을 안다면 이들도 관리하고자 한다.	• 주문(판매) 대상이 되는 상품에 대해 설명한다. • 상품의 관리 속성으로 상품명, 상품 아이디, 단가, 출시일자, 제조사명 등의 관리 항목을 설명한다.	상품
2	우리의 고객은 다양한 국적과 직업을 갖고 있다. 고객의 국적을 파악하는 것은 적절한 서비스 개발을 위해 꼭 필요한 부분이다. 고객의 국적을 대륙으로 그룹핑 할 수 있다면 서비스 개발에 도움을 줄 수도 있을 것이다. 고객의 직업은 코드화 하여 관리하려 하는데, 직업의 종류가 매우 다양하기 때문에 직업을 몇 개의 유형으로 그룹핑 하는 방법을 고려하고 있다. 우리는 우리의 고객에게만 상품을 판매하고 있기 때문에 우리 상품을 구매할 의사가 있는 고객에 대해서는 아이디를 부여하여 구별하고, 고객의 이름과 성별, 전화번호, 생년월일 등을 관리한다. 또한 이메일을 알려주는 고객에게는 우리 상품에 대한 다양한 소개자료를 보내주고 있으며, 고객이 거주 도시를 알려주는 경우는 이를 이용한 다양한 판촉도 기획하고 있다.	• 고객에 대해 설명한다. • 고객에 대해 관리하려는 속성은 국적, 직업이다. • 국적을 대륙으로 묶을 수 있도록 국적으로 사용할 국가 데이터를 대륙 구분과 함께 관리해야 한다. • 직업은 코드로 관리하고 직업을 그룹핑 하는 유형 분류가 필요하다. • 고객에게만 상품을 판매 • 고객에 대해 아이디,이름, 성별, 전화번호, 생년월일, 이메일, 거주 도시 등을 관리한다.(위 부분과 연결) • 이메일, 거주 도시는 고객이 알려주지 않을 수도 있다.(알려주지 않으면 데이터를 채울 수 없으니 null 허용 필요. 즉, optional 속성이라는 의미)	고객, 국가, 직업

단락	업무 명세 내용	분석 내용	필요한 데이터
3	고객은 한 번에 여러 개의 상품을 주문할 수 있으며, 상품에 따라서는 하나의 상품을 여러 개 주문할 수도 있다. 주문은 상품 단위로 구분하여 주문번호를 부여하고 있으며, 주문 일시와 함께 주문 고객의 유형 구분을 고려한 주문 담당 부서와 담당 사원을 배정하여 관리한다. 빠르고 편리한 주문 관리를 위해서 주문별로 합계 금액도 미리 계산해 놓으려 한다.	• 상품 주문을 설명하고 있다. • 주문은 상품 단위로 주문번호를 부여한다. • 주문에는 한 상품이 여러 개(수량), 주문 일자, 주문담당부서, 주문담당사원, 합계금액이 포함된다. • 주문담당부서는 부서 데이터가 먼저 존재해야 한다. • 주문담당사원은 사원 데이터가 먼저 존재해야 한다. • 주문하는 고객에 대한 유형 구분이 있다.(고객 속성에 추가) • 주문, 고객, 상품 데이터 간에 관계가 있다.	상품, 주문, 부서 (주문담당부서), 사원 (주문담당사원), 고객
4	우리는 주문이 접수된 시점부터 주문된 상품이 고객에게 인도될 때까지 주문이 처리되는 과정을 고객과 관리자가 알 수 있도록 관리하고자 하며, 주문별로 최종 상태뿐만 아니라 그 처리 과정을 추적할 수 있도록 각각의 처리 상태가 어느 시점에 변경되었는지 까지 알고자 한다. 주문 상품이 고객에게 인도되고 나면 주문이 완료되며, 주문별로 그 완료 일자도 알고자 한다.	• 주문이 처리되는 과정을 '상태'로 관리하려 한다. • '접수', '인도'는 관리할 상태 중 하나이다. • 주문별로 최종 상태를 관리할 수 있도록 '주문'에 최종 상태 속성이 포함된다. • 주문별로 처리 상태와 변경 시점을 관리해야 한다. • '주문'에 완료 일자 속성이 포함되어야 한다. • 주문과 상태 변경 데이터 간의 관계를 표현하고 있다.	주문, 주문상태이력 (주문 상태가 변경된 과정에 대한 데이터. 보통 '이력'이라고 표현)
5	사원은 사원번호를 부여하여 구분하고 있으며, 사원명과 소속부서, 입사일자, 월급여, 나이, 거주지역, 관리자의 사원번호를 관리한다. 매우 오래 전에 입사한 사원 중에는 더는 입사 일자를 기억하지 못하는 경우도 있어서 모든 사원의 입사 일자를 관리하는 것은 쉬운 일이 아니다. 또한 사원 중에는 나이와 거주지역을 알려주지 않는 사원도 있다. 사원의 소속 부서는 부서번호로 관리하며, 이를 위해 우리는 미리 부서별로 부서번호를 부여하여 부서명과 함께 관리해야 한다. 또한 부서 조직의 상하 구성 체계를 알 수 있도록 부서별로 상위 부서를 관리한다.	• 사원 집합에 대해 설명한다. • 사원에 대해 사원번호, 사원명, 소속부서, 입사일자, 월급여, 나이, 거주지역, 관리자 사원번호 등을 관리(관리자 사원도 사원 집합의 멤버이므로 관리자 사원과 관리 대상 사원 간의 관계를 의미) • 입사 일자, 나이, 거주지역은 알 수 없는 경우가 있다. 즉, null을 허용하는 optional 속성이다. • 사원의 소속 부서로 사용할 부서 집합을 표현하고 있다. • 부서에 대해 부서번호, 부서명, 상위 부서(번호)를 관리한다.(상위 부서도 부서 집합의 멤버이므로 상위 부서와 하위 부서 간의 관계를 의미)	사원, 부서
6	고객 중에는 정기적으로 우리 상품을 구매하는 경우가 있어서 별도의 계약을 체결하여 단골 할인 같은 특별 약관을 적용할 수 있는데, 이것은 계약유형으로 분류하여 선택한 유형별로 적용하는 내용을 다르게 하고 있다. 고객이 계약 유형을 선택하면 계약별로 유일한 아이디를 부여하여 구별하고, 계약 가입 일시와 함께 계약 관리 부서를 할당한다. 계약 중인 고객이 계약을 해지하면 해지 일시를 기록하고, 해지 계약에 대해 가급적이면 해지 사유나 기타 필요한 코멘트 내용을 비고로 남길 것이다.	• 고객과의 계약에 대해 설명하고 있다. • 계약 유형 분류에 따라 적용 내용이 다르며, 단골 할인은 한 유형이다. • 계약별로 유일 아이디 (계약 아이디)를 부여하고, 계약가입일시, 계약관리부서, 계약 유형, (해지시) 해지 일시, 해지 사유, 비고 등 속성이 관리 대상이다.(해지 관련 속성과 비고는 null 허용 필요) • 계약 관리 부서는 부서 데이터가 먼저 존재해야 한다.	고객, 계약, 부서 (계약 관리 부서)

2.3.2 단계 2 : 논리 데이터 모델을 설계한다

이제 업무 명세를 분석한 내용에 따라 도출한 데이터 집합을 검증하여 필요한 엔티티를 정의해 보고, 엔티티 간의 관계와 구성 속성을 정의하여 ER다이어그램으로 작성해 보도록 하자.

먼저, 엔티티가 될 수 있는 자격 조건의 검증에 대해 살펴 보자. 앞서 엔티티를 설명하면서 '어떠한 개체나 개념, 사건, 행위 등에 대해 기록하거나 묘사하고 있는 데이터 집합' 이라는 표현을 했다. 여기서 알 수 있는 몇 가지 사항들을 정리해 보면 다음과 같다.

- '데이터 집합'이 되려면 적어도 두 개 이상의 관리할 '대상물'이 있어야 하고, 이 대상물에 대한 상세한 관리 항목이 적어도 두 개 이상은 있어야 한다. 이것을 가로(둘 이상의 관리 항목), 세로(둘 이상의 관리 대상물) 개념을 적용해서 보통 '면적'을 가져야 한다고 표현한다.

- 관리할 대상이 확실한지 확인한다. 앞에서 업무 명세를 분석한 결과는 자연스럽게 명세한 업무 내용을 벗어나지 않았다고 할 수 있겠으나, 일반적으로 사용자 요구나 업무 명세를 분석하다 보면 이것저것 전부 집합이 될 것 같아 확실한 판단이 서질 않게 된다. 아울러 너무 의욕이 앞서 필요 이상의 데이터 집합 후보를 도출하는 경우도 있을 수 있다. 이때 필요한 기준은 '관리하고 있는 대상인지' 혹은 '앞으로 관리해야 할 대상인지'의 관점에서 검증해 보는 것이다.

- 비슷해 보이는 데이터 집합 후보들은 한데 모아 집합의 성격이나 개념을 따져 '대표성' 이나 '본질 집합' 여부를 판단한다. 예를 들어 '사원', '직원', '팀원' 같은 데이터 후보가 있다고 할 때 '사원'이나 '직원'은 관용적으로 같은 의미로 혼용되고, '팀원'은 어떤 '사원'이 어떤 '팀'에 소속되었을 때 부르는 호칭임을 알았다고 하면, 여기서 '사원', '직원'은 '사원'으로 대표하기로 하고, '팀원'의 본질은 '사원'이므로 '사원' 이라는 데이터 집합을 도출하게 된다.

- 본질 집합은 크게 '개체'나 '행위'를 관리하는 집합으로 구분된다. 이를 개체 집합, 행위 집합이라는 말로도 표현한다. 일반적으로 엔티티는 이 본질 집합으로 정의되는 것이 보통이고, 개체와 행위가 결합한 형태의 단어로 표현되는 경우는 관계 혹은 관계에 상속된 관계 속성이다. 여기서 상속이라는 표현도 정확한 표현은 아니지만 일단은 다른 엔티티로부터 물려 받았으니 상속이라고 표현해 두겠다. 앞의 업무 명세에서 '주문 담당 부서', '계약 관리 부서' 등은 '주문을 담당하다' 라는 행위와 '부서' 또는 '사원' 이라는 개체가 결합한 형태이기 때문에 관계 혹은 관계 속성으로 보면 되고, 그 본질은 '부서', '사원' 이라는 개체 집합이 된다.

논리 데이터 모델을 ER다이어그램으로 표현하는데 사용되는 표기법은 여러 가지가 있으나 여기서는 '바커 표기법(Barker notation)'을 사용한다. 바커 표기법(정확히는 개발자의 이름을 붙여서 리차드 바커 표기법이라고 해야 맞겠지만 줄여서 바커 표기법이라 부른다)은 1986년 영국 컨설팅 회사 CACI에 근무하던 리차드 바커(Richard Barker)가 그의 동료들과 함께 개발한 데이터 모델 표기법이다. 훗날 오라클로 이직한 리차드 바커는 오라클에서 CASE Method (Computer Aided Systems Engineering Method)를 채택하여 개체-관계 모델링에 사용하도록 하였고, 오라클 CASE 모델링 도구에도 적용되었다. 리차드 바커에 의해 개발된 이 개체-관계 모델링 방법은 관계형 데이터베이스 관리 시스템 (relational database management system) 분야에서 오라클의 시장 점유 확대에 힘입어 많은 학자들과 데이터·데이터베이스 전문가들에게 매우 인기있는 개체-관계 모델링 방법의 하나로 자리잡았다. 바커 표기법은 직관적 이해와 공간 활용 면에서 다른 개체-관계 모델링 방법에 비해 큰 장점을 가지고 있다. 바커 표기법에서는 데이터 모델의 3가지 구성 요소를 다음과 같이 표현한다.

표 2-2 바커 표기법에 따른 데이터 모델 구성 요소 표현

구성요소		표기법	비고
엔티티		고객	• 끝이 둥근 사각형 • 엔티티 명칭은 엔티티 내부 좌측 상단에 표시
속성	식별자 (주식별자)	고객 □ # 고객번호	• 식별자 속성은 앞에 '#'을 붙여서 표시 • 식별자 속성은 기본적으로 필수 속성임
	필수속성	고객 □ # 고객번호 □ * 고객명	• 속성은 엔티티 내부 엔티티명 아래에 표시 • 필수 속성은 앞에 '*'를 붙여서 표시
	선택속성	고객 □ # 고객번호 □ * 고객명 □ o 주소	• 선택 속성은 앞에 'o'를 붙여서 표시

구성요소		표기법	비고
관계	다대다 (M:M)	고객 ─ 주문 ─ 상품	• 양쪽 방향 모두 하나 이상(one or more) • 아직 완전히 풀리지 않은 상태
	일대다 (1:M)	고객 ─ 계약자로 ─ 계약 〈비식별관계〉 고객 ─ 소유자로 ─ 학력 〈식별관계〉	• 일대다는 가장 일반적인 형태 • 비식별관계 : 부모 엔티티(고객)의 식별자가 자식 엔티티(계약)의 비식별자 속성의 일부로 상속됨 • 식별관계 : M쪽에 UID Bar 표시. 부모 엔티티(고객)의 식별자가 자식 엔티티(학력)의 식별자 속성의 일부로 상속됨
	일대일 (1:1)	마더보드 ─ PC 〈비식별관계〉 계약 ─ 옵션항목 〈식별관계〉	• 일대일은 드물게 발생하는 형태 • 비식별관계 : 부모 엔티티(마더보드)의 식별자가 자식 엔티티(PC)의 비식별자 속성의 일부로 상속됨 • 식별관계 : 자식 엔티티쪽에 UID Bar 표시. 부모 엔티티(계약)의 식별자가 자식 엔티티(옵션항목)의 식별자 속성으로 상속됨(동일식별자)
기타	서브타입	계약 * 계약구분 계약구분 단체계약 개별계약	• 전체집합(슈퍼타입)에 대해 부분집합의 개념을 표현 • 서브타입은 독자적인 관계나 개별 속성을 가질 수 있다.
	배타관계	계좌원장 ─ 소유주체 ─ 개인 / 법인	• 배타적 논리합 관계를 표현 • 자식(계좌원장)은 두 개 이상의 부모(개인, 법인)의 합집합과 관계 • 호(arc)가 교차하는 관계선에 연결된 엔터티가 배타관계 대상
	순환관계	상위조직으로 조직	• 계층 구조를 통합한 형태 • 데이터적으로 무한한 계층 구성 표현이 가능하다. • 계층 구조 변경에 유연하게 대응이 가능하다.

(※데이터 구성요소에 대한 표기는 ㈜엔코아의 DA#모델러 도구를 사용하였음.)

위의 바커 표기법 설명에서 엔티티와 엔티티 간의 관계를 표현하는 방법은 기수성(cardinality), 선택성(optionality), 관계명칭의 3요소가 사용된다. 관계(relationship)는 앞에서 '하나 또는 두 엔티티 간의 업무적 연관성을 표현'한 것이라고 했다. 그 연관성을 표현하는 데 3가지 요소가 사용된다는 것이다.

이제 앞에서 분석한 업무 명세 내용을 토대로 바커 표기법을 사용하여 논리 데이터 모델을 작성해 보자. 업무 명세 분석에서 도출한 엔티티들을 대상으로 속성 구성과 관계 대상을 살펴 보면 다음과 같다.

표 2-3 엔티티별 속성 구성 및 관계 검증

엔티티	구성 속성	관계 검증	관계 대상
상품	• 상품 아이디, 상품명, 단가, 출시 일자, 제조사명	• 한 주문에 상품 하나 • 한 상품은 여러 주문에 포함된다.	주문 : 상품 (M : 1)
고객	• 고객 아이디, 이름, 성별, 전화번호, 생년월일, 이메일, 거주 도시, 고객유형, 국적, 직업	• 주문에 대해 주문자로 관계, 여러 번 주문 가능 • 고객별로 하나의 국적을 관리(전제), 동일 국적 고객 다수 • 고객별로 하나의 직업을 관리(전제), 동일 직업 고객 다수 • 고객은 여러 번 계약 체결 가능, 계약에는 하나의 계약자 고객 존재	고객 : 주문 (1:M) 고객 : 국가 (M:1) 고객 : 직업 (M:1) 고객 : 계약 (1:M)
주문	• 주문번호, 주문수량, 주문일자, 주문담당부서, 주문담당사원, 합계금액	• 상품과의 관계는 앞에서 검증 • 주문별로 다수의 상태변경 이력 존재 • 주문별로 하나의 담당부서, 한 부서는 다수의 주문에 담당 부서로 관계 • 주문별로 하나의 담당 사원, 한 사원은 다수의 주문에 담당 사원으로 관계 • 고객과의 관계는 앞에서 검증	주문 : 상품 (M:1) 주문 : 주문상태 이력 (1:M) 주문 : 부서 (M:1) 주문 : 사원 (M:1) 주문 : 고객 (M:1)
주문 상태 이력	• 주문번호, 상태 구분, 변경 일시	• 주문과의 관계는 앞에서 검증	주문 : 주문상태 이력 (1:M)
사원	• 사원 번호, 사원명, 소속부서, 입사 일자, 월 급여, 나이, 거주지역, 관리자 사원 번호 • 입사 일자, 나이, 거주지역은 null 허용 필요(optional)	• 사원은 하나의 부서에 소속, 한 부서는 다수의 소속 사원 보유 • 주문과 사원의 관계는 앞에서 검증 • 한 관리자가 다수의 사원을 관리, 관리자도 사원	부서 : 사원 (1:M) 주문 : 사원 (M:1) 사원 : 사원 (M:1)

엔티티	구성 속성	관계 검증	관계 대상
부서	• 부서번호, 부서 명, 상위 부서 번호	• 상위 부서번호는 부서 간의 관계 • 주문과의 관계는 앞에서 검증 • 계약에 계약 관리 부서로 관계, 계약별로 하나의 관리부서, 한 부서는 다수의 계약을 관리	부서 : 부서 (M:1) 주문 : 부서 (M:1) 계약 : 부서 (M:1)
계약	• 계약 아이디, 계약가입일시, 계약관리부서, 계약 유형, } (해지시) 해지 일시, 해지 사유, 비고	• 고객 및 부서와의 관계는 앞에서 검증	고객 : 계약 (1:M) 부서 : 계약 (1:M)
국가	• 국적의 본질 • 국가 코드, 국가 명, 대륙 구분	• 고객과의 관계는 앞에서 검증	고객 : 국가 (M:1)
직업	• 직업 코드, 직업 명, 직업 유형 분류	• 고객과의 관계는 앞에서 검증	고객 : 직업 (M:1)

엔터티에 대한 속성들이 정의되면, 그 속성들 중에서 개체 무결성을 보장하기 위한 즉, 엔티티에 저장되는 각 데이터들을 유일하게 식별할 수 있는 대표 속성이나 속성 그룹을 정의해야 한다. 이를 주식별자(primary identifier)라고 한다. 주식별자는 개체 무결성을 보장하기 위하여 유일성과 함께 빈 값(null value)을 허용하지 않아야 한다는 특징을 갖는다. 데이터 집합에서 각각의 데이터 개체(인스턴스)를 유일하게 식별할 수 있는 속성이나 속성 그룹은 한 가지 이상 존재할 수 있다. 이러한 역할을 할 수 있는 속성들 또는 속성 그룹들을 후보 식별자(candidate identifier)라고 하며, 이들 중 대표성을 부여할 식별자(identifier)를 주식별자(primary identifier), 나머지를 보조 식별자 (secondary identifier) 또는 대체 식별자(alternate identifier)라고 한다. 논리 데이터 모델에서 주식별자는 물리 데이터 모델에서 해당 엔티티에 대한 주 키(primary key) 설정 여부와 상관없이 반드시 지정되어야 하며, 보조 식별자 또는 대체 식별자는 필요에 의해 지정된다. 위에 열거한 엔티티별 구성 속성 중에는 주식별자 역할을 할 수 있는 속성이 포함되어 있으며, 업무 명세에서 '식별한다' 라는 표현을 사용한 속성이 주식별자 속성이 될 것이다. 명세 내용에서 주식별자 판단이 모호한 경우는 엔티티의 관리 대상 개체를 유일하게 식별할 수 있는 속성이나 속성 그룹을 찾아 주식별자로 정의하면 된다. 물론 필요하다면 별도의 인조 속성(artificial attribute)을 정의하여 이 속성으로 주식별자를 정의할

수도 있다. 이에 대한 판단은 데이터 모델링에 대해 좀 더 많은 공부나 경험이 필요하며, 함부로 판단하는 것은 바람직하지 않다.

이상의 분석 내용에 따라 엔티티 내에 속성을 배치하고 엔티티 간의 관계를 정의하여 논리 데이터 모델을 작성한 결과는 다음과 같다.

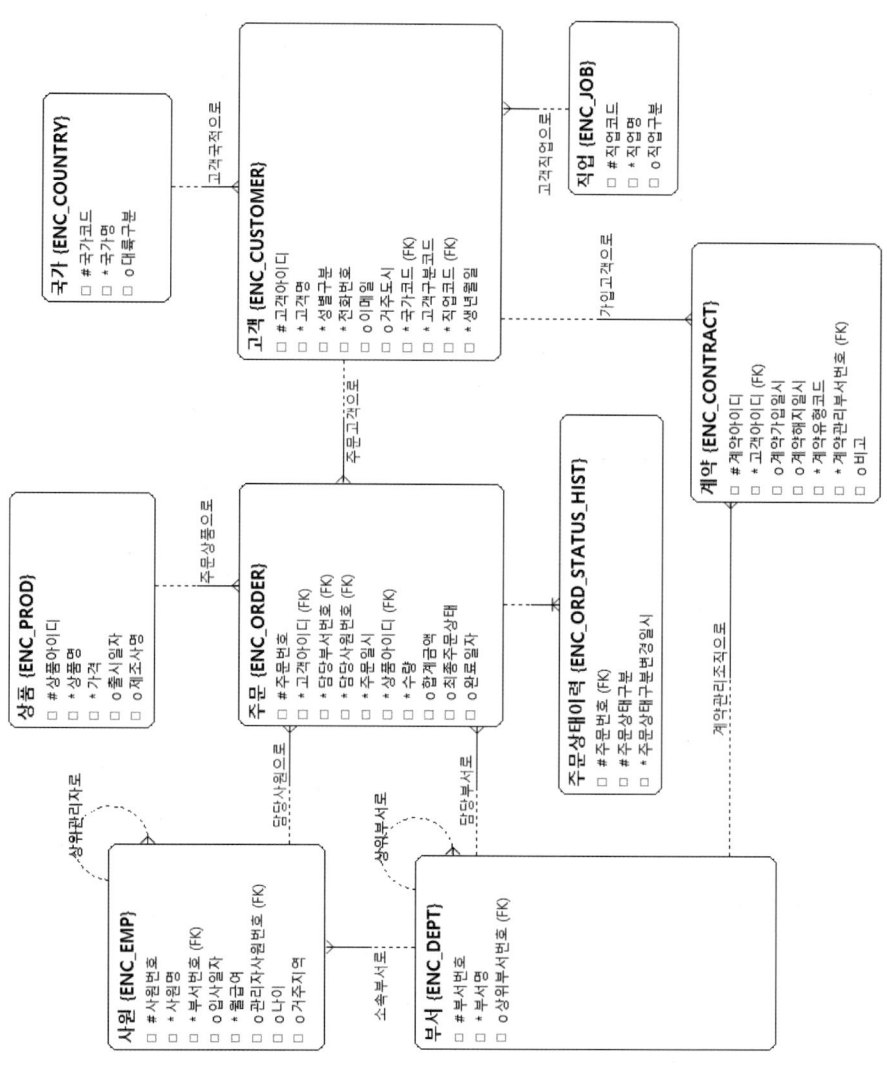

그림 2-2 업무 명세에 대한 논리 데이터 모델 작성 결과

2.3.3 단계 3 : 물리 데이터 모델로 전환한다

'물리 데이터 모델'이란 논리 데이터 모델을 토대로 특정 DBMS와 시스템 또는 데이터베이스 구성에 적합한 구조와 제약조건 등을 정의하여 실제로 데이터를 저장할 수 있는 물리적인 데이터 구조로 정의한 것을 말한다. 데이터 모델의 엔티티와 서브타입은 논리적인 집합이며, 이를 관계형 데이터베이스로 설계하고자 한다면 이 단계에 와서 물리적인 테이블(Table)로 전환된다. 그렇기 때문에 물리 데이터 모델링은 작성된 논리 데이터 모델을 각각의 데이터베이스 관리 시스템의 특성, 기능, 성능 등을 고려하여 그에 적합한 데이터베이스의 물리적인 구조(Schema)를 정의해가는 과정이라고 할 수 있다.

물리 데이터 모델링에 대해 많은 사람들이 단순히 논리 데이터 모델의 엔티티 명칭이나 속성 명칭을 영문으로 변환하고, 데이터 형태, 길이, 영역 값 등을 추가로 정의하는 것 정도로 생각하고 있다. 그러나 물리 데이터 모델링 단계는 논리 데이터 모델에서 도출된 내용 변환을 포함하여 데이터의 저장공간, 데이터의 분산, 데이터 저장 방법 등을 함께 고려하는 단계로 보아야 한다. 또한 이 과정에서 결정되는 많은 부분이 데이터베이스 운용 성능(Performance)에 직접적인 영향을 미치기 때문에 소홀히 다뤄서는 안 된다.

논리 데이터 모델을 토대로 물리 데이터 모델을 정의하는데 있어서 '전환'이라는 표현을 자주 사용한다. 그 이유는 물리 데이터 모델을 작성할 때 논리 데이터 모델에 없던 것을 새롭게 정의하는 것이 아니기 때문이다. 사람이 결정해야 할 거의 대부분의 사항을 논리 데이터 모델링 단계에서 모두 도출하여 정의한 것을 토대로 성능과 개발·관리 편의성 등을 고려하여 일부분만 추가하면 된다. '논리 데이터 모델을 물리 데이터 모델로 전환한다'라고 표현하는 것이 바로 이러한 이유 때문이다. 물론 대부분의 개발 환경에서 개체명은 논리 데이터 모델에서 한글로 작성되고, 물리 데이터 모델에서는 영문으로 작성되기 때문에 각각의 엔티티명이나 속성명을 영문으로 변환하는 과정을 간과할 수 없다. 여기서 데이터 표준화라는 별도의 과정을 통해 한글 명칭이 일정한 규칙에 따라 영문명으로 변환되도록 하는 조치가 필요하다. 이러한 규칙이 적용되지 않으면 동일한 한글 단어를 각기 다른 영문 명칭으로 바꿀 수 있어 의사소통이 어려워지고, 데이터 구성을 이해하는데 많은 시간이 소요되는 문제가 나타나게 된다. 또한 속성의 데이터 형식이나 길이에 있어서도 동일하거나 유사한 의미의 속성은 항상 같은 데이터 형식과 길이, 영역 값 등을 갖도록 해야 한다. 그렇지 않으면 데이터의 무결성이나 성능 측면에서 문제가 나타날 수 있기 때문이다. 데이터 표준화에 대한 내용 또한 이 책의 의도를 벗어나기 때문에 더 자세한 사항은 별도의 관련 전문 서적을 참고하기 바란다.

논리 데이터 모델을 물리 데이터 모델로 전환하는 과정은 다음과 같이 요약할 수 있다.

엔티티를 테이블로 전환한다.

테이블은 데이터를 저장하기 위해 사용되는 데이터베이스의 가장 기본적인 오브젝트이다.

DBMS에 따라서는 한글로 작성된 엔티티명을 그대로 한글 테이블명으로 사용할 수 있도록 허용하기도 하지만, 일반적으로는 한글로 작성된 엔티티명을 영문 테이블명으로 대체하여 사용한다. 한글로 작성된 엔티티명을 영문 테이블명으로 변환할 때 DBMS가 갖고 있는 개체명 길이 제약과 코딩 편의성 등을 고려하여 영문 약어의 조합으로 테이블명을 작성하는 것이 일반적이다. 대부분의 프로젝트 현장에서는 이를 위해 한글 엔티티명을 적합한 영문 테이블명으로 변환하는 데이터 표준화 규칙을 사용한다. 이때 주의할 사항은 변환된 테이블명이 본래의 엔티티명이 갖고 있는 의미를 훼손하거나 오해를 유발하지 않도록 해야 한다는 점이다. 또한 DBMS마다 개체명에 대한 허용 길이가 다르기 때문에 이에 대한 제약을 미리 확인해야 한다. DBMS의 개체명 길이 제약을 벗어나지 않으면서 충분히 의미 전달이 가능하도록 명칭을 정의해야 함과 동시에 코딩을 실행할 개발자의 불편함도 함께 고려해야 한다. 다시 말해 테이블명이 길면 의미 전달에는 좋지만 개발자의 코딩이 길어져 불편이 따르고, 반대로 테이블명이 너무 짧으면 개발자가 코딩하기에는 편리하지만 충분한 의미 전달이 되지 않아 직관성이 저하될 수 있기 때문에 적절한 길이와 규칙을 적용해야 한다는 것이다.

엔티티를 테이블로 변환할 때 반드시 고려해야 할 중요한 사항은 서브타입의 변환이다. 논리 데이터 모델에서 서브타입은 부분 집합과 같은 개념으로 사용된다. 서브타입들의 성격이나 활용이 너무 달라 독립성이 강해지면 별도의 테이블로 분리하여 전환할 수 있다. 이때 공통 집합에 해당하는 수퍼타입과 각각의 서브타입을 모두 분리하여 별도의 테이블로 전환할 수 있다. 또한 수퍼타입의 속성을 각 서브타입에 포함시켜 서브타입 기준으로 분리된 테이블로 전환할 수도 있다. 또 다른 경우에는 서브타입을 모두 수퍼타입에 통합하여 수퍼타입을 기준으로 하는 하나의 테이블로 전환하기도 한다. 이들 각각의 전환 형태에 따라 장단점과 활용도가 달라질 수 있기 때문에 서브타입에 대한 테이블 전환은 신중한 결정이 필요하다. 대부분의 경우에서 서브타입을 수퍼타입 기준의 하나의 통합 테이블로 전환했을 때 얻을 수 있는 장점이 많아 일반적으로 서브타입은 하나의 테이블로 전환하는 방식이 많이 사용되고 있다. 하지만 절대적인 것은 아니다. 서브타입의 전환 형태에 대해 일일이 따져보기가 애매하거나 어렵다면 일단 하나의 테이블로 전환하는 것도 괜찮은 방법이라 할 수 있다.

속성을 컬럼으로 전환한다.

컬럼은 관계형 데이터베이스 테이블에서 속성에 대응하는 데이터 저장 구조체이며, 테이블을 구성하는 각각의 열이 어떻게 구성되어야 할 지에 대한 구조를 제공하는 데이터베이스 개체이다.

한글로 작성된 엔티티명으로부터 영문 테이블명으로 변환할 때 일정한 변환 규칙이 필요했던 것처럼, 속성을 컬럼으로 전환하는데 있어서도 한글로 작성된 속성명을 영문 컬럼명으로 변환하기 위한 일정한 규칙이 필요하다. 이러한 변환에는 영문명으로 변환한 결과가 언제나 일정해야 하고, 쉽게 인지할 수 있어야 하며, DBMS가 갖고 있는 개체명에 대한 길이 제약이 고려되어야 한다. 물론 테이블명에서와 마찬가지로 영문 컬럼명이 길이 제약 내에서 충분한 길이로 전환되면 가독성은 좋아지겠지만, 컬럼명이 길어지는 만큼 개발자의 코딩 부담은 커지기 때문에 절충이 필요하다. 이를 위해서 데이터 표준화를 수행하여 각각의 단어들을 조사하여 표준 단어를 정의하고 조합하여 실제 사용할 개체명을 정의해 표준 용어 또는 표준 단어 사전을 만들어 사용하는 것이 최근 추세이다. 표준 용어 사전을 만들 때는 위에 언급한 사항들이 고려된다. 즉, 단순한 단어 조합만으로는 컬럼명 길이 제약을 벗어나게 되는 경우가 있을 수 있기 때문에 이를 적절하게 축약한 새로운 명칭을 제정하고 표준 용어 사전에 등록하여 동일한 속성명이 있으면 항상 새로 정의한 컬럼명으로 전환하도록 하는 방식이다. 또한 컬럼에는 데이터 형식과 길이, 영역 값 등의 특성이 추가되기 때문에 속성을 컬럼으로 전환할 때 컬럼명 외에 이 부분도 함께 고려해야 한다. 컬럼에 정의되는 데이터 형식과 길이, 영역 값 등을 도메인이라 부르며, 이러한 도메인에 대해서도 표준 도메인 사전을 작성하여 컬럼에 따라 항상 일정한 도메인이 정의되도록 하는 것이 추세이다. 그러므로 데이터 모델링 과정에서 물리 데이터 모델링을 시작하기 전에 별도의 데이터 표준화가 사전에 미리 수행되어 있지 않으면 데이터베이스 설계가 제대로 수행되기 어렵게 된다. 물론 이 책에서 다루고 있는 업무 명세와 같이 엔티티 개수가 얼마 되지 않는 경우에는 굳이 데이터 표준화를 별도로 수행하지 않아도 눈으로 보면서 일정한 도메인 정의가 가능하다. 하지만 규모가 커지면 눈으로 보면서 데이터 표준을 적용하는 것이 어려워지고, 더구나 여러 사람이 함께 데이터 모델링을 나누어 수행하는 큰 규모의 프로젝트에서는 절대로 주먹구구식으로 해결할 수 없다. 그러므로 데이터 표준을 만들고, 유지·관리하는 데이터 모델을 작성하는데 데이터 표준이 제대로 준수되고 있는지 확인하는 것까지 별도의 인력이 전담해서 수행해야 한다. 그렇지 않고서는 데이터베이스 설계가 제대로 수행되기 어려운 것이 최근의 흐름이라 할 수 있다.

식별자를 적절한 키(KEY)로 전환한다.

논리 데이터 모델의 엔티티에는 여러 종류의 식별자(identifier)가 표현될 수 있다. 그 중에서도 엔티티로 정의된 데이터 집합에 저장되는 개체(인스턴스)를 각각 유일하게 식별할 수 있도록 역할을 담당하는 속성이나 속성 그룹을 주식별자라고 한다. 영어 표현으로는 primary identifier 또는 유일성을 강조하여 primary unique identifier라고 한다. 주식별자는 데이터 모델링에서 개체 무결성을 보장하기 위한 매우 중요한 요소이다. 주식별자 외에도 각 인스턴스 하나 하나를 유일하게 식별할 수 있는 속성이나 속성 그룹이 있을 수 있다. 이것은 보조 식별자(secondary identifier) 혹은 대체 식별자(alternate identifier)라고 부른다. 논리 데이터 모델에 표현된 식별자는 각각의 데이터 개체를 유일하게 식별하는 역할과 이 식별성을 매개로 관계선으로 연결된 다른 엔티티와의 연결고리 역할을 담당하고 있다. 이러한 식별자를 물리 데이터 모델로 전환할 때는 계속해서 본래의 역할을 수행할 수 있도록 하는 것 외에 이들을 통한 데이터 접근의 효율성까지 더불어 고려해야 한다. 물리 데이터 모델에서는 이러한 식별자에 대응하는 용어로 '키(key)'라는 표현을 사용한다. 그래서 논리 데이터 모델의 식별자는 다음과 같은 물리 데이터 모델의 키로 전환한다.

표 2-4 식별자(Identifier)와 키(Key) 비교

논리 데이터 모델 개체	물리 데이터 모델 개체
주식별자(primary identifier, PID)	주 키(primary key, PK)
보조 식별자 또는 대체 식별자	유일 키(unique key, UK)

주 키(PK)는 주 키 제약조건(primary key constraint)을 통해서 생성되며, 물리 데이터 모델에서는 주 키 제약조건을 적용할 컬럼을 지정해야 한다. 유일 키(UK)는 유일성 제약조건(unique constraint)을 통해서 생성되며, 물리 데이터 모델에서는 유일성 제약조건을 적용할 컬럼을 지정하면 된다. 물리 데이터 모델에 정의된 주 키 제약조건이나 유일성 제약조건은 해당 제약조건을 생성하기 위한 SQL 스크립트를 통해 DBMS 내부에 객체(object)로 생성된다. 여기서 이 SQL 스크립트는 직접 작성할 수도 있고, 데이터 모델링 도구를 사용한다면 여기에서 해당하는 SQL 스크립트를 만들어내 DBMS에서 실행하는 방식으로 생성할 수도 있다.

논리 데이터 모델의 식별자를 물리 데이터 모델의 키로 전환할 때 데이터 접근 효율성까지 고려해야 한다고 했다. 그 방법은 키에 해당하는 컬럼이 둘 이상일 경우 키에 포함되는 컬럼들의 순서를 지정하는 것이다. 키 컬럼들이 테이블에 저장된 데이터에 접근하는 주요 접근 경로가 되는 경우, 키 컬럼들의 구성 순서에 따라 접근 성능에 차이가 있을 수 있기 때문이다.

관계를 적절한 FK제약조건으로 정의한다.

논리 데이터 모델에서는 엔티티 간에 업무적으로 연관성이 있음을 관계(relationship)로 정의하며, 이를 두 엔티티 사이에 관계선으로 표현했다. 반면 물리 데이터 모델에서는 이 '관계'의 무결성 즉, 참조 무결성을 보장하기 위한 조치가 외부키 제약조건(foreign key constraint)으로 정의된다. 논리 데이터 모델에서 '관계'로 표현한 개념적인 무결성 규칙에 대해 물리 데이터 모델에서는 DBMS가 제공하는 기능으로 이 규칙을 보장할 수 있도록 하는 것이다. 예를 들어 논리 데이터 모델에서 '사원의 소속 부서는 부서 엔티티에 정의된 부서여야 한다.'는 사원과 부서 간의 업무적 연관성을 사원 엔티티와 부서 엔티티 간의 관계선으로 표현했다고 하자. 물리 데이터 모델에서는 이 규칙을 보장할 수 있도록 제약조건(constraint)이라는 기능을 제공한

다. 이는 사원의 소속 부서번호 데이터 값이 부서 테이블에 미리 저장되어 있는 부서번호 가운데 하나에 해당되는지를 데이터가 저장될 때부터 검사할 수 있도록 하는 것이다. 이때 사원의 소속 부서번호 컬럼은 논리 데이터 모델에서 부서 엔터티와의 관계에 의해 사원 엔터티에 상속된 부서 엔터티의 식별자 속성인 부서번호 속성에 해당한다. 따라서 이 사원 테이블의 소속 부서번호가 부서 테이블의 부서번호 키를 가리키고 있기 때문에 사원 테이블의 소속 부서번호 컬럼을 외부키(foreign key)라고 부르고, 이 외부키를 이용한 제약조건 기능을 사용하는 것이기 때문에 외부키 제약조건(foreign key constraint)이라고 부른다. 만일 DBMS가 이러한 기능을 제공하지 않았다면 논리 데이터 모델에 표현된 관계를 보장하기 위해 데이터를 저장하는 프로그램에서 해당 데이터가 미리 존재하고 있는지를 검사하는 규칙 검사 기능을 구현할 수 있도록 개발자가 일일이 코딩해야 한다. 이는 엄청난 수고가 따르는 일이다.

지금까지 설명한 내용에 따른 테이블의 형태를 도식화 하면 다음과 같다.

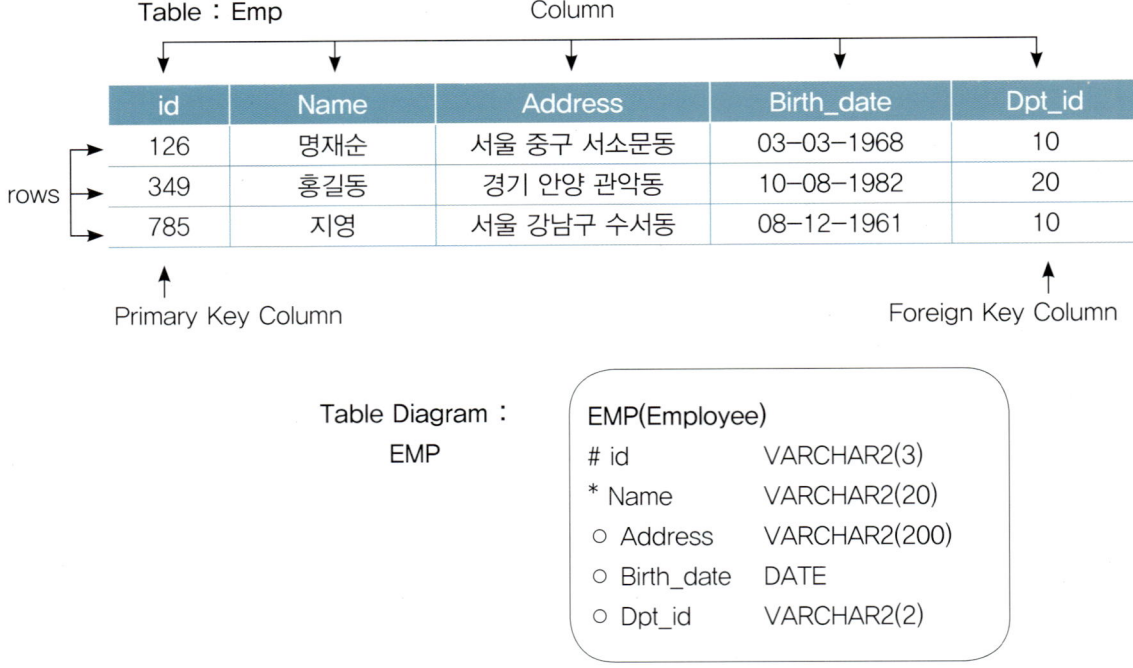

그림 2-3 테이블 구성과 물리 데이터 모델 표현 (데이터산업진흥원, "데이터 전문가 가이드 (2013 Ed)")

추가적인 제약조건을 정의한다.

물리 데이터 모델링에서 가장 중요한 단계를 꼽는다면 앞서 열거한 테이블, 컬럼을 정의하고 무결성 보장을 위한 'PK와 FK 제약조건을 정의하는 과정'이라 할 수 있다. 그리고 이후의 나머지 단계는 무결성 보장을 위한 추가적인 조치와 성능을 고려한 반정규화 검토 등을 들 수 있다.

앞서 PK와 FK 외에 무결성 보장을 위한 방법으로 UK를 언급했다. 사실 무결성 보장을 위한 장치는 논리 데이터 모델을 정의할 때 식별자와 도메인을 정의하는 과정에서부터 시작되었다고 할 수 있다. 데이터 형식과 길이, 영역 값 등을 정의하는 것 자체가 이미 그 컬럼에 들어올 수 있는 값에 대한 제약을 의미한다고 할 수 있기 때문이다. 여기서는 추가적인 무결성 보장 방법으로 기본값(default, default constraint 라고 하기도 함), 체크 제약조건(check constraint), 데이터베이스 트리거(db trigger) 등에 대한 적용을 고려한다.

기본값(default) 혹은 기본값 제약조건(default constraint)은 이것이 정의된 해당 컬럼에 기본값을 설정하도록 하여 레코드 입력 시 해당 컬럼에 값이 입력되지 않아도 자동으로 설정된 기본값이 입력되도록 한다. 체크 제약조건(check constraint)은 하나 이상의 열에서 주어진 조건에 해당하는 값만 입력 가능하도록 허용되는 값을 제한할 수 있도록 한다. 이는 도메인 무결성을 강제 적용하는 방법이다. 체크 제약조건에 사용되는 '조건'에는 기본 연산자나 비교 연산자, in, not in 등이 사용될 수 있다. 예를 들면 salary 라는 컬럼에 100 이상 200 이하의 값만 허용하도록 하고자 한다면 'salary between 100 and 200' 또는 'salary >= 100 and salary <= 200' 와 같은 조건을 salary 컬럼에 체크 제약조건으로 설정할 수 있다. 체크 제약조건은 이와 같이 임의의 컬럼에 대해 단독 조건으로 설정하거나 다른 컬럼과의 비교 조건으로 설정할 수 있으며, 결국은 하나의 레코드 내에서 적용되는 조건이다. 만일 테이블 내의 다른 레코드와 비교해야 하거나 다른 테이블의 레코드와 비교해야 한다면 체크 제약조건으로는 해결할 수 없다. 이럴 때 사용할 수 있는 것이 데이터베이스 트리거이다. '방아쇠'라는 의미의 영어단어 트리거(trigger)는 방아쇠를 당기면 그로 인해 총기 내부에서 일련의 과정이 수행되어 총알이 발사된다는 뜻이다. 이처럼 데이터베이스에서도 임의의 테이블에 데이터 입력(insert), 수정(update), 삭제(delete) 등의 처리가 발생했을 때 내부에서 자동으로 동작하게 하는 일종의 데이터베이스 프로그램이라고 할 수 있다.

지금까지 설명한 내용에 따라 앞서 작성한 논리 데이터 모델의 엔티티들을 물리 데이터 모델의 테이블로 전환해 보면 다음과 같다. 테이블을 생성할 DBMS는 PostgreSQL('포스트그레스큐엘' 또는 줄여서 '포스트그레'로 읽는다)로 선정하고, 각 컬럼의 도메인 정의(데이터 형식 및 길이, 영역 값 등) 역시 PostgreSQL에 맞추었다. 영문 테이블명 및 컬럼명, 도메인은 나름의 데이터 표준을 적용하여 작성하였으며, 테이블명은 여타의 다른 예제 테이블과 구분되도록 'enc_' 라는 접두어(prefix)를 추가하였다.

1) 사원 엔티티를 테이블로 전환

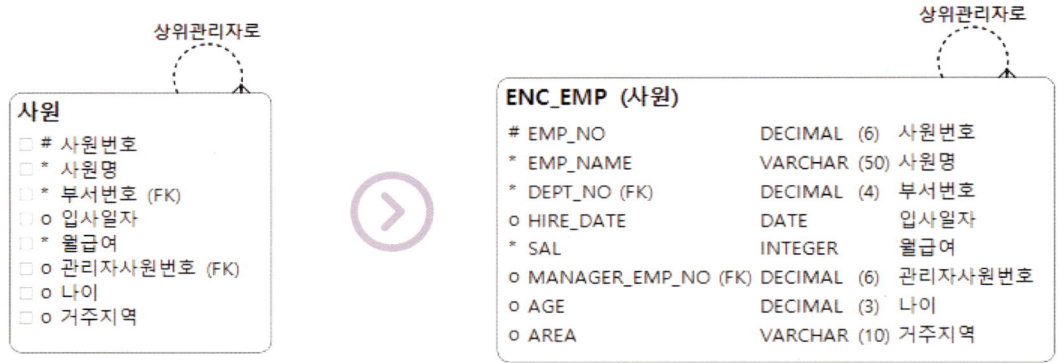

그림 2-4 사원 엔티티의 테이블 전환 결과

왼쪽의 사원 엔티티를 오른쪽의 ENC_EMP 테이블로 전환하였다. 부서번호 속성의 의미는 소속부서의 부서번호로, 부서 엔티티의 부서번호 식별자를 그대로 상속하여 외부키로 설정하였다. 외부키로 설정된 컬럼의 도메인은 그 컬럼의 원소유주체(이것을 부모 엔티티라고 표현한다)인 부서 테이블의 부서번호 컬럼의 도메인까지 그대로 상속하여 도메인의 무결성을 보장하게 된다. 사원 엔티티의 상위 관리자 관계는 자기 자신과의 관계로 순환관계라고 부르며 사원 엔티티의 임의 인스턴스와 또 다른 인스턴스 간의 관계 즉, 레코드 간의 관계를 의미한다. 관리자 사원번호 속성은 이 관계에 의해 상속된 외부키 속성이다. 참고로 테이블명과 컬럼명은 모두 대문자로 표기되어 있으나 PostgreSQL의 경우에는 개체명을 대문자로 표기하여 생성해도 실질적으로 생성된 테이블과 컬럼은 내부적으로 모두 소문자로 생성하여 관리하고 있다. SQL에서 테이블명이나 컬럼명을 대문자로 작성해도 내부에서는 소문자로 변환하여 해당하는 테이블과 컬럼을 찾게 된다. 특별히 대·소문자를 구분하여 개체명을 사용하고자 하면 큰따옴표("")를 붙여서 테이블을 생성하고 SQL에도 큰따옴표를 붙여서 개체명을 표기하면 되지만 그다지 권장하지는 않는다. DBMS에 따라서 혹은 DBMS가 운영되는 OS에 따라서도 개체명의 대소문자를 구분해서 사용해야 하는 경우가 있으니 사용하는 DBMS의 특성에 따라 개체명의 대소문자 구분에 대해 주의해야 한다.

2) 부서 엔티티를 테이블로 전환

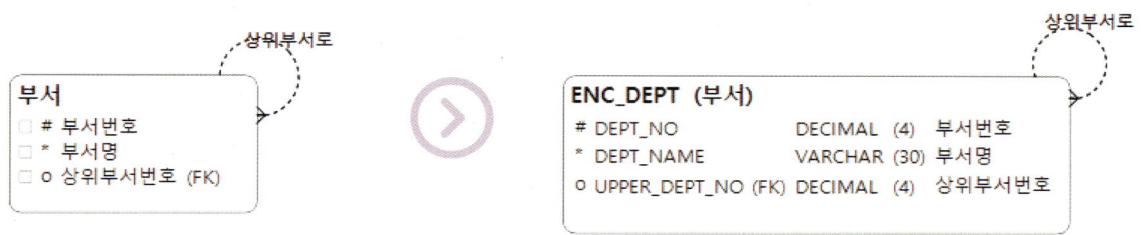

그림 2-5 부서 엔티티의 테이블 전환 결과

왼쪽의 부서 엔티티를 오른쪽의 ENC_DEPT 테이블로 전환하였다. 상위 부서번호 속성은 상위부서 순환 관계에 의해 상속된 외부키 속성이다. 그렇기 때문에 부서번호 컬럼의 도메인 정의가 그대로 상속된다. 다만, 순환관계에 의해 상속된 속성의 선택성(optionality)은 빈 값(null)을 허용할 수 있어야 한다. 부서 테이블에 저장되는 부서들 중 가장 상위에 있는 부서는 그 위의 상위부서가 없기 때문이다. 데이터 형식과 길이를 정의할 때 부서명처럼 명칭의 길이가 가변적인 문자 값인 경우는 가변문자(variable character, 줄여서 varchar로 표현) 데이터 형식을 사용한다. 그리고 저장되는 문자 값들 중 최대 길이를 가늠하여 varchar(n) 형식으로 괄호 안에 충분한 길이를 할당하면 된다. 다른 DBMS와 달리 PostgreSQL에서는 가변 길이 문자 데이터 형식으로 varchar 외에 text를 사용할 수도 있다. 이 둘의 차이는 길이를 한정하거나, 하지 않거나의 차이로 딱히 저장하는 문자 값의 길이를 한정하기 어려운 경우는 text 데이터 형식을 사용하도록 권고하고 있다. 입력 값의 길이가 일정한 고정 길이 문자 값에 대한 데이터 형식은 char를 사용하고, char(n) 과 같이 괄호 안에 길이를 지정한다.

3) 상품 엔티티를 테이블로 전환

그림 2-6 상품 엔티티의 테이블 전환 결과

왼쪽의 상품 엔티티를 오른쪽의 ENC_PROD 테이블로 전환하였다. 수치 데이터 형식에 decimal과 integer가 사용되었는데, decimal은 decimal(p) 또는 decimal(p,s) 와 같은 형식으로 사용하여 소수점 단위의 값을 저장할 수 있다. 여기서 p는 저장하고자 하는 숫자 값의 최대 길이이며, 소수 이하 값을 포함한 경우 소수 이하 자릿수까지 포함한 길이이다. s는 소수 이하의 자릿수를 가리킨다. Integer는 소수 이하 값을 허용하지 않고 정수 값을 저장한다.

4) 주문상태이력 엔티티를 테이블로 전환

그림 2-7 주문상태이력 엔티티의 테이블 전환 결과

왼쪽의 주문상태이력 엔티티를 오른쪽의 ENC_ORD_STATUS_HIST 테이블로 전환하였다. 날짜 유형의 데이터 형식으로 date 와 timestamp가 사용될 수 있다. 날짜 값만 저장하기 위해서는 date 데이터 형식을 사용하고, 날짜와 시간 정보 모두를 저장하기 위해서는 timestamp를 사용한다. 여기서 timestamp는 10-6 초까지의 시간 정보를 저장하며, 물론 날짜 정보를 포함하고 있기 때문에 date 데이터 형식 대신 사용하여 저장된 날짜 정보만 추출할 수도 있다. 날짜 데이터 형식은 유효한 날짜 값만 저장을 허용하며 수치 데이터 형식처럼 날짜 연산이 가능하다.

5) 주문 엔티티를 테이블로 전환

그림 2-8 주문 엔티티의 테이블 전환 결과

왼쪽의 주문 엔티티를 오른쪽의 ENC_ORDER 테이블로 전환하였다. 주문 엔티티는 고객, 부서, 사원, 상품 엔티티들과 관계를 갖고 있다. 이들로부터 상속받은 고객 아이디, 담당 부서번호, 담당 사원번호, 상품 아이디 속성에 대해 무결성을 보장할 수 있도록 외부키를 설정하였다.

6) 국가 엔티티를 테이블로 전환

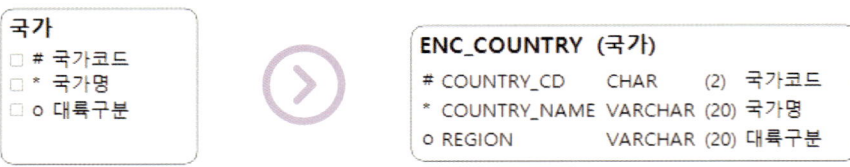

그림 2-9 국가 엔티티의 테이블 전환 결과

왼쪽의 국가 엔티티를 오른쪽의 ENC_COUNTRY 테이블로 전환하였다. PK인 국가코드 컬럼은 일정한 형식과 길이의 코드 값을 사용할 것이기 때문에 고정 길이 문자 데이터 형식과 사용할 코드 값의 길이를 한정하였다.

7) 직업 엔티티를 테이블로 전환

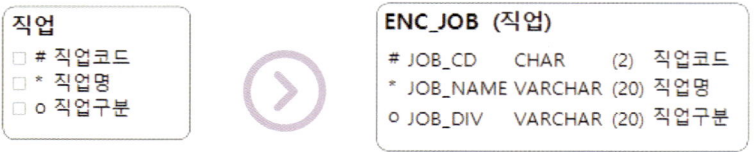

그림 2-10 직업 엔티티의 테이블 전환 결과

왼쪽의 직업 엔티티를 오른쪽의 ENC_JOB 테이블로 전환하였다. PK인 직업코드 컬럼은 일정한 형식과 길이의 코드 값을 사용할 것이기 때문에 고정 길이 문자 데이터 형식과 사용할 코드 값의 길이를 한정하였다.

8) 고객 엔티티를 테이블로 전환

![고객 엔티티를 ENC_CUSTOMER 테이블로 변환하는 그림]

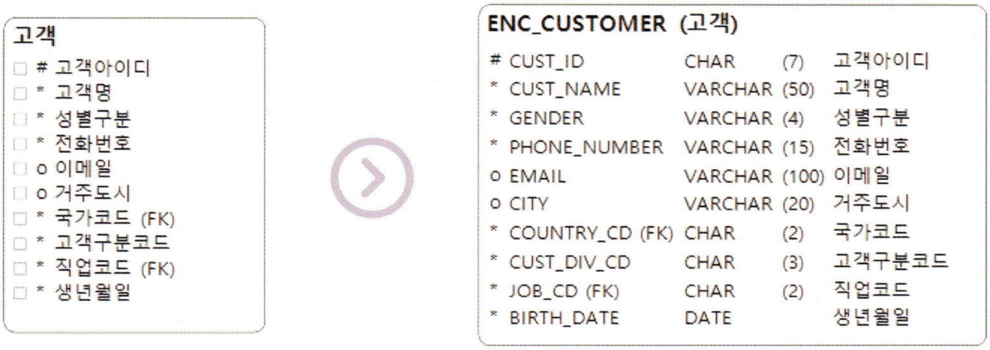

그림 2-11 고객 엔티티의 테이블 전환 결과

왼쪽의 고객 엔티티를 오른쪽의 ENC_CUSTOMER 테이블로 전환하였다. 고객의 국적을 나타내는 국가코드와 직업코드 속성은 각각 국가 엔티티와 직업 엔티티로부터 상속받은 속성이기 때문에 무결성을 보장하기 위해 외부키를 설정하였다.

9) 계약 엔티티를 테이블로 전환

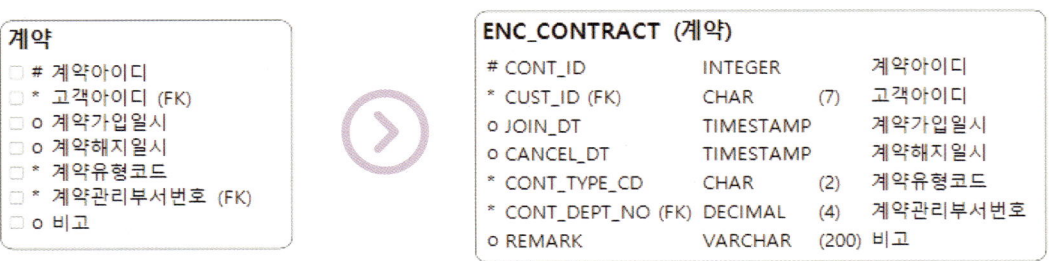

그림 2-12 계약 엔티티의 테이블 전환 결과

왼쪽의 계약 엔티티를 오른쪽의 ENC_CONTRACT 테이블로 전환하였다. 고객 아이디와 계약관리 부서번호 속성은 고객 엔티티와 부서 엔티티로부터 상속받은 속성으로, 무결성 보장을 위해 외부키를 설정하였다. 또한 계약 유형 코드는 계약 유형을 분류하기 위한 목적으로 일정한 형식과 길이의 코드를 사용할 것이기 때문에 고정 길이 문자 데이터 형식과 길이를 한정하였다.

업무 명세를 분석하여 작성한 논리 데이터 모델의 각 엔티티에 대해 테이블, 컬럼, PK, FK등으로 전환한 결과들을 모아서 논리 데이터 모델의 관계 표현을 사용하여 전체 테이블의 연관관계를 표현한 전체 물리 데이터 모델 결과는 아래와 같다.

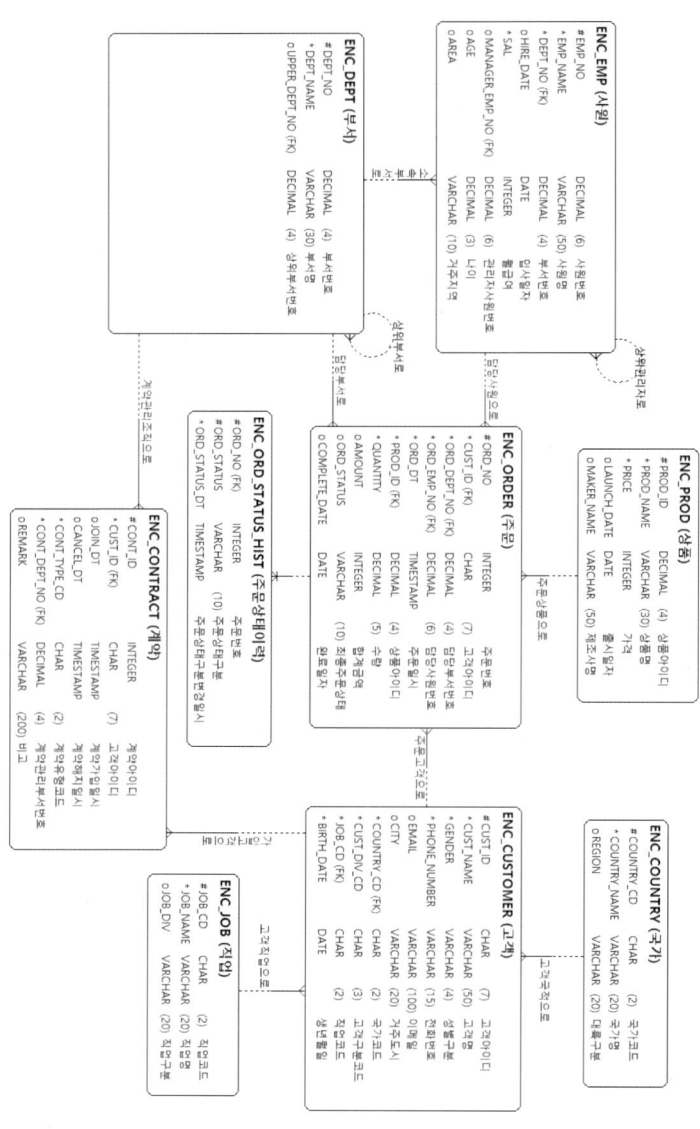

그림 2-13 업무 명세에 대한 물리 데이터 모델 작성 결과

2.3.4 단계 4 : 테이블을 생성한다

업무 명세에 대한 물리 데이터 모델을 작성할 때 예제 테이블을 생성할 DBMS로 PostgreSQL을 선정했기 때문에, 이제부터는 작성한 물리 데이터 모델을 PostgreSQL에 생성해 보기로 한다.

여기서 잠깐 PostgreSQL에 대해서 간단하게 소개하고 넘어가려 한다. PostgreSQL이라는 객체-관계형 데이터베이스 관리 시스템(object-relational database management system; ORDBMS)은 캘리포니아의 버클리 대학교 컴퓨터 과학부에서 마이클 스턴브래커 교수의 리딩으로 1986년에 프로젝트를 시작하여 POSTGRES라는 이름으로 처음 개발되었다. 이후 1994년에 앤드류 유와, 졸리 첸이 POSTGRES에 SQL 언어 인터프리터를 추가하여 Postgres95라는 새로운 이름으로 발표했다. 1996년이 되면서 연도 이름을 계속 유지하는 것이 타당치 않다고 여겨, 모체가 된 POSTGRES와 여기에 추가된 SQL 기능 두 단어를 합성하여 'Postgres95'를 PostgreSQL로 변경했다. 그리고 버클리 POSTGRES 프로젝트의 전통을 이어받아 Postgres95를 버전 5.0으로 감안하고 새로운 버전을 6.0부터 시작하기로 했다. 이후로 20년 넘게 개발되어 온 PostgreSQL은 이제 어느 곳에서나 사용될 수 있는 뛰어난 오픈 소스 데이터베이스로 인정받고 있다. 이 DBMS의 호칭에 대해 요즘도 많은 사람들이 관례적으로 혹은 발음하기 쉽다는 이유로 PostgreSQL을 'Postgres'라고 부르며, 이것을 별명 또는 별칭으로 널리 사용하고 있다. 보통은 읽을 때 '포스트그레스큐엘, 줄여서 '포스트그레' 라고 읽기도 한다.

PostgreSQL에 테이블을 생성하려면 PostgreSQL이 설치된 환경이거나 설치를 해야 한다. 윈도우10 64비트 환경에 PostgreSQL을 설치하는 과정부터 살펴보자.

(1) PostgreSQL 설치 및 접속하기

설치 환경이 반드시 윈도우10에 64비트 환경일 필요는 없다. 다만 필자가 사용하는 컴퓨터 환경이기 때문에 이 환경을 예로 든 것이다. 설치를 위해 PostgreSQL 공식 사이트에 접속해야 한다. 접속에 사용한 브라우저는 크롬을 사용하였다. 아래에 표시된 화면과 진행 순서는 설치 버전에 따라 약간의 차이가 있을 수 있다.

1) PostgreSQL의 공식 다운로드 사이트에 접속한다.

구글 검색사이트에서 'PostgreSQL 다운로드'를 검색하면 아래와 같은 공식 다운로드 페이지로 연결이 가능하다. 공식 다운로드 사이트 주소는 https://www.postgresql.org/download/ 이다. 다운로드 페이지의 Binary packages에서 **Windows**를 클릭한다.

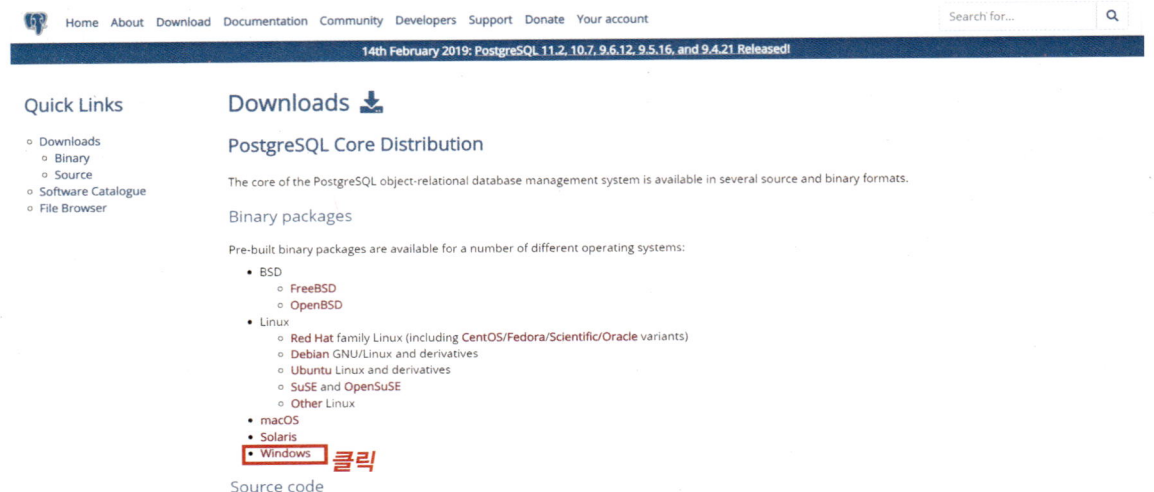

그림 2-14 PostgreSQL 공식 다운로드 사이트 화면

2) 윈도우즈 인스톨러 다운로드 페이지에서 Download the installer를 클릭한다.

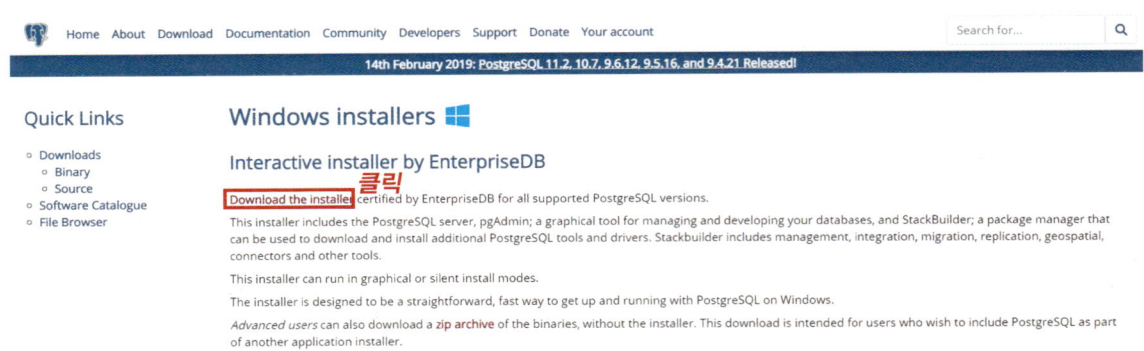

그림 2-15 PostgreSQL Windows Installer 다운로드 화면

3) 설치 버전을 선택하는 화면이 나타나면 자신의 OS에 맞는 설치 버전을 선택하여 다운로드 한다.
   (필자의 경우는 윈도우10 64비트, PostgreSQL 10.7 버전을 선택)

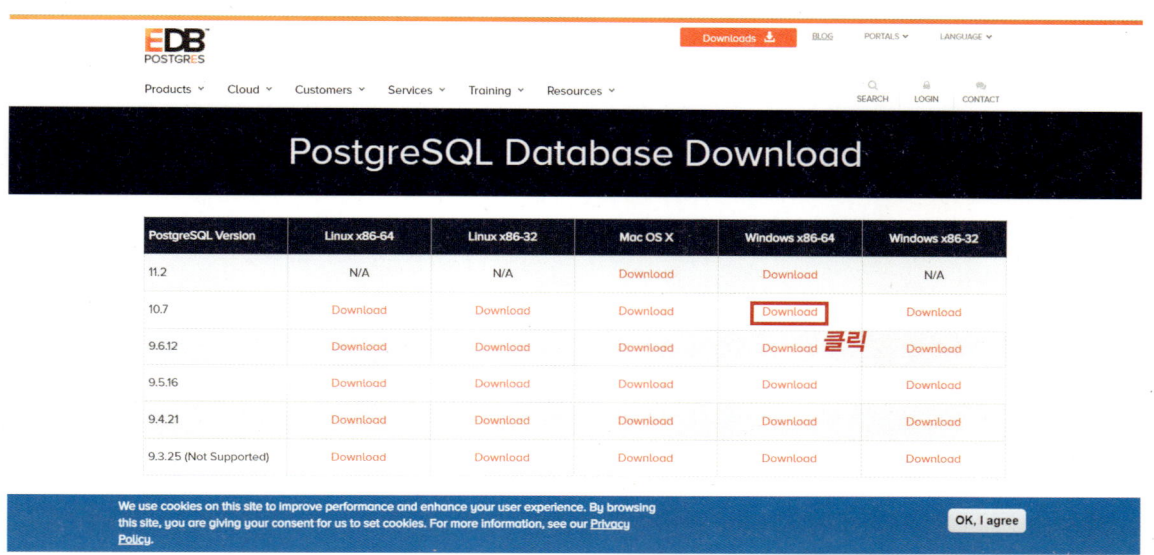

그림 2-16 PostgreSQL 버전 선택 화면

4) 다운로드한 인스톨러 파일을 윈도우 탐색기로 확인해 보면 아래와 같이 나타난다.

이름	수정한 날짜	유형	크기
postgresql-10.7-1-windows-x64.exe	2019-02-24 오후 3...	응용 프로그램	171,274KB

그림 2-17 윈도우 탐색기에서 확인한 다운로드 결과

5) 다운로드한 인스톨러 파일을 실행하여 아래와 같은 설치 시작 창이 나타나면 Next 버튼을 클릭한다.

그림 2-18 PostgreSQL 인스톨러 실행 화면

6) 설치 경로를 설정하는 화면이 나타나면 기본 경로를 그대로 두고 Next 버튼을 클릭한다.
(원한다면 오른쪽의 폴더 버튼을 클릭하여 설치 경로를 원하는 위치로 변경해도 된다.)

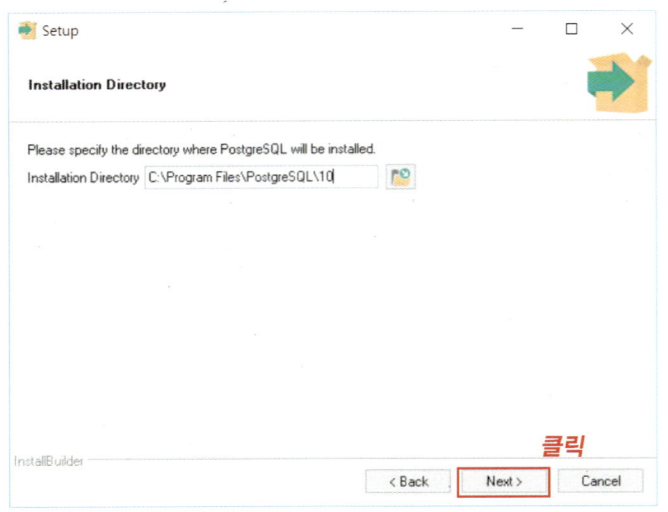

그림 2-19 PostgreSQL 설치 경로 지정 화면

7) 설치할 컴포넌트를 선택하는 화면이 나타나면 Stack Builder를 해제하고 Next 버튼을 클릭한다. Stack Builder는 추가적인 Add-in 프로그램을 설치할 수 있도록 그래픽화 한 인터페이스를 제공하는 유틸리티 프로그램이다. 이 책의 목적상 굳이 이 기능을 사용할 필요는 없기 때문에 설치하지 않는다. 이 단계에서 설치를 취소했더라도 나중에 프로그램 목록에서 다시 추가 설치가 가능하다.

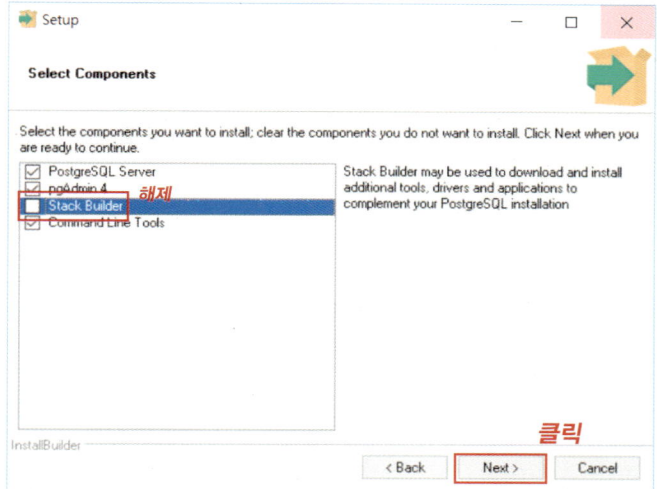

그림 2-20 설치할 컴포넌트 선택 화면

8) 데이터를 저장할 Data Directory 설정 화면이 나타나면 기본 경로를 그대로 두고 Next 버튼을 클릭한다. (원한다면 오른쪽의 폴더 버튼을 클릭하여 경로를 원하는 위치로 변경해도 된다.)

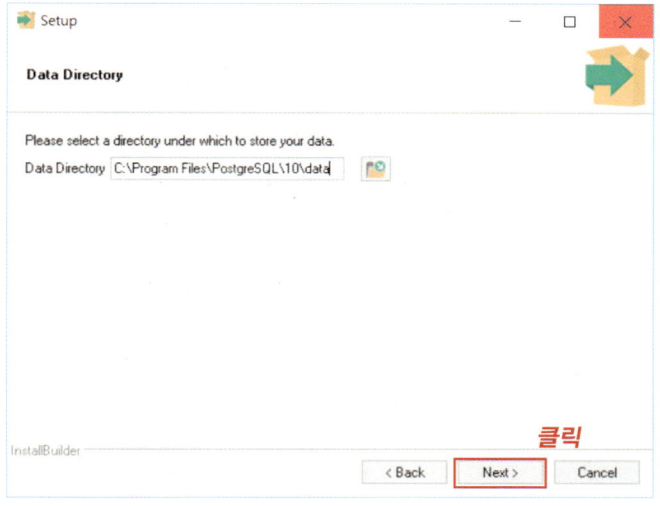

그림 2-21 데이터를 저장할 Data Directory 설정 화면

9) 데이터베이스 슈퍼 유저(postgres)에 대한 비밀번호를 입력하고 Next 버튼을 클릭한다. 기본적으로 슈퍼 유저로 로그인하기 때문에 이 비밀번호가 향후 PostgreSQL 접속에 사용된다.

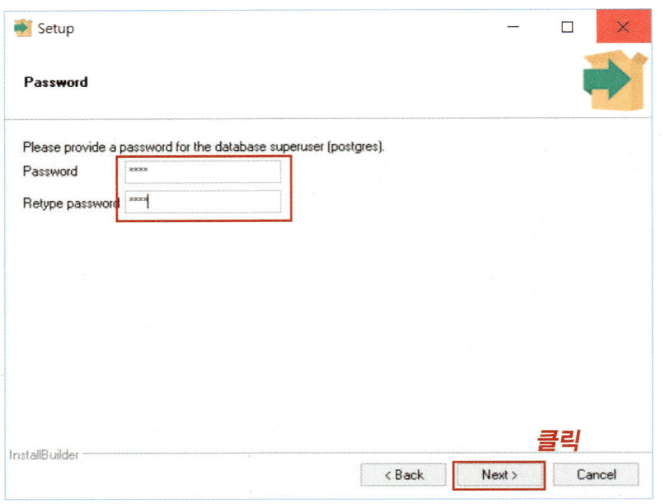

그림 2-22 데이터베이스 슈퍼 유저 비밀번호 설정 화면

10) PostgreSQL의 접속 포트를 지정하고 Next 버튼을 클릭한다.

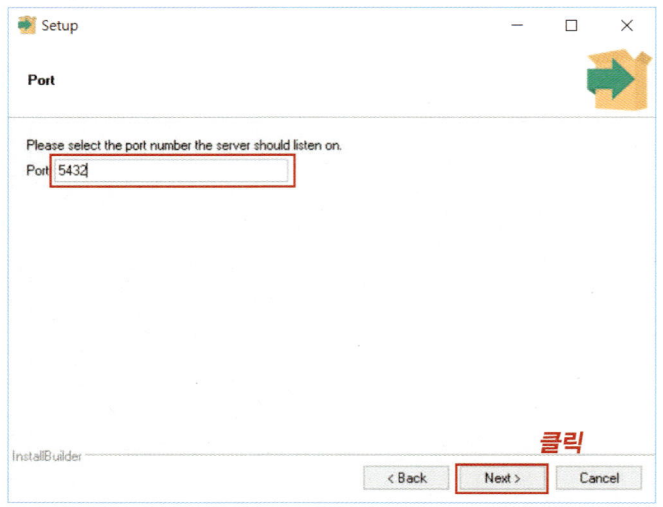

그림 2-23 접속 포트 지정 화면

11) Locale 설정 목록에서 Korean, Korea를 선택하고 Next 버튼을 클릭한다. Locale은 각 나라마다의 고유한 언어, 날짜, 시간, 화폐 단위 등의 표현을 사용할 수 있도록 미리 설정해 둔 설정값의 명칭 목록이라고 할 수 있다.

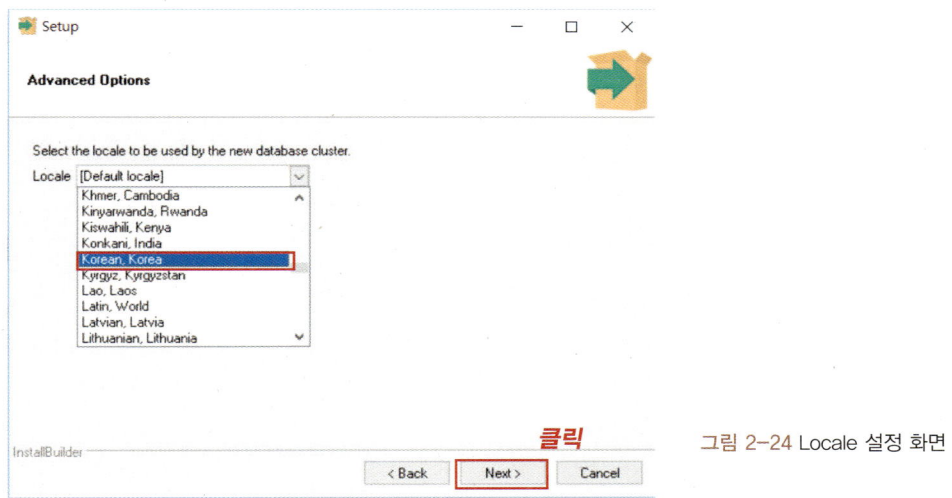

그림 2-24 Locale 설정 화면

12) 모든 설정이 완료되어 아래와 같은 설치 요약 화면이 나타나면 Next 버튼을 클릭한다.

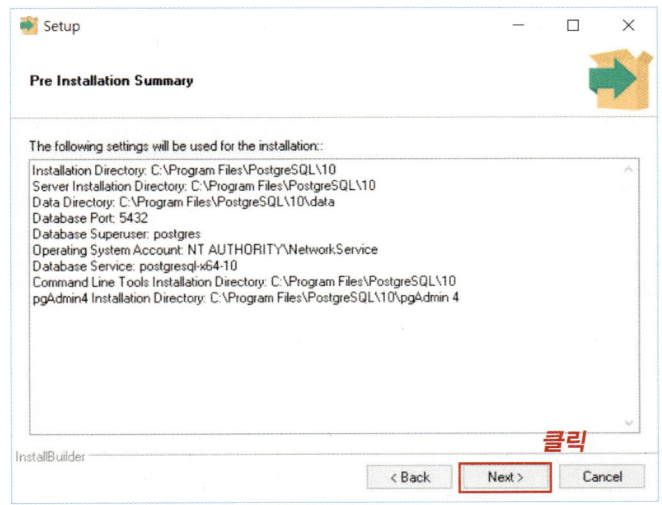

그림 2-25 설정 결과 요약 화면

13) 설치를 시작하기 위해 Next 버튼을 클릭한다.

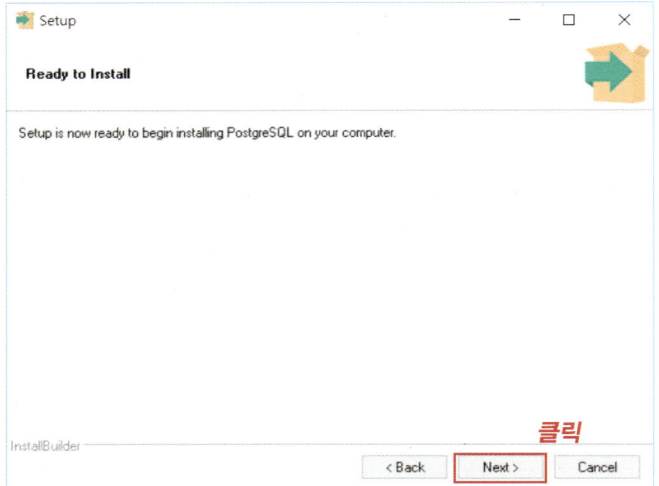

그림 2-26 PostgreSQL 설치 시작 화면

14) 설치가 시작되면 아래와 같은 진행 상태 바가 나타나며, 잠시 후 데이터베이스 초기화 및 시작으로 이어진다.

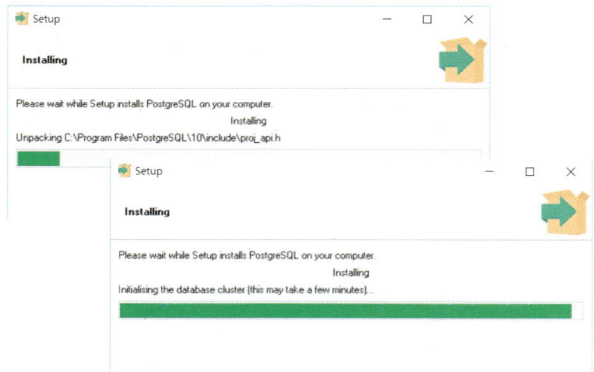

그림 2-27 PostgreSQL 설치 진행 화면

15) 모든 설치와 데이터베이스 시작이 완료되어 아래와 같은 설치완료 화면이 나타나면 하단의 Finish버튼을 클릭한다. 설치를 시작하여 이 화면이 나타나기까지 대략 6~7분 정도의 시간이 소요된다.

그림 2-28 PostgreSQL 설치 완료 화면

16) PostgreSQL에 접속하기 위하여 윈도우 시작 메뉴에서 PostgreSQL10 - pgAdmin 4를 실행한다. pgAdmin 4는 데이터베이스에 접속하여 필요한 관리 작업 및 SQL 작성 등을 할 수 있는 데이터베이스 관리 도구이며, 웹브라우저를 통해 동작한다.

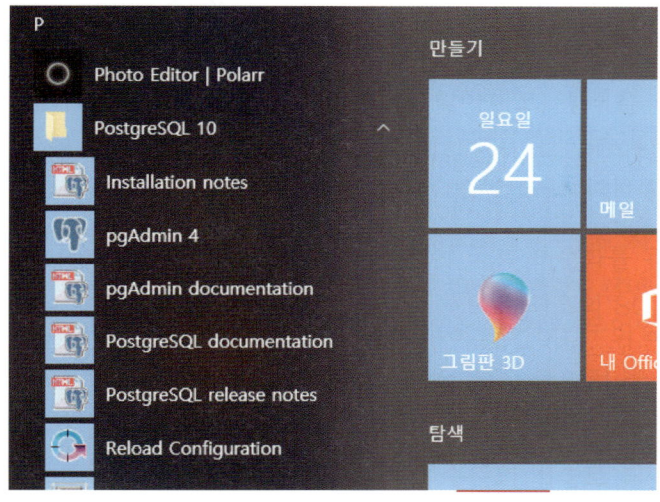

그림 2-29 윈도우 시작 메뉴에서 pgAdmin 4 선택 화면

17) pgAdmin 4 를 실행하면 아래와 같은 초기 화면이 나타난다. 이제 PostgreSQL에 접속하기 위해서 좌측 Browser 창의 Servers를 더블클릭한다.

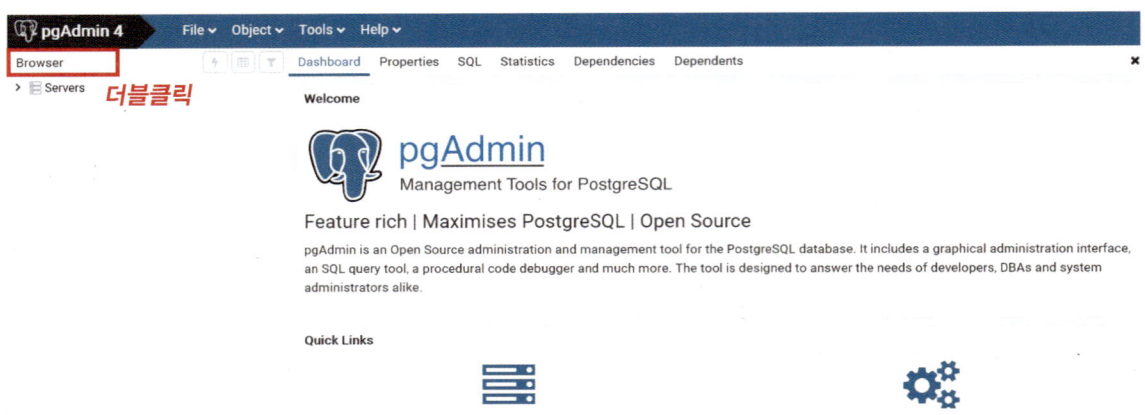

그림 2-30 pgAdmin 4 실행 초기 화면

18) Servers 아래에 나타난 PostgreSQL 10 을 더블클릭 하거나 마우스 오른쪽 버튼 메뉴에서 Connect Server를 선택하면 접속 창이 나타나며, 여기에 앞에서 데이터베이스 수퍼유저용으로 설정한 비밀번호를 입력하고 OK 버튼을 누른다. 이때 비밀번호 창 하단의 Save Password를 체크해 두면 다음 접속부터는 비밀번호를 입력하지 않고도 바로 접속할 수 있게 된다.

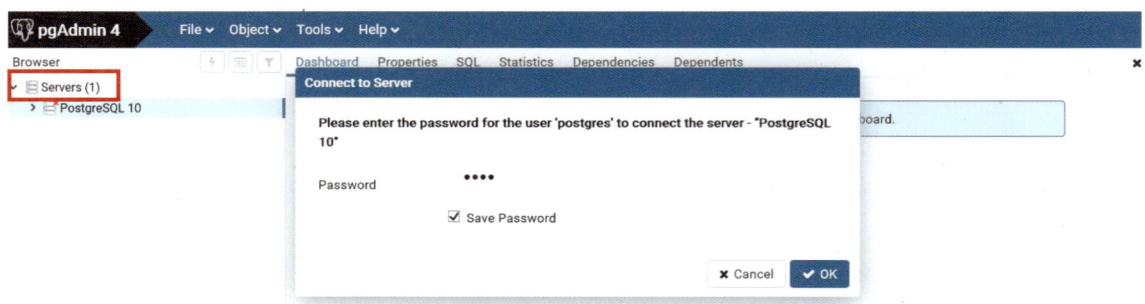

그림 2-31 PostgreSQL 접속을 위한 슈퍼 유저 비밀번호 입력 화면

19) 접속에 성공하면 아래와 같은 초기화면이 나타나는데, 여기서 좌측 Browser 창의 PostgreSQL 10 아래의 Databases를 더블클릭한다.

그림 2-32 PostgreSQL 접속 후 데이터베이스 선택 화면

20) Databases 하위에 postgres라는 기본 데이터베이스가 나타나면, 다시 postgres를 더블클릭하고, 그 하위 항목 중 Schemas에서 마우스 오른쪽 버튼을 클릭하여 나타나는 메뉴 중 Create 〉 Schema…의 순서로 클릭한다.

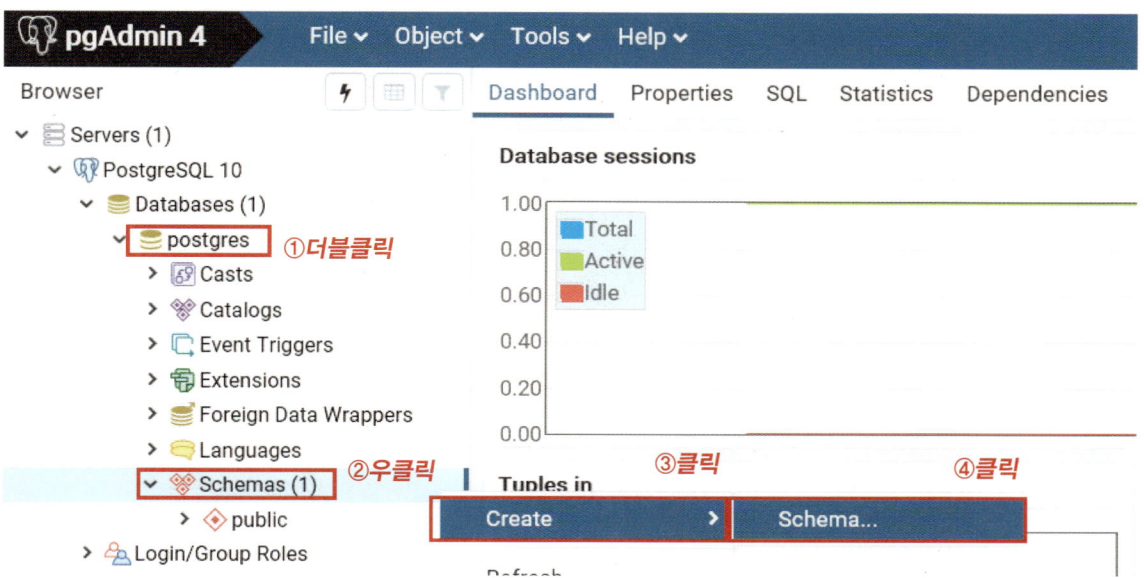

그림 2-33 기본 데이터베이스에서 스키마 생성 창 진입 화면

21) Create-Schema창이 나타나면 Name 칸에 sqlstudy라고 입력하고 하단의 Save버튼을 클릭한다. sqlstudy는 예제와 실습을 위해 필자가 부여한 Schema 이름이며, 원한다면 다른 이름으로 입력해도 된다. 다만, 테이블 생성 시 Name 칸에 입력한 Schema 이름을 붙여주지 않으면 Database 생성 시 자동 생성된 기본 Schema인 public Schema에 생성되기 때문에 항상 테이블 명 앞에 Schema 이름을 붙여주어야 하며, 이를 위해 Name 칸에 입력하는 Schema 이름을 기억하고 사용해야 한다. PostgreSQL에서 Schema는 테이블의 집합으로 이해할 수 있으며, 이와 같은 여러 개의 Schema를 합하여 상위 개념의 Database라는 이름으로 관리한다.

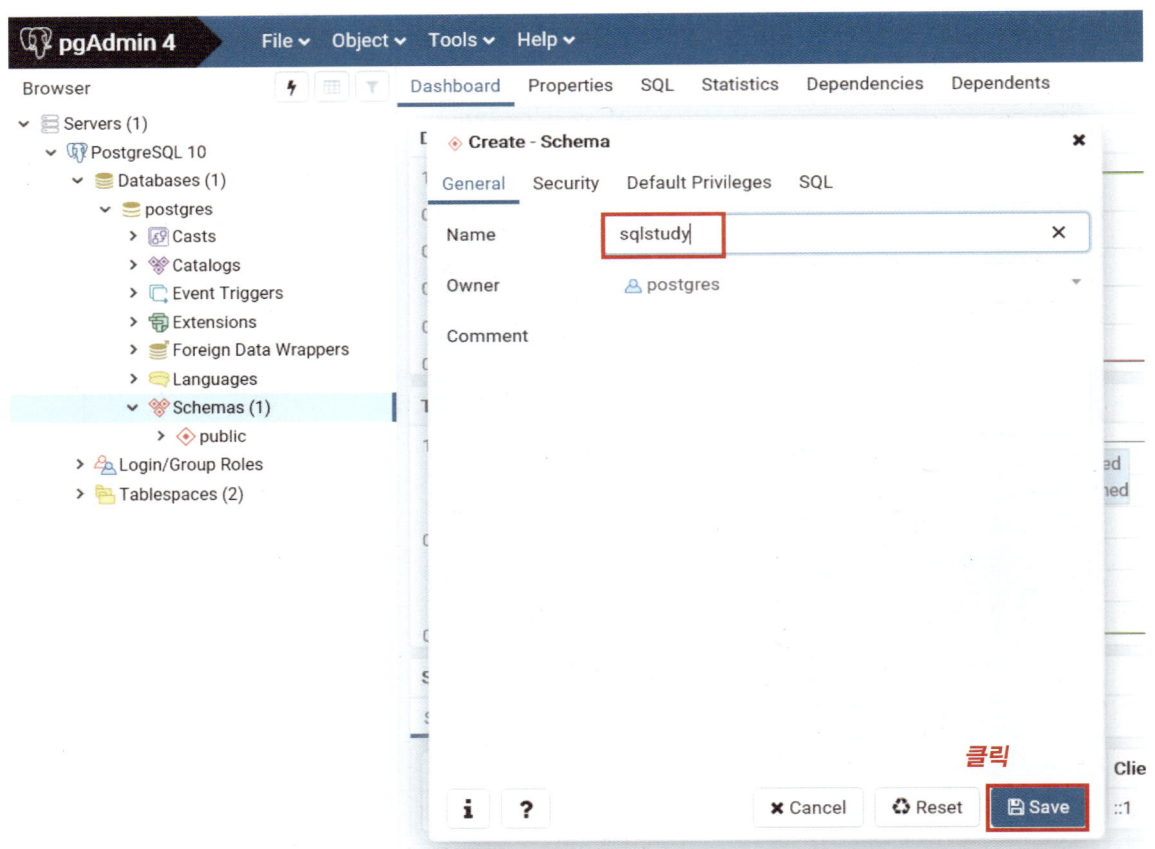

그림 2-34 실습용 스키마 생성 창 화면

스키마 생성은 명령창이나 뒤에 설명하는 Query Tool 창에서 다음과 같은 SQL 문장을 직접 작성하고 실행하여 할 수도 있다.

예제　　　　　　　　　　　　　　　　　　　　　　　　　　2장_01_예제 DB 스키마 생성

```
CREATE SCHEMA IF NOT EXISTS sqlstudy;
```

22) 정상적으로 스키마(Schema)가 생성되면 아래 화면과 같이 Schemas 항목 아래에 위에서 Name 칸에 입력한 sqlstudy 라는 이름의 스키마가 생성되어 있는 것을 확인할 수 있다.

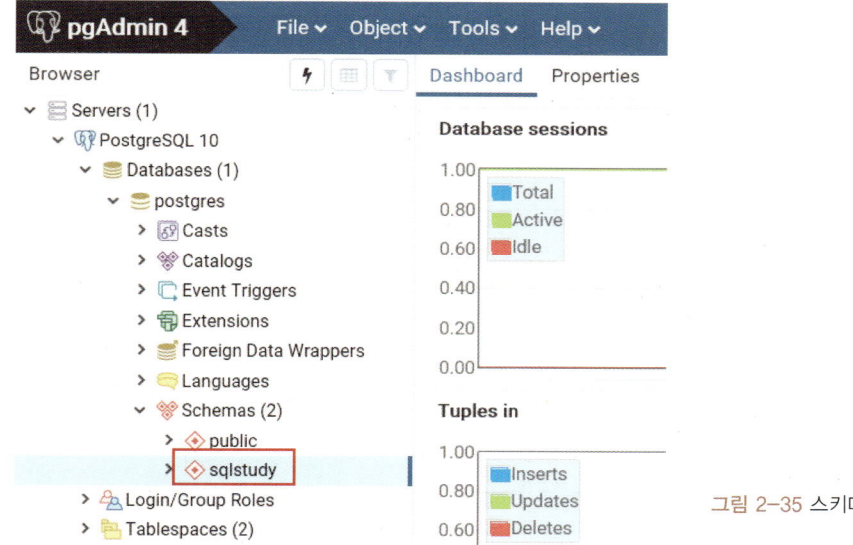

그림 2-35 스키마 생성 결과 화면

23) 이제 PostgreSQL에 정상적으로 접속이 되어 새로 생성한 스키마를 사용할 수 있는지를 확인하기 위해 pgAdmin4를 종료하고 다시 시작해보자. Servers 아래 PostgreSQL 10에서 마우스 오른쪽 버튼을 눌러 Connect Server를 클릭한다.

그림 2-36 스키마 생성 후 pgAdmin 4 재실행 및 DB 접속 화면

24) PostgreSQL 접속을 선택하면 앞에서 처음 접속할 때 비밀번호를 저장해 두었기 때문에 다시 비밀번호를 입력하는 과정을 거치지 않고 바로 데이터베이스 사용 화면으로 들어온다. Schemas 항목 아래에 앞에서 생성한 sqlstudy 스키마가 생성되어 있는 것을 확인할 수 있다.

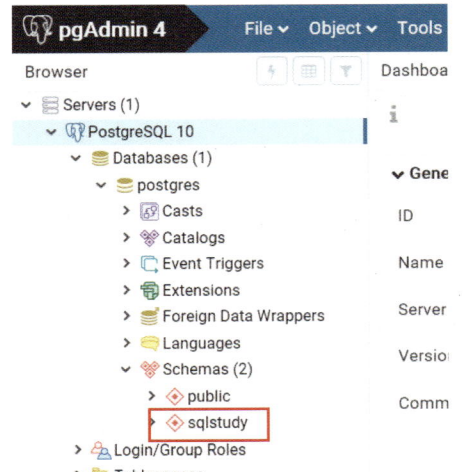

그림 2-37 재접속 후 실습용 스키마 생성 확인 화면

25) 이제 SQL 작성과 실행을 위해 sqlstudy 스키마를 클릭한 후 화면 상단의 Query Tool 버튼을 클릭한다.

그림 2-38 Query Tool 버튼 확인 화면

26) 아래와 같은 Query Tool 화면이 나타나면 이제 PostgreSQL에서 SQL을 작성하고 실행할 수 있는 준비가 완료되었다고 할 수 있다. 아래 Query Tool 화면의 윗부분은 SQL을 작성하고 편집하는 영역이고, 아래 부분은 SQL 실행 결과가 출력되는 부분이다. 이 책에서 SQL을 작성하고 실행하는 모든 처리는 이 Query Tool 화면을 통해서 이루어진다.

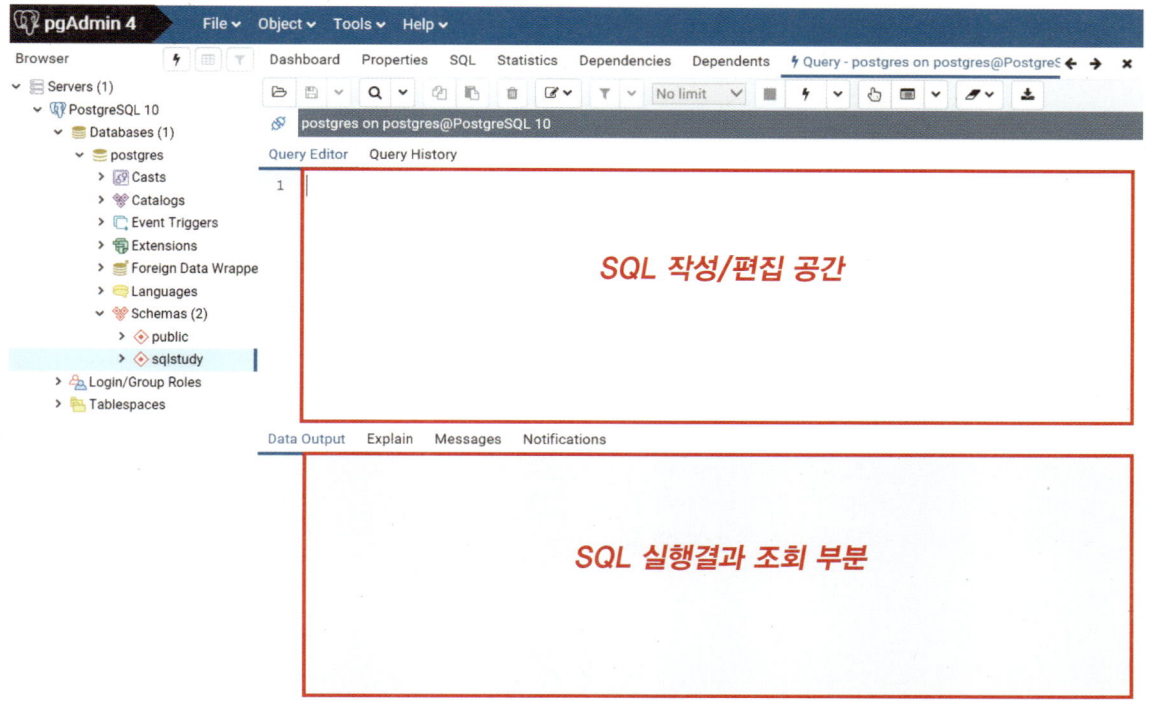

그림 2-39 Query Tool 버튼 클릭 후 나타나는 SQL 작성/편집 화면

(2) 예제 테이블 생성하기

이제 앞에서 작성한 물리 데이터 모델에 정의된 테이블을 생성해 보도록 하자. 이미 물리 데이터 모델의 테이블을 정의하면서 컬럼별 도메인까지 정의되었기 때문에 물리 데이터 모델에 정의된 내용을 그대로 테이블 생성 SQL 문장으로 옮기면 된다. 다음 절에서 좀 더 자세히 이야기하겠지만 테이블을 생성하는 SQL은 'DDL(Data Definition Language)'이라고 부른다. DDL은 데이터베이스 내에 데이터 객체를 생성·변경·삭제하는데 사용되는 SQL 문장이며, '생성'은 create 라는 SQL 문장을 사용한다. 여기서는 생성 대상이 테이블이므로 create table 문장을 사용하는 방법에 대해 소개한다. 테이블명, 컬럼명 등의 개체명은 앞에서 언급한 것처럼 PostgreSQL이 내부적으로 소문자로 관리하고 있기 때문에 테이블 생성 문장에서도 테이블명과 컬럼명 등에 대해 소문자로 표기하였다.

테이블을 생성하는 create table 문장의 기본적인 구성은 다음과 같다.

표 2-5 테이블 생성 문장의 기본형

	create table 문장
기본형 1	create table 스키마명.테이블명 (　컬럼1　　데이터 형식 (길이) [[null] | not null] [PRIMARY KEY] , 　컬럼2　　데이터 형식 (길이) [[null] | not null] , 　컬럼3　　데이터 형식 (길이) [[null] | not null] , 　......) ;
기본형 2	create table 스키마명.테이블명 (　컬럼1　　데이터 형식 (길이) [[null] | not null] , 　컬럼2　　데이터 형식 (길이) [[null] | not null] , 　컬럼3　　데이터 형식 (길이) [[null] | not null] , 　...... , PRIMARY KEY (컬럼1, 컬럼2, ...)) ;

앞서 이야기 했듯이 PostgreSQL은 public이라는 기본 스키마를 갖고 있기 때문에 생성하려는 테이블의 앞에 '스키마명.'을 붙이지 않으면 public 스키마 내에 테이블이 생성된다. 그러므로 테이블을 생성하고자 하는 별도의 스키마가 있으면 항상 테이블명 앞에 '스키마명.'을 붙여서 사용해야 한다.

테이블을 구성하는 컬럼들에 대한 도메인 정의 내용은 'create table 스키마명.테이블명' 다음에 오는 괄호 안에 작성하면 된다. 각 컬럼별로 컬럼명, 데이터 형식 및 길이, null 허용 여부(null 또는 not null, null을 허용하려면 null이라고 명시하거나 생략한다) 등의 구성 요소를 최소 하나 이상의 공백 문자로 구분하여 작성해야 한다. 더불어 다음 컬럼에 대한 내용을 시작하기 전에 콤마(,)를 찍어서 하나의 컬럼에 대한 정의가 끝났음을 표현한다. 이때 콤마는 다음에 또 다른 내용이 이어진다는 의미를 갖고 있기 때문에 가장 마지막 컬럼에는 콤마를 붙이지 않는다. 또한 데이터 형식과 길이를 표현할 때는 데이터 형식과 길이 표현 사이에 공백을 추가하지 않아도 되며, 길이를 명시할 때는 괄호 안에 정수 형태로 표기한다. 또한 date나 integer, text 등과 같이 길이를 명시하지 않고 사용하는 데이터 형식도 있다. 수치 데이터 형식으로 소수 이하까지의 정밀한 값을 저장하고자 할 때는 decimal 이나 numeric 데이터 형식을 사용하여 '(p,s)'와 같은 형식으로 표기한다. 여기서 p는 소수 이하를 포함한 전체 길이를 의미하고, s는 소수 이하의 자릿수를 의미한다. 예를 들어 decimal(5,3)은 전체 길이가 다섯 자리의 숫자로, 그 중 소수 이하는 세 자리임을 나타낸다. 이에 따라 정수 부분은 99까지 입력이 허용되고, 소수 이하는 0.999까지 입력이 허용되게 된다. 따라서 99.999나 0.99 등은 입력이 가능하지만 100.9 나 0.0001은 입력이 되지 않고 오류로 처리된다.

PK로 지정할 컬럼들은 가급적 선두에 위치하도록 작성하는 것이 바람직하다. DBMS에 따라서 컬럼들이 기술된 순서로 레코드가 생성될 때 PK 컬럼이 앞쪽에 있어야 데이터 접근 성능이 좋아지고, 데이터 저장 구조를 생성하는데 유리한 경우 등이 있기 때문이다. 가독성 측면에서도 PK 컬럼을 먼저 기술하는 편이 그 테이블의 컬럼 구성을 이해하는데 도움이 된다. PK컬럼이란, PK 제약조건을 적용하는 컬럼을 의미하며 PK 제약조건을 기술하는 방법은 create table 문장 내에서 해당 컬럼의 후미에 primary key 라는 키워드를 붙여주거나, create table 문장의 마지막 컬럼에 대한 기술이 끝난 다음에 primary key를 추가하는 방법이 있다. 또한 아예 create table 문장과는 별개로 alter table 이라는 테이블 구성 변경 문장을 사용하여 별도로 primary key 제약조건을 생성하는 방법을 사용할 수 있다. 여기서는 create table 문장 작성 시의 편의성에 따라 문장 안에 포함시켜 PK제약조건을 생성하는 방법을 소개한다. PK 제약조건을 적용할 대상 컬럼이 하나일 때는 해당 컬럼 정의의 후미 부분에 primary key 라는 키워드를 추가한다. 하지만 PK 대상 컬럼이 둘 이상일 때는 컬럼 정의가 끝나고 마지막 위치에 추가하는 방법을 사용하면 된다. 위의 기본형1은 PK 대상 컬럼이 하나인 경우의 예이고, 기본형2는 PK 대상 컬럼이 둘 이상일 때의 사용 예이다. PK로 지정하려는 컬럼은 빈 값(null)을 허용하지 않는다.

논리 데이터 모델에서 정의한 엔티티 간의 관계는 물리 데이터 모델에서 FK제약조건으로 전환된다고 했다. 이러한 FK 제약조건을 생성하기 위한 문장은 아래와 같이 해당 컬럼에 대한 정의의 후미 부분에 REFERENCES 라는 키워드를 사용하면 된다. 기본형3의 경우는 REFERENCES 키워드 뒤에 참조하는 '스키마명.테이블명'만 기술하면 ㅋ되는데, 이 경우는 FK 대상 컬럼의 이름(컬럼3)이 참조하는 해당 테이블의 컬럼명과 동일한 경우에 사용될 수 있다. 만일 FK 대상 컬럼의 이름과 참조하는 해당 테이블의 컬럼 이름이 다를 경우는 기본형4와 같이 '스키마명.테이블명' 뒤에 괄호를 사용하여 해당 컬럼명을 기술하면 된다. 기본형5는 primary key를 해당 컬럼에 기술하지 않고 문장 마지막에 FK 제약조건 구문을 기술하는 형태이다. FOREIGN KEY (컬럼1, 컬럼2, ...) REFERENCES 스키마명.테이블명(컬럼n1, 컬럼n2)와 같은 형식으로 테이블 생성 문장 마지막에 추가하면 된다. 이 경우도 기본형2의 경우와 마찬가지로 FK 제약조건 적용 대상 컬럼과 참조할 대상 테이블의 해당 컬럼이 둘 이상인 경우에 사용하면 된다.

표 2-6 FK 제약조건이 포함된 테이블 생성 문장 구성

	create table 문장
기본형 3	create table 스키마명.테이블명 (컬럼1 데이터 형식 (길이) [[null] | not null] [PRIMARY KEY] , 컬럼2 데이터 형식 (길이) [[null] | not null] , 컬럼3 데이터 형식 (길이) [[null] | not null] REFERENCES 스키마 명.테이블 명 , ...) ;

	create table 문장
기본형 4	create table 스키마명.테이블명 (　컬럼1　　데이터 형식 (길이) [[null] | not null] [PRIMARY KEY] , 　컬럼2　　데이터 형식 (길이) [[null] | not null] , 　컬럼3　　데이터 형식 (길이) [[null] | not null] REFERENCES 스키마명.테이블명 (컬럼n) , 　......) ;
기본형 5	create table 스키마명.테이블명 (　컬럼1　　데이터 형식 (길이) [[null] | not null] [PRIMARY KEY] , 　컬럼2　　데이터 형식 (길이) [[null] | not null] , 　컬럼3　　데이터 형식 (길이) [[null] | not null] REFERENCES 스키마명.테이블명 (컬럼n) , 　...... , 　FOREIGN KEY (컬럼2, 컬럼3) REFERENCES 스키마명.테이블명 (컬럼n1, 컬럼n2)) ;

문장 끝에 사용된 세미콜론(semicolon, ;)은 SQL에 사용되는 기본적인 문장 종결 구분 문자(delimiter)이다. SQL의 기본적인 작성 규칙으로 특별한 의미를 갖지는 않지만 DBMS나 SQL 편집 도구에 따라서는 세미콜론까지를 하나의 문장으로 인식하여 실행하기 때문에 필수적으로 요구하기도 하므로 습관적으로 사용하는 것이 좋다.

그러면 이제 물리 데이터 모델의 테이블 각각에 대한 create table 문장을 작성해 보자.

1) 부서(enc_dept) 테이블 생성 문장

그림 2-40 부서(enc_dept) 테이블 구조

dept_no 컬럼이 PK 컬럼이고, dept_name 컬럼은 not null로 정의해야 한다. 테이블을 생성할 스키마는 앞에서 생성한

sqlstudy 이다. create table 문장의 기본형1 형태를 적용하면 된다.

예제   2장_02_예제 DB 부서 테이블 생성

```
CREATE TABLE sqlstudy.enc_dept (
dept_no         DECIMAL(4)      NOT NULL        PRIMARY KEY,
dept_name       VARCHAR(30)     NOT NULL,
upper_dept_no   DECIMAL(4)
);
```

2) 사원(enc_emp) 테이블 생성

그림 2-41 사원(enc_emp) 테이블 구조

emp_no가 PK 컬럼이고, FK 제약조건을 적용할 대상 컬럼이 2개 있다. dept_no는 enc_dept 테이블의 PK컬럼명과 동일하므로, create table 문장의 기본형3을 적용하고, manager_emp_no 컬럼은 순환관계에 의해 emp_no를 상속받으면서 컬럼명이 변경되어 기본형4의 형태를 따라 작성하면 된다.

| 예제 | 2장_03_예제 DB 부서 테이블 생성 |

```
CREATE TABLE sqlstudy.enc_emp (
emp_no           DECIMAL(6)      NOT NULL            PRIMARY KEY,
emp_name         VARCHAR(50)     NOT NULL,
dept_no          DECIMAL(4)      NOT NULL REFERENCES sqlstudy.enc_dept,
hire_date        DATE,
sal              INTEGER         NOT NULL,
manager_emp_no   DECIMAL(6)      REFERENCES sqlstudy.enc_emp,
age              DECIMAL(3),
area             VARCHAR(10)
);
```

3) 상품(enc_prod) 테이블 생성

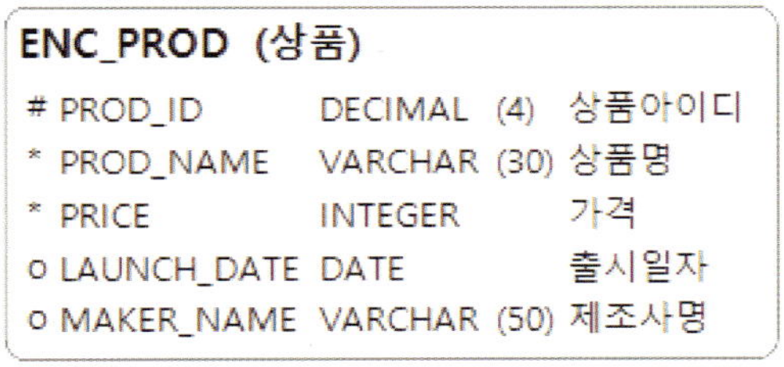

```
ENC_PROD (상품)
# PROD_ID      DECIMAL (4)   상품아이디
* PROD_NAME    VARCHAR (30)  상품명
* PRICE        INTEGER       가격
o LAUNCH_DATE  DATE          출시일자
o MAKER_NAME   VARCHAR (50)  제조사명
```

그림 2-42 상품(enc_prod) 테이블 구조

PK는 prod_id 컬럼이며, create table 문장의 기본형1의 형태에 따라 작성하면 된다.

| 예제 | 2장_04_예제 DB 부서 테이블 생성 |

```
CREATE TABLE sqlstudy.enc_prod (
prod_id       DECIMAL(4)      NOT NULL           PRIMARY KEY,
prod_name     VARCHAR(30)     NOT NULL,
price         INTEGER         NOT NULL,
launch_date   DATE,
maker_name    VARCHAR(50)
);
```

4) 국가(enc_country) 테이블 생성

```
ENC_COUNTRY (국가)
# COUNTRY_CD     CHAR     (2)   국가코드
* COUNTRY_NAME   VARCHAR (20)   국가명
o REGION         VARCHAR (20)   대륙구분
```

그림 2-43 국가(enc_country) 테이블 구조

PK는 country_cd 컬럼이며, create table 문장의 기본형1의 형태에 따라 작성하면 된다.

예제	2장_05_예제 DB 부서 테이블 생성

```
CREATE TABLE sqlstudy.enc_country (
country_cd      CHAR(2)         NOT NULL        PRIMARY KEY,
country_name    VARCHAR(20)     NOT NULL,
region          VARCHAR(20)
);
```

5) 직업(enc_job) 테이블 생성

```
ENC_JOB (직업)
# JOB_CD    CHAR     (2)   직업코드
* JOB_NAME  VARCHAR (20)   직업명
o JOB_DIV   VARCHAR (20)   직업구분
```

그림 2-44 직업(enc_job) 테이블 구조

PK는 job_cd 컬럼이며, create table 문장의 기본형1의 형태에 따라 작성하면 된다.

예제

2장_06_예제 DB 부서 테이블 생성

```
CREATE TABLE sqlstudy.enc_job (
job_cd      CHAR(2)       NOT NULL      PRIMARY KEY,
job_name    VARCHAR(20)   NOT NULL,
job_div     VARCHAR(20)
);
```

6) 고객(enc_customer) 테이블 생성

```
ENC_CUSTOMER (고객)
# CUST_ID            CHAR    (7)    고객아이디
* CUST_NAME          VARCHAR (50)   고객명
* GENDER             VARCHAR (4)    성별구분
* PHONE_NUMBER       VARCHAR (15)   전화번호
o EMAIL              VARCHAR (100)  이메일
o CITY               VARCHAR (20)   거주도시
* COUNTRY_CD (FK)    CHAR    (2)    국가코드
* CUST_DIV_CD        CHAR    (3)    고객구분코드
* JOB_CD (FK)        CHAR    (2)    직업코드
* BIRTH_DATE         DATE           생년월일
```

그림 2-45 고객(enc_customer) 테이블 구조

PK는 cust_id이며, country_cd컬럼과 job_cd 컬럼에 대해 각각 enc_country 테이블과 enc_job 테이블을 참조하고 있으면서 참조하는 테이블의 컬럼명을 동일하게 사용하고 있기 때문에 create table 문장의 기본형3의 형태에 따라 작성하면 된다.

예제 2장_07_예제 DB 부서 테이블 생성

```
CREATE TABLE sqlstudy.enc_customer (
    cust_id         CHAR(7)         NOT NULL        PRIMARY KEY,
    cust_name       VARCHAR(50)     NOT NULL,
    gender          VARCHAR(4)      NOT NULL,
    phone_number    VARCHAR(15)     NOT NULL,
    email           VARCHAR(100),
    city            VARCHAR(20),
    country_cd      CHAR(2)         NOT NULL REFERENCES sqlstudy.enc_country,
    cust_div_cd     CHAR(3)         NOT NULL,
    job_cd          CHAR(2)         NOT NULL REFERENCES sqlstudy.enc_job,
    birth_date      DATE            NOT NULL
);
```

7) 주문(enc_order) 테이블 생성

```
ENC_ORDER (주문)
#  ORD_NO            INTEGER              주문번호
*  CUST_ID (FK)      CHAR        (7)      고객아이디
*  ORD_DEPT_NO (FK)  DECIMAL     (4)      담당부서번호
*  ORD_EMP_NO (FK)   DECIMAL     (6)      담당사원번호
*  ORD_DT            TIMESTAMP            주문일시
*  PROD_ID (FK)      DECIMAL     (4)      상품아이디
*  QUANTITY          DECIMAL     (5)      수량
o  AMOUNT            INTEGER              합계금액
o  ORD_STATUS       VARCHAR      (10)     최종주문상태
o  COMPLETE_DATE    DATE                  완료일자
```

그림 2-46 주문(enc_order) 테이블 구조

PK는 ord_no 컬럼이며, enc_dept, enc_emp, enc_prod 테이블을 참조하고 있으면서 담당 부서번호 컬럼과 담당 사원번호 컬럼은 참조하는 테이블의 컬럼과 이름이 다르므로 create table 문장의 기본형4의 형태를 적용하고, 상품 아이디 컬럼은 참조하는 컬럼과 동일한 이름을 사용하고 있으므로 create table 문장의 기본형3의 형태를 적용하여 작성하면 된다.

예제   2장_08_예제 DB 부서 테이블 생성

```
CREATE TABLE sqlstudy.enc_order (
ord_no          INTEGER         NOT NULL PRIMARY KEY,
cust_id         CHAR(7)         NOT NULL REFERENCES sqlstudy.enc_customer,
ord_dept_no     DECIMAL(4)      NOT NULL REFERENCES sqlstudy.enc_dept(dept_no),
ord_emp_no      DECIMAL(6)      NOT NULL REFERENCES sqlstudy.enc_emp(emp_no),
ord_dt          TIMESTAMPTZ  NOT NULL,  -- timestamp with time zone
prod_id         DECIMAL(4)      NOT NULL REFERENCES sqlstudy.enc_prod,
quantity        DECIMAL(5)      NOT NULL,
amount          INTEGER,
ord_status      VARCHAR(10),
complete_date   DATE
);
```

여기서 물리 데이터 모델의 테이블과 이를 DDL 문장으로 옮긴 것 사이에는 부분적인 차이가 있다. 그것은 ord_dt(주문일시) 컬럼에 대해 물리 데이터 모델에서는 데이터 형식을 timestamp로 설정했지만, 실제 DDL 문장에서는 데이터 형식을 timestamptz로 설정했다는 것이다.

timestamp와 timestamptz는 둘 다 날짜와 시간 정보를 포함하고 있는 데이터 형식이다. 하지만 timestamp는 시간대 정보를 포함하지 않고 협정세계표준시 (Coordinated Universal Time; UTC - 그리니치 평균시(GMT)라고도 불리는 세계 표준시)로 표시된다. 그래서 timestamp는 timestamp without time zone 과 같은 의미이다. 반면에 timestamptz는 timestamp with time zone과 같은 의미의 데이터 형식으로, 시간대 정보까지 포함하고 있어 현재 위치에서의 시간대가 반영된 시간 값이 표시된다. 이와 같이 날짜와 시간을 정밀하게 표시하는 timestamp (timestamp without time zone)와 timestamptz (timestamp with time zone) 이 두 데이터 형식은 대부분의 DBMS와 프로그래밍 언어에서 지원되고 있다.

8) 주문상태이력(enc_ord_status_hist) 테이블 생성

```
ENC_ORD_STATUS_HIST (주문상태이력)
# ORD_NO (FK)      INTEGER              주문번호
# ORD_STATUS       VARCHAR    (10)      주문상태구분
* ORD_STATUS_DT    TIMESTAMP            주문상태구분변경일시
```

그림 2-47 주문상태이력
(enc_ord_status_hist)
테이블 구조

PK는 enc_order테이블에서 상속받은 ord_no와 ord_status 이렇게 두 컬럼으로 구성되며, 둘 이상의 컬럼으로 PK 제약조건을 설정해야 하므로 create table 문장의 기본형2 형태에 따라 작성한다. 또한 ord_no 컬럼은 end_order 테이블의 PK컬럼과 동일한 이름을 사용하므로 create table 문장의 기본형3의 형태에 따라 FK 제약조건을 작성한다.

예제 2장_09_예제 DB 부서 테이블 생성

```
CREATE TABLE sqlstudy.enc_ord_status_hist (
    ord_no          INTEGER         NOT NULL REFERENCES sqlstudy.enc_order,
    ord_status      VARCHAR(10)     NOT NULL,
    ord_status_dt   TIMESTAMPTZ     NOT NULL,
    PRIMARY KEY (ord_no, ord_status)
);
```

9) 계약(enc_contract) 테이블 생성

```
ENC_CONTRACT (계약)
# CONT_ID              INTEGER              계약아이디
* CUST_ID (FK)         CHAR        (7)      고객아이디
o JOIN_DT              TIMESTAMP            계약가입일시
o CANCEL_DT            TIMESTAMP            계약해지일시
* CONT_TYPE_CD         CHAR        (2)      계약유형코드
* CONT_DEPT_NO (FK)    DECIMAL     (4)      계약관리부서번호
o REMARK               VARCHAR     (200)    비고
```

그림 2-48 계약(enc_contract)
테이블 구조

PK는 cont_id 컬럼이며, enc_customer 테이블과 enc_dept 테이블을 참조하고 있으면서 cust_id 컬럼은 참조하는 테이블의 컬럼과 동일한 이름을 사용하고 있어 create table 문장의 기본형3 형식에 따라 FK 제약조건을 작성하고, cont_dept_no 컬럼은 참조하는 테이블의 컬럼과 이름을 다르게 사용하여 create table 문장의 기본형4 형식에 따라 작성한다.

예제　　　　　　　　　　　　　　　　　　　　　　　　　2장_10_예제 DB 부서 테이블 생성

```
CREATE TABLE sqlstudy.enc_contract (
    cont_id         INTEGER         NOT NULL PRIMARY KEY,
    cust_id         CHAR(7)         NOT NULL REFERENCES sqlstudy.enc_customer,
    join_dt         TIMESTAMPTZ,
    cancel_dt       TIMESTAMPTZ,
    cont_type_cd    CHAR(2)         NOT NULL,
    cont_dept_no    DECIMAL(4) NOT NULL REFERENCES sqlstudy.enc_dept(dept_no),
    remark          VARCHAR(200)
);
```

지금까지 작성한 테이블 생성 문장을 이제 pgAdmin4를 실행하여 PostgreSQL에 접속한 후 Query Tool을 열어 sqlstudy 스키마 내에 생성해 본다.

먼저 부서 테이블을 생성한다.

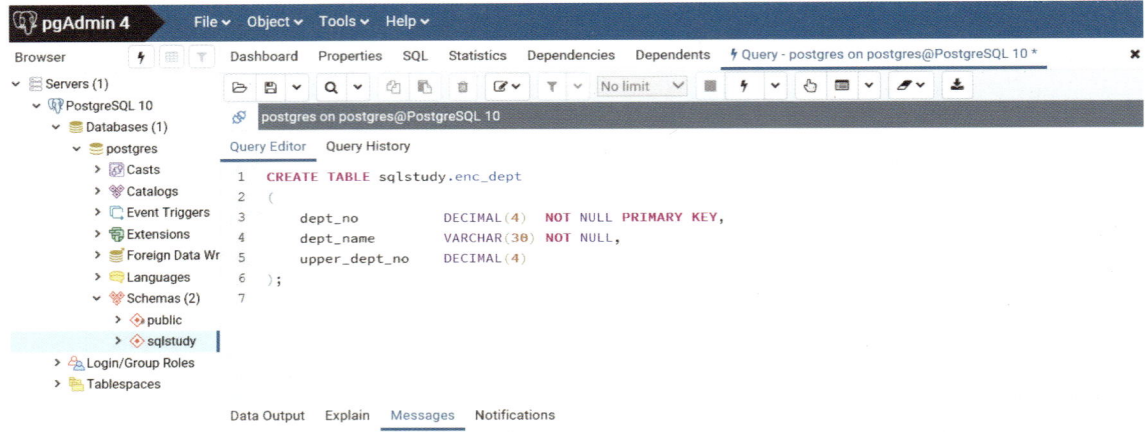

그림 2-49 부서(enc_dept) 테이블 생성 문장 실행 화면

앞서 작성한 create table 문장이 정상적으로 잘 실행되었다. 다음은 사원 테이블을 생성한다. 사원 테이블은 부서 테이블을 참조하기 때문에 부서 테이블이 먼저 생성되어 있지 않으면 오류가 반환된다.

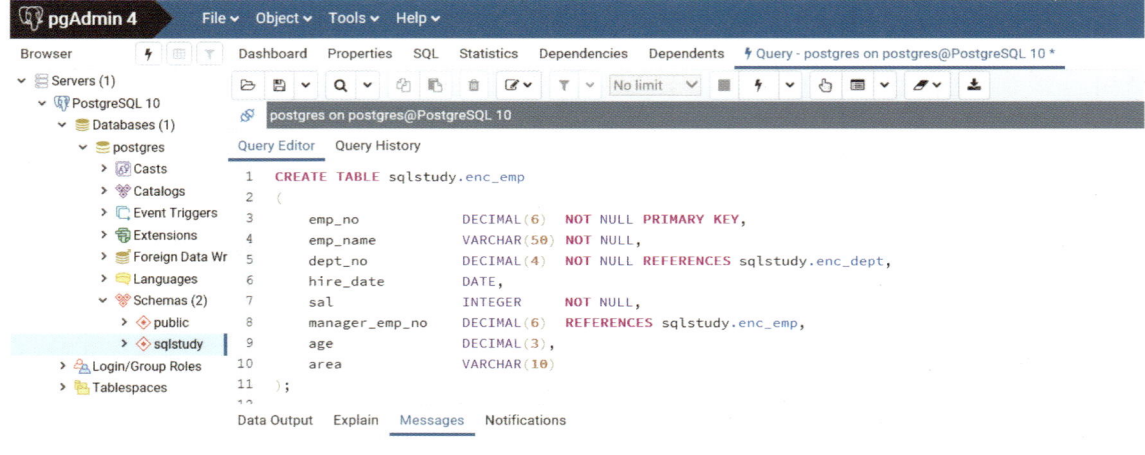

그림 2-50 사원(enc_emp) 테이블 생성 문장 실행 화면

역시 오류 없이 잘 생성되었다.

다음은 상품, 국가, 직업 테이블을 한꺼번에 일괄 생성해 본다. Query Tool 편집 창에 세 테이블의 생성 문장을 차례로 쓰고(사실은 앞서 작성한 생성 문장을 copy-paste 한 것이지만) 실행(Execute) 버튼을 누르면 편집 창 내에 작성된 모든 SQL 문장이 차례로 모두 실행된다. 역시 모두 오류 없이 잘 생성되었다. 만일 한 문장씩 끊어가면서 실행하고자 하면 세미콜론까지의 한 문장을 선택한 후에 실행 버튼을 누르면 된다.

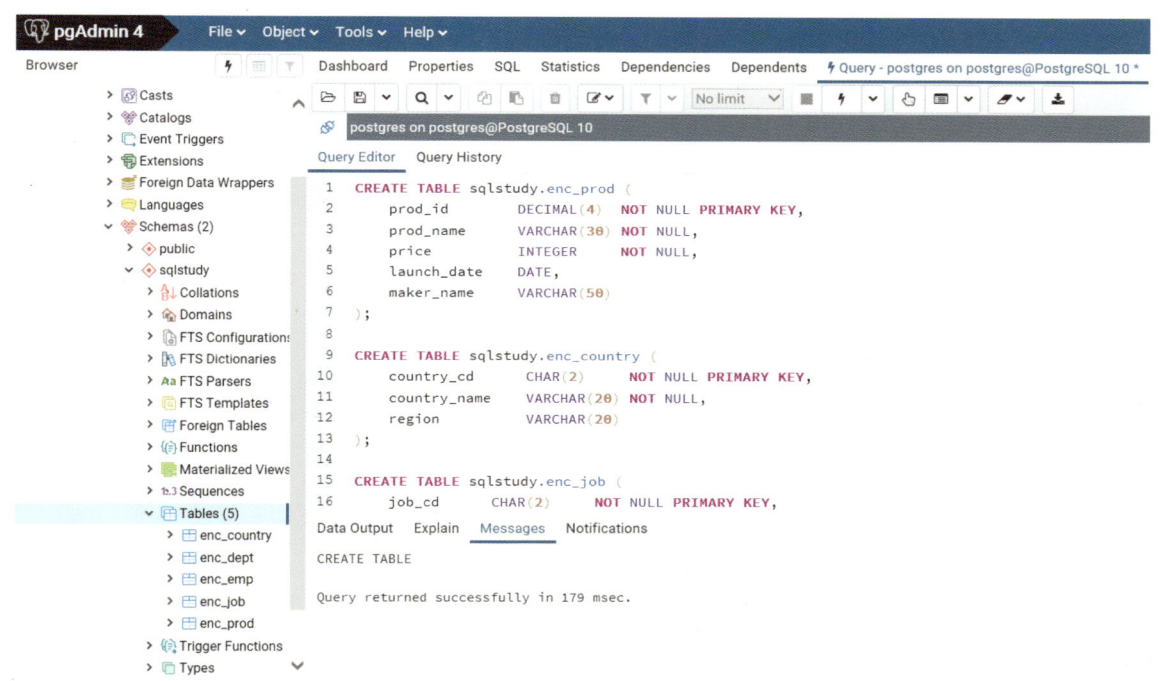

그림 2-51 상품, 국가, 직업 테이블 생성 문장 실행 화면

다음은 고객 테이블을 생성해 본다. 고객 테이블은 국가, 직업 테이블을 참조하고 있기 때문에 이 두 테이블이 먼저 생성되어 있지 않으면 오류를 반환한다.

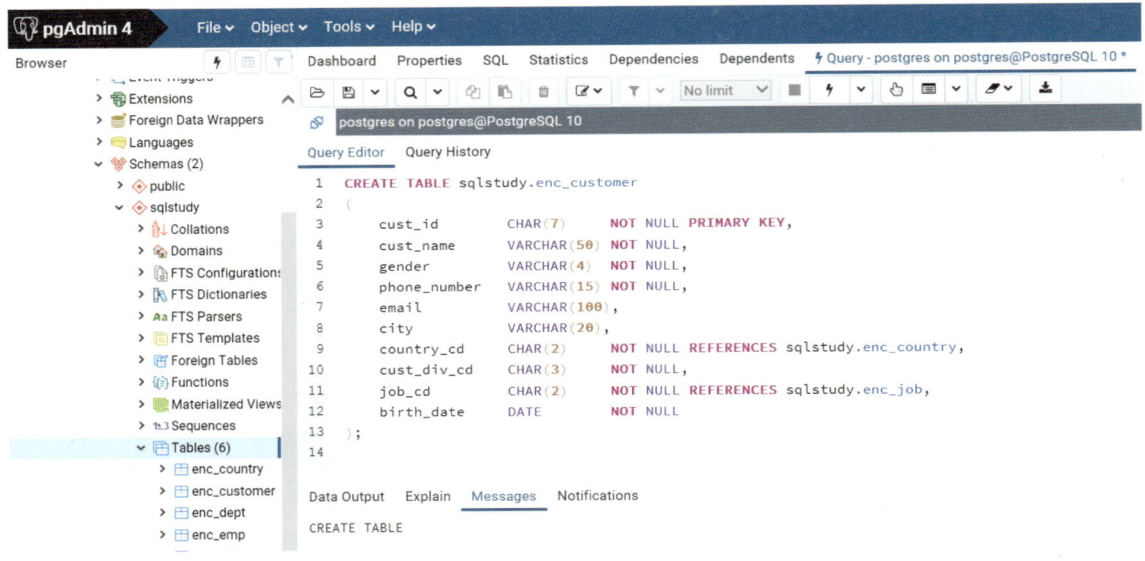

그림 2-52 고객(enc_customer) 테이블 생성 문장 실행 화면

역시 오류 없이 잘 생성되었다.

계속해서 이와 같은 방식으로 주문, 주문상태이력, 계약 테이블까지 생성한다. 앞서 작성한 테이블 생성 문장이 모두 오류 없이 잘 실행되었다.

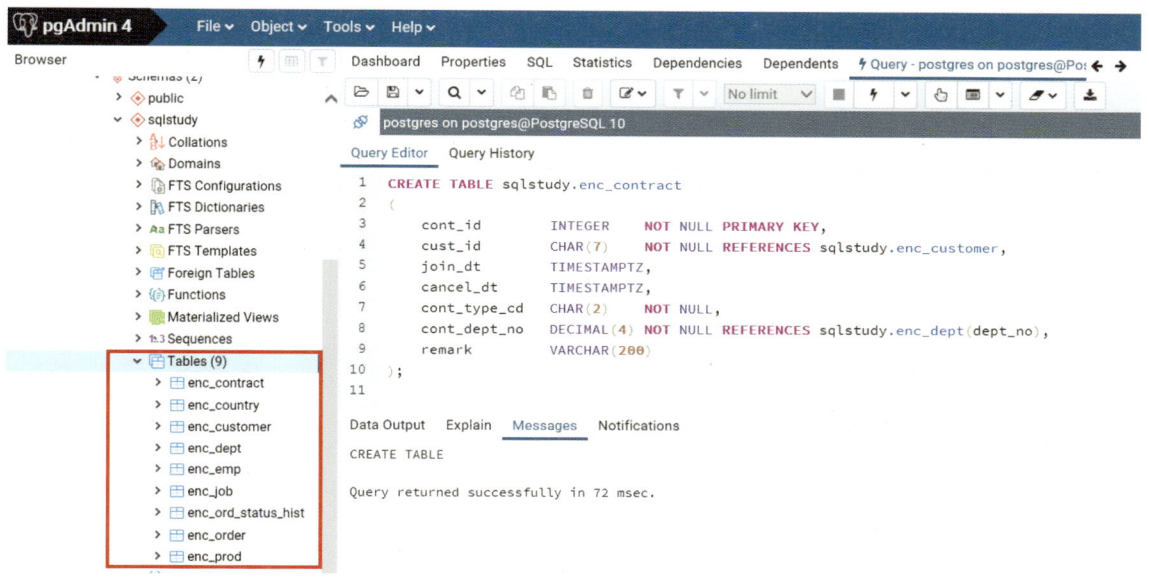

그림 2-53 계약(enc_contract) 테이블 생성 문장 실행 화면

왼쪽 Tables 항목에서 마우스 오른쪽 버튼을 클릭한 후 Refresh 메뉴를 눌러보면 생성한 테이블들의 목록이 나타나는 것을 볼 수 있다.

지금까지 논리 데이터 모델에서 정의한 엔터티 간의 관계를 물리 데이터 모델에서의 테이블 간 참조 관계 즉, FK 제약조건으로 전환하여 테이블을 생성해 보았다. 테이블의 참조 관계를 설정한 상태에서 테이블을 생성할 때는 항상 논리적으로 먼저 생성되어 있어야 하는 테이블이 어떤 것인지를 따져 보고 순서에 맞게 테이블을 생성해야 오류 없이 진행된다. 테이블 참조 관계는 테이블 생성 순서에만 영향을 미치는 것이 아니라 테이블에 데이터를 입력하거나 수정, 삭제할 때도 영향을 미친다. 아래는 참조되는 테이블(부모 테이블)에 데이터가 없는 상태에서 참조 관계에 있는 테이블(자식 테이블)에 데이터를 입력하는 경우에 대한 사례이다.

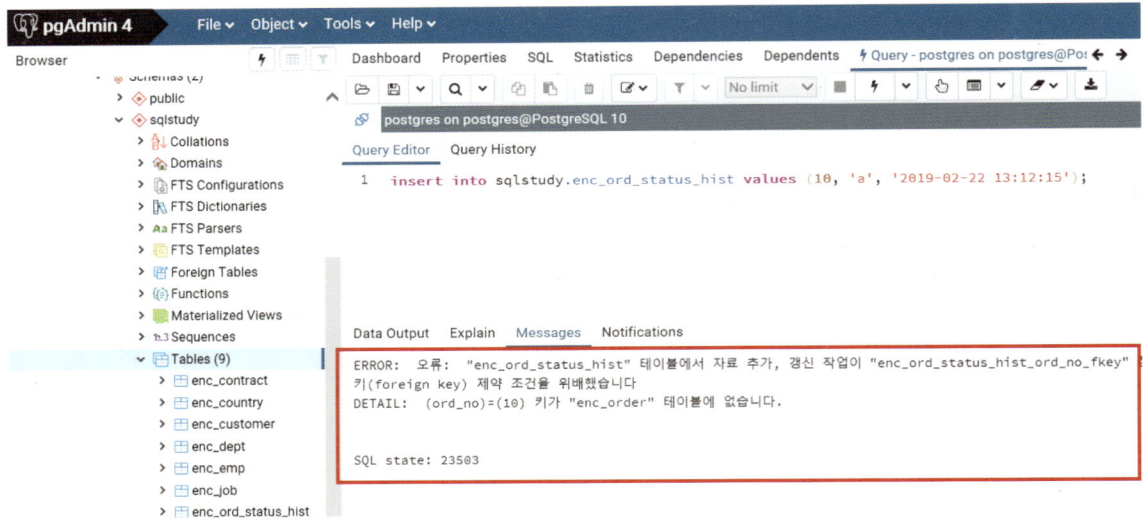

그림 2-54 FK 제약조건에 의한 오류 검출 예시 화면

주문상태이력 테이블에 주문 테이블에 없는 주문번호(ord_no) 10번 값을 입력하려 하면 참조키 제약조건 위배 오류를 반환하면서 데이터 입력이 거부되는 것을 볼 수 있다.

이와 같은 데이터 무결성 보장을 위해 DBMS가 제공하는 기능적 지원이 개발 현장에서는 테스트 데이터를 입력하고 다루는데 많은 불편으로 작용한다. 이처럼 참조 관계를 설계했더라도 실제로 테이블을 생성할 때는 FK 제약조건을 생성하지 않거나 비활성화 시키는 경우들이 종종 있다. FK 제약조건을 생성하지 않고 개발 및 테스트를 진행했더라도 개발이 완료되어 시스템을 운영하는 단계에 들어가게 되면 FK 제약조건을 생성해 주거나 활성화하여 데이터 무결성이 보장되도록 해야 한다. 하지만 이러한 부분이 무시되어 데이터 무결성이 유지되지 않는 안타까운 경우를 자주 보게 된다.

지금까지 간단한 업무 명세로부터 논리 데이터 모델을 정의하고, 이를 물리 데이터 모델로 전환한 후 테이블을 생성하는 과정까지 진행해 보았다. 다음 장에서는 앞에서 작성해 보았던 테이블 생성 문장을 포함하여 SQL에 대해 본격적으로 살펴보도록 한다.

3

SQL 기본 다지기

이 장에서는 2장에서 생성한 예제 테이블을 이용하여 기본적인 SQL 문장의 구성을 설명하고 직접 체험해 볼 수 있는 실습 내용을 제시합니다. 이 장에 소개된 내용을 이해하고 따라 하면서 기본적인 SQL 사용 방법을 체득할 수 있을 뿐 아니라 SQL 수준을 한 단계 더 끌어올릴 수 있는 기초를 쌓을 수 있습니다.

SQL 기본 다지기 | 3장

관계형 데이터베이스에 데이터를 저장하거나 수정·삭제하고, 저장된 데이터를 추출하여 가공하는 등 데이터 처리나 조작을 위해서는 반드시 SQL이라는 데이터베이스 언어를 사용해야 한다. 재차 강조하지만 SQL은 관계형 데이터베이스와 대화할 수 있는 유일한 언어이다. 관계형 데이터베이스에 일을 시킬 수 있는 명령이자 프로그램이 SQL이라는 점을 잊지 말아야 한다. 하지만 프로그램이라고 하더라도 복잡한 전개 과정이나 처리 흐름을 정의하고 컴파일을 거쳐 실행 모듈 상태로 실행되는 기존의 프로그램과는 차이가 있다. SQL은 인간의 언어에 가깝게 사용할 수 있도록 고안되어 있다. SQL문장을 작성하여 실행하면 DBMS-엄밀히 말하면 RDBMS이지만 편의상 앞으로 DBMS라고 부르기로 한다-가 그때그때 일시적으로 내부 프로그램과 같은 처리 과정을 만든다. 그리고 이것을 통해 원하는 처리나 실행을 마치게 되면 그 결과를 SQL 실행을 요청한 사용자나 응용 프로그램에게 돌려주게 된다. 그 후에는 생성했던 처리 과정을 잠시 가지고 있다가 그 처리 과정이 다시 사용되지 않으면 스스로 없애 버리는 방식으로 동작한다. 그렇기 때문에 프로그램 언어를 컴파일 방식 언어와 인터프리터 방식 언어로 구분할 때 SQL은 **인터프리터 방식의 언어**로 분류한다. 또 한편에서는 사람이 직접 논리적인 처리 과정을 기술하고 제어하는 방식의 프로그래밍 언어가 아닌 원하는 바를 정확히 표현만 하면 그에 따른 처리 과정은 DBMS가 스스로 만들어 내고 실행해 결과만 돌려 주기 때문에 **선언적 언어**라고 하기도 한다. 이런 관점에서 보면 진짜 프로그래머는 DBMS라고 할 수 있을 것이다.

관계형 데이터베이스에서 데이터와 관련된 모든 처리는 SQL을 사용하기 때문에 처리하려는 내용이나 목적에 따라 SQL을 몇 가지 유형으로 나누어 볼 수 있다. 이러한 구분은 SQL로 할 수 있는 처리를 유형화하고, 그에 따라 SQL 문장의 패턴을 이해해 SQL을 좀 더 쉽게 익히고 다룰 수 있게 한다. 그러면 이제부터 SQL의 유형 혹은 종류를 어떻게 구분해 볼 수 있는지 알아보자.

3.1 SQL의 종류

관계형 데이터베이스 시스템에서 SQL로 할 수 있는 일은 다음과 같이 구분할 수 있다.

- 데이터를 저장하기 위한 저장 구조를 비롯한 데이터베이스에서 관리하는 다양한 오브젝트들을 정의(생성), 변경, 제거하는 등의 **데이터베이스 오브젝트 관리** 행위
- 데이터베이스에 저장된 데이터에 접근하여 데이터를 조회하거나 가공하고, 또는 저장된 데이터를 수정하거나 삭제하는 등의 **데이터 조작** 행위
- 데이터베이스에 저장된 데이터에 대해 접근권한을 부여하거나, 회수하여 데이터에 접근하지 못하도록 보호하는 등의 **접근 권한 통제** 행위

이와 같이 관계형 데이터베이스 관리 시스템(RDBMS)에서는 SQL을 사용해 다양한 처리를 할 수 있도록 각각의 행위에 적합한 기능을 발휘하는 SQL유형을 제공하고 있다. 이러한 SQL의 유형은 다음과 같이 분류할 수 있다.

- **DDL(Data Definition Language, 데이터 정의어)** : 데이터베이스에서 관리하는 다양한 오브젝트들을 정의(생성)하고, 변경하거나, 제거하는 등 데이터베이스 오브젝트 관리에 사용하는 SQL
- **DML(Data Manipulation Language, 데이터 조작어)** : 데이터베이스에 저장된 데이터에 대한 접근, 추가, 수정, 삭제 등 데이터 조작에 사용하는 SQL
- **DCL(Data Control Language, 데이터 제어어)** : 데이터베이스에 저장된 데이터에 대한 접근 권한 부여, 접근 권한 회수 등 접근 권한 통제에 사용되는 SQL

앞에서 설명한 SQL의 종류를 도식화 해보면 다음 그림과 같이 표현할 수 있다.

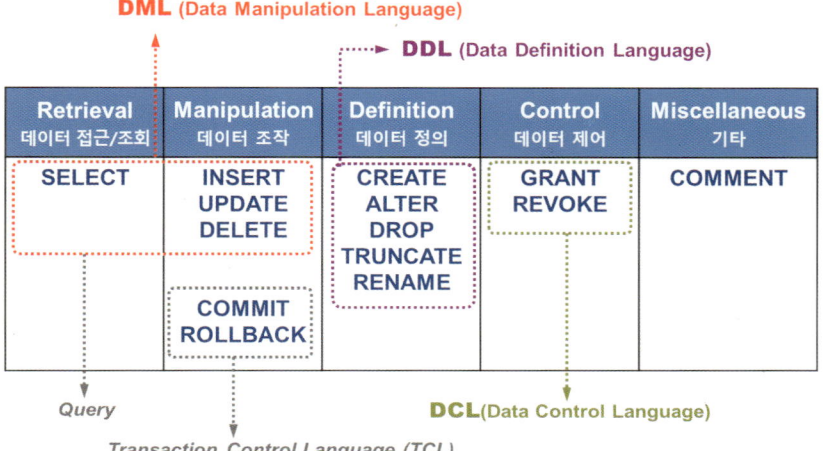

그림 3-1 SQL의 종류

표 3-1 SQL 종류별 대표 명령어

종류	대표 명령어	설명
데이터 정의어 (DDL)	• CREATE • ALTER • DROP • TRUNCATE • RENAME	테이블과 같은 데이터베이스 객체를 정의하는데 사용되는 명령어들로, 데이터베이스 객체를 생성·변경·삭제하거나, 이름을 바꾸는 데이터베이스 객체의 관리와 관련된 명령어들을 DDL이라고 한다.
데이터 조작어 (DML)	• SELECT	데이터베이스에 들어있는 데이터를 조회하거나 검색하기 위한 명령어를 말하는 것으로, RETRIEVE 라고도 한다.
	• INSERT • UPDATE • DELETE	데이터베이스의 테이블에 들어 있는 데이터에 변형을 가하는 종류의 명령어들로, 데이터를 테이블에 새로 추가하거나, 원하지 않는 데이터를 삭제하거나 또는 수정하는 등의 명령어들을 묶어서 DML이라 하기도 한다.
트랜잭션 제어어 (TCL)	• COMMIT • ROLLBACK	논리적인 작업 단위를 묶어서 DML에 의해 조작된 결과를 작업 단위(트랜잭션) 별로 확정하거나 취소하는 등의 제어 처리를 하는 명령어를 말한다. TCL은 DML이나 DCL에 포함시키기도 한다.
데이터 제어어 (DCL)	• GRANT • REVOKE	데이터베이스에 접근하고 객체들을 사용하도록 권한을 주거나 회수하는 명령어를 DCL 이라고 한다.

앞서 이야기했듯이 Structured Query Language를 줄여서 SQL이라고 줄여 부른다. 이조차도 불편해 'Structure'를 빼고Query Language(질의어)' 또는 더 짧게 'Query(질의. 보통 '쿼리'라고 읽는다)'라고도 부른다. 특히 쿼리(Query)라고 부를 때는 SQL의 종류 가운데 DML을 의미하는 경우가 보통이다. 쿼리(Query)는 '질문' 또는 '질의'의 의미로, 데이터베이스 시스템의 데이터에 대해 물어본다 또는 정보를 요구한다 정도의 의미로 사용한다. 그렇기 때문에 사람에 따라서는 SQL을 '데이터 질의어'의 의미로 사용하기도 한다. SQL과 쿼리(Query)를 같은 의미로 혼용하기도 하는 것이다. 이럴 때는 SQL의 의미를 DML로 한정하여 부르는 것임을 구분해야 할 것이다. 그러다 보니 쿼리(Query)를 select query와 action query로 나누기도 한다. 여기서 select query는 DML의 select 문장을, action query는 DML의 insert, update, delete 문장을 구분하여 부르는 것이다. 또 어떤 경우에는 DML을 insert, update, delete로만 한정하고, select 만을 Query라고 부르기도 하여, Query라는 말에 대해 엄밀한 정의와 구분을 적용하는 것은 다소 무리가 있어 보인다. 상황에 따라 사용된 문맥의 의미를 파악하여 이해할 필요가 있다.

DDL, DML, DCL 등 SQL의 종류별로 좀 더 자세하게 살펴 보면 다음과 같다.

3.1.1 DDL(Data Definition Language, 데이터 정의어)

DDL의 용도는 데이터 저장소에 해당하는 테이블을 정의하여 생성하거나 변경, 제거하는 것에만 있지 않다. 더 나아가 빠른 데이터 검색을 위한 인덱스를 비롯한 다양한 데이터베이스 객체를 생성, 변경, 제거하기 위한 용도의 데이터베이스 언어라고 할 수 있다.

DDL에 해당하는 SQL 명령(앞에서도 얘기했지만 여기서 '명령'은 DBMS에게 어떤 일련의 '작업'을 시킨다는 의미이지, OS명령어와 같은 의미가 아니다)에는 CREATE, DROP, ALTER, RENAME, TRUNCATE 등이 있으며, 각각의 의미는 다음과 같다.

- **CREATE** : 데이터베이스 내에 table, index, view, function, tablespace 등과 같은 데이터베이스 객체를 생성한다.
- **DROP** : 데이터베이스 내에 존재하는 데이터베이스 객체를 삭제한다. 기본적으로 삭제된 개체는 복구되지 않는다.
- **ALTER** : 이미 존재하고 있는 테이블에 컬럼을 추가하거나 제거, 또는 데이터 형식을 변경하는 등 데이터베이스 내에 존재하는 데이터베이스 객체의 구조나 구성을 변경한다. 임의의 테이블에 무결성 보장을 위한 제약조건을 추가하거나 제거하는 용도로도 사용된다.
- **TRUNCATE** : 임의의 테이블에 저장된 모든 데이터를 삭제하는 동시에 데이터 저장에 할당했던 저장 공간까지 반환한다. TRUNCATE로 삭제된 데이터는 복구되지 않는다.
- **RENAME** : 이미 존재하고 있는 테이블이나 컬럼의 명칭을 변경하기 위한 용도로 사용된다. PostgreSQL에서는 ALTER 문장으로 사용한다.

대부분의 상용 DBMS에서 사용되는 SQL에는 비표준 혹은 확장에 해당하는 독자적인 DDL 문장 용법을 추가로 갖고 있다. 이렇게 DBMS별로 상이하게 갖고 있는 비표준 특성을 많이 사용하게 되면 그만큼 호환성이 떨어지게 된다. 때문에 다양한 DBMS가 혼재된 환경일수록 불가피한 경우가 아니라면 표준SQL을 사용하는 것이 유리하다.

ALTER 명령은 컬럼의 추가, 변경, 삭제를 통한 테이블 구조의 변경이나, 테이블 혹은 컬럼의 이름 변경, 제약조건(constraint) 추가나 삭제, 테이블 소유자 변경 등에 사용된다. ALTER 명령은 테이블 외 인덱스에서도 사용된다. 인덱스의 이름을 변경하거나, 인덱스를 저장할 테이블스페이스를 변경할 수 있고, 인덱스의 저장 방식에 대한 옵션을 변경하는데도 사용할 수 있다. 그러나 오라클이나 SQL Server와 같은 데이터베이스에서 인덱스를 재구성하려는 경우에는 ALTER INDEX ~ REBUILD 라는 ALTER 명령을 사용하고, PostgreSQL에서는 REINDEX 라는 별도의 명령을 사용한다.

DROP 명령은 DATABASE, SCHEMA, TABLE 등과 같은 데이터 저장 객체를 비롯해 인덱스, FUNCTION, SEQUENCE, COLUMN 등 데이터베이스 객체들을 제거하는데 사용한다. DROP TABLE 명령을 실행하면 테이블 내에 저장된 데이터 외에도 해당 테이블에 종속된 인덱스, 룰, 트리거, 제약조건 등이 모두 함께 삭제된다. 표준 SQL에서는 DROP TABLE 사용 시 제거하려는 테이블을 하나만 지정하도록 하고 있다. 하지만 PostgreSQL에서는 DROP TABLE

뒤에 제거하려는 테이블을 여러 개 나열해 한 번에 제거할 수 있고, IF EXISTS와 같은 옵션을 사용해서 해당 테이블이 없어도 오류를 내지 않고 알림 메시지만 보여주도록 할 수도 있다. 이러한 기능들은 PostgreSQL의 확장 SQL에 해당한다.

> **DROP TABLE** *table_name* ;
> **DROP TABLE** *table_name1*, *table_name2* ;

테이블은 그대로 두고 테이블에 저장된 데이터만 삭제하려고 할 때는 DELETE 나 TRUNCATE TABLE 명령(문장)을 사용한다. TRUNCATE TABLE 명령(문장)은 테이블에 저장된 모든 레코드를 삭제한다. 이 문장의 실행 결과는 DELETE 문장에서 삭제할 대상을 지정하는 WHERE 조건절을 추가하지 않고 실행한 결과와 같다. DELETE문장은 삭제할 대상을 지정하는 조건을 추가하여 해당 레코드만 삭제하거나, 조건을 부여하지 않고 해당 테이블 내 모든 레코드를 삭제할 수 있다. 하지만 TRUNCATE TABLE 문장은 삭제 대상 레코드를 지정할 수 없고 해당 테이블 내의 모든 레코드를 삭제하는 것만 가능하다. 그러나 DELETE 문장이 해당 테이블에서 삭제 대상을 스캔하고 삭제할 때, 데이터 저장을 위해 할당 받았던 저장 영역은 그대로 두는 반면, TRUNCATE TABLE은 해당 테이블을 스캔하지 않기 때문에 DELETE 문장으로 모든 레코드를 삭제하는 경우보다 훨씬 속도가 빠르다. 아울러 데이터 저장을 위해 할당 받았던 저장 영역을 DBMS에게 반환하는 방식으로 동작하여 마치 해당 테이블을 제거하고 재생성(DROP and RECREATE) 하는 것과 같은 효과가 나타난다. 이러한 특성 때문에 많은 데이터를 저장하고 있는 테이블의 모든 데이터를 삭제할 때는 TRUNCATE 문장을 사용하는 것이 훨씬 좋은 성능을 얻을 수 있다. 표준 SQL에서 TRUNCATE TABLE은 하나의 테이블을 대상으로 하지만, PostgreSQL에서는 TRUNCATE TABLE 문장으로 하나의 테이블만 처리하거나 여러 개의 테이블을 한 번의 문장 실행으로 한꺼번에 처리할 수 있다.

> **TRUNCATE TABLE** *table_name* ;
> **TRUNCATE TABLE** *table_name1*, *table_name2* ;

일반적으로 DBMS에서 DDL을 실행하면 내부에서 자동 확정(auto commit) 모드로 실행되어 DDL을 시행하기 전 상태로 되돌릴 수 없다. 그러나 PostgreSQL의 경우는 BEGIN(또는 BEGIN WORK) 명령으로 분명하게 트랜잭션 시작을 지정한 이후에 DDL을 실행하면 rollback 명령으로 DDL 실행 전 상태로 되돌리는 것이 가능하다. 물론 PostgreSQL에서도 BEGIN 명령을 사용하지 않은 상태에서 DDL을 실행한 경우는 자동 확정(auto commit) 모드로 동작하여 DDL 실행 결과를 되돌릴 수 없다. 아래는 PostgreSQL에서 DDL 명령 실행 결과를 rollback 명령을 사용하여 DDL 실행 전 상태로 되돌린 경우에 대한 예시이다.

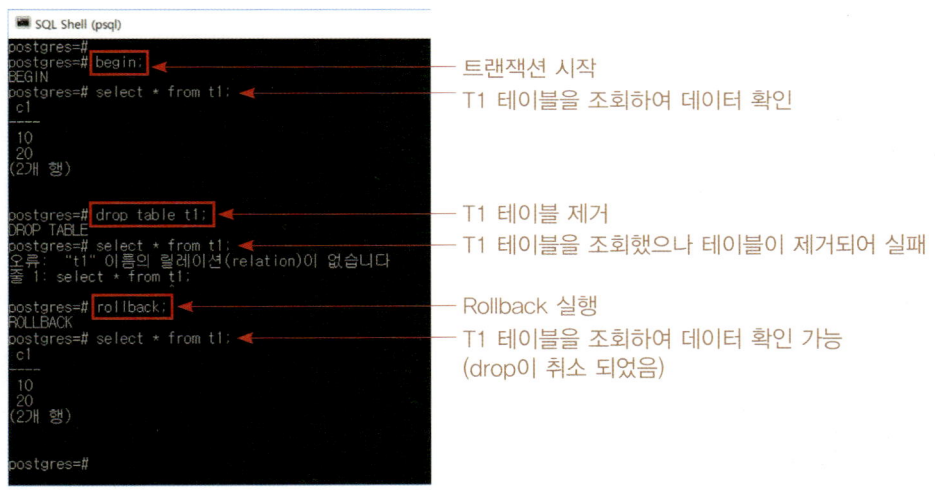

그림 3-2 PostgreSQL에서의 DDL rollback 예시

3.1.2 테이블 정보 확인하기

SQL을 작성하다 보면 가끔 테이블의 컬럼 구성을 알고 싶어질 때가 있다. 컬럼명을 확인해야 하거나, 컬럼의 데이터 형식과 길이를 확인해야 하는 등의 경우가 이에 해당된다. 또 어떤 경우에는 테이블의 컬럼 구성뿐만 아니라 제약조건 구성이나 인덱스 등과 같은 테이블에 관련된 정보까지도 알고 싶어진다. 이와 같은 목적에 따라 이미 존재하고 있는 테이블의 컬럼 구성과 같은 테이블 정보를 확인하는 방법은 여러 가지가 있다. 물론 DBMS의 종류에 따라 차이가 있다. 테이블 구성 및 관련 정보를 확인하는 방법은 다음과 같이 구분할 수 있다.

- 명령어 쉘(shell) 커맨드 사용
- SQL(select 문장) 사용
- DBMS 관리도구 사용

(1) 명령어 쉘(Shell) 커맨드를 사용한 테이블 정보 확인

거의 모든 DBMS는 기본적으로 '명령어 쉘(shell) 편집기' 혹은 '명령어 라인 편집기'라는 SQL 편집 및 실행기 소프트웨어를 제공한다. 오라클의 경우는 sqlplus 라는 유틸리티 소프트웨어가 있다. 이 책에서 실습 및 예시 환경으로 다루고 있는 DBMS인 PostgreSQL에도 psql 이라는 명령어 쉘 편집기가 기본적으로 제공되고 있다. 즉, psql은 PostgreSQL 사용을 위해 기본적으로 제공되는 클라이언트 프로그램이며, psql을 실행하여 PostgreSQL에 로그인 한 후 명령어 입력을 통해 테이블 목록이나 특정 테이블의 컬럼 구성 등과 같은 정보를 확인할 수 있다. psql을 사용하기 위해서는 아래 그림(윈도우10 64비트 환경 예시)과 같이 윈도우 시작 메뉴에서 psql 메뉴를 선택한다.

그림 3-3 시작 메뉴에서 psql 선택

윈도우 시작 메뉴에서 psql을 선택한 후 나타나는 SQL Shell 명령어 편집창에서 PostgreSQL에 대한 접속 정보를 입력하여 로그인 한다. 참고로 자신의 로컬 환경에 PostgreSQL을 설치한 경우 Server, Database, Port, Username 항목에 대해 안에 표시되는 내용이 틀리지 않다면 손쉽게 enter키만 누르면 다음 항목으로 넘어가고, 마지막에 사용자의 암호 부분만 입력하면 된다.

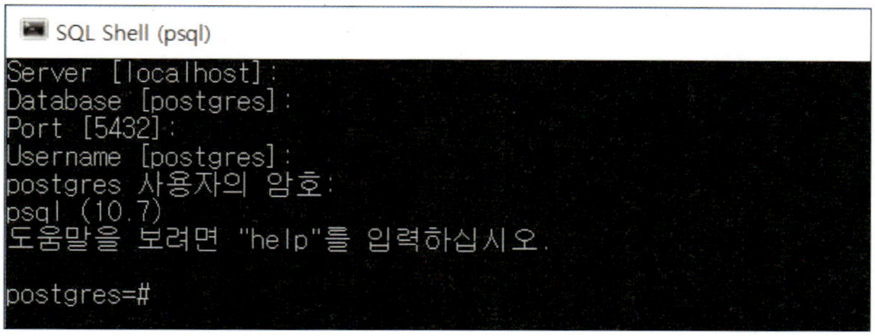

그림 3-4 SQL Shell 명령어 편집창에서 PostgreSQL 로그인

SQL Shell 명령어 편집창에서 PostgreSQL 로그인이 성공하면 아래와 같이 접속된 데이터베이스의 이름이 프롬프트(prompt)로 나타난다.

```
postgres=#
```

나타난 프롬프트 뒤에 psql 명령어(command)를 입력하여 데이터베이스의 목록이나 테이블 정보 등을 확인할 수 있다. 먼저 데이터베이스의 목록은 '₩'(역 슬래쉬, 일반적으로 자판에서 '₩' 표시가 되어 있는 버튼에 해당하지만 키보드 환경마다 다를 수 있다)와 소문자 'l(엘)'을 입력하고 엔터키를 눌러 확인이 가능하다. 예시 화면은 다음과 같다. 화면에 나타난 데이터베이스 목록을 보면 2장에서 생성한 postgres 라는 데이터베이스 외에 template0과 template1이 추가로 존재하고 있는 것을 볼 수 있다. 소유주 컬럼에 나타난 postgres는 2장에서 PostgreSQL을 설치할 때 생성한 슈퍼유저이다.

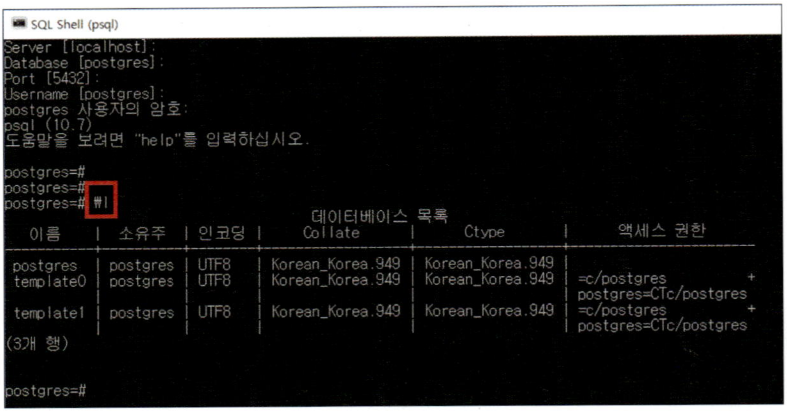

그림 3-5 psql 창에서 데이터베이스 목록을 확인하는 화면 예시

여기서 잠시 PostgreSQL의 데이터베이스 구성에 대해 알아 보겠다. PostgreSQL은 이름으로 식별하여 데이터를 관리할 수 있는 최상위의 관리 개체를 '데이터베이스'라고 부른다. PostgreSQL에서 이야기하는 이 데이터베이스는 스키마(Schema)의 집합이며, create database 명령으로 생성할 수 있다. 이와 같은 방법으로 데이터베이스는 여러 개가 생성될 수 있으며, 이들의 집합은 '데이터베이스 클러스터' 혹은 '클러스터'라고 부른다. 데이터베이스 내에서 '스키마(Schema)'라고 부르는 테이블들의 집합체를 생성할 수 있으며, 이 스키마 내에 비로소 실제 데이터를 저장하고 있는 테이블을 생성하게 된다. 이 관계를 그림으로 표현해 보았다.

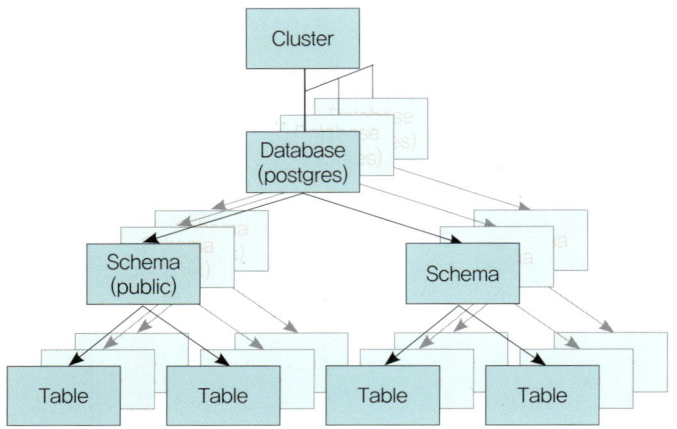

그림 3-6 PostgreSQL의 데이터베이스 구성

데이터베이스 구성에 나타난 각 구성 요소에 대한 조금 더 자세한 설명은 다음과 같다.

클러스터(Cluster)

- 실행 중인 데이터베이스 서버의 단일 인스턴스에 의해 관리되는 데이터베이스(databases)의 집합으로, 데이터베이스 클러스터라고도 하며 표준 SQL에서는 '카탈로그 클러스터'라고 한다.
- 클러스터(cluster)는 이름으로 식별되지 않으며, PostgreSQL 내에서 클러스터를 참조할 수 있는 방법은 제공되지 않는다.
- 데이터베이스 클러스터는 모든 데이터가 저장되는 단일 디렉토리이며, 이것을 데이터 디렉토리 또는 데이터 영역이라고 한다. 데이터를 저장하는 디렉토리의 위치는 기본적인 설정값으로 제공되지만, 사용자의 선택에 따라 데이터 저장 위치를 변경할 수 있다.

데이터베이스(Database)

- 데이터베이스(database)는 스키마(schemas)의 집합이다.
- 데이터베이스(database)의 명칭은 클러스터(cluster) 내에서 유일해야 한다.
- 하나의 데이터베이스 내에서는 다른 스키마의 테이블들과 조인(Join)이 가능하다.
- 처음 DBMS를 설치하고 저장소 영역을 초기화 할 때 클러스터에는 postgres라는 이름의 데이터베이스가 기본적으로 생성된다. 이것은 유틸리티, 사용자 및 3rd 파티 어플리케이션(직접적인 고용 관계나 자회사, 하청 등의 전혀 연관이 없는 개발자나 업체에서 개발한 어플리케이션을 의미)이 사용하는 기본 데이터베이스이다. 즉, 업무와 관련한 데이터베이스로 postgres 데이터베이스는 불필요할 수도 있을 것이다. 하지만 다수의 외부 유틸리티 프로그램이 이 데이터베이스가 존재한다는 것을 전제로 사용자 연결 및 애플리케이션의 기본 데이터베이스로 설정하고 있다.
- 저장소 영역 초기화 시 클러스터 내에 postgres 외에 template0과 template1 데이터베이스가 자동적으로 추가 생성된다. template 이라는 이름에서 눈치챘듯이, 이것은 이후 다른 데이터베이스를 생성할 때 템플릿으로 사용되어 이 데이터베이스 내의 객체들을 그대로 복제하게 된다. 그러므로 이 데이터베이스에 어떤 객체를 만들거나 하는 변경이 발생하면 그 변경 내용이 추후 생성되는 데이터베이스로 전파된다. 때문에 이 데이터베이스에 대한 변경은 금지하거나 아주 신중하게 접근해야 한다.
- PostgreSQL 설치 후 생성하는 모든 데이터베이스는 template1을 그대로 복사하여 만들게 된다. postgres 데이터베이스 또한 template1의 사본에 불과하다. 그러므로 PostgreSQL 설치 후 생성하는 모든 데이터베이스에 공통적으로 전파할 특정 개체가 있다면 template1 데이터베이스에 생성해 놓아 이후 생성되는 데이터베이스에 자동적으로 복제되도록 할 수 있다. template1은 template0의 사본으로, template0 데이터베이스에는 더 기본적인 핵심 객체들을 갖고 있다. 그렇기 때문에 template0은 어떠한 변경도 하지 말고 그대로 두어야 한다.

스키마(Schema)

- 스키마(schema)는 테이블(tables)을 비롯한 사용자함수(functions), 뷰(Views), 트리거(Triggers), 시퀀스(Sequences), 실체화 뷰(Materialized Views) 등과 같은 개체들의 논리적인 집합 혹은 컨테이너라고 할 수 있으며, 이름으로 식별할 수 있기 때문에 named collection이라고도 한다.
- 스키마의 이름은 데이터베이스 내에서 유일해야 한다.
- public 스키마는 임의의 데이터베이스를 생성할 때 기본적으로 자동 생성된다.(default schema)
- 모든 사용자는 PostgreSQL에 로그인하면 기본적으로 public 스키마에 대한 사용 권한을 부여 받게 되며, 특정 스키마의 이름을 지정하지 않고 테이블을 생성하면 public 스키마 내에 생성된다.
- 스키마(Schema)는 여러 개체들에 대한 논리적 집합체를 만들어서 관리의 편의성을 높이고 여러 사용자들 간에 간섭 없이 접속할 수 있게 하기 위해 사용된다.
- 각 데이터베이스 내에는 2개의 특이한 스키마가 포함된다. information_schema와 pg_catalog 스키마이다. 이것은 카탈로그 (catalogs) 또는 메타 데이터(meta data)라고 부르는 데이터베이스 내의 개체들에 대한 정보(information)를 갖고 있는 스키마로 다른 DBMS에서는 데이터 사전(data dictionary)으로 불리기도 한다.

테이블(Table)

- 사전에 정의된 컬럼 구성에 따라 실제로 데이터를 저장하여 행(rows)과 열(columns)로서 데이터를 접근하고 관리하는 오브젝트이다.
- 테이블명을 포함하여 스키마 내에서 관리되는 개체들의 명칭은 스키마 내에서 유일해야 한다.
- 클러스터 내에는 모든 데이터베이스들 간에 공유되는 4개의 시스템 테이블이 있다. 그들은 pg_group (사용자 그룹의 목록을 관리), pg_database (클러스터 내의 데이터베이스들의 목록), pg_shadow (유효한 사용자에 대한 목록), pg_tablespace (테이블스페이스의 목록) 등이다.

PostgreSQL의 데이터베이스 구성에 대한 설명은 여기까지다. 이제 다시 돌아와 psql을 사용하여 PostgreSQL의 데이터베이스 내에 생성된 개체들의 정보를 확인하는 방법에 대해 좀 더 자세히 알아보자. 데이터베이스 내의 스키마 목록 조회는 ₩dn 명령을 사용한다.

```
postgres=# \dn
```

```
SQL Shell (psql)
Server [localhost]:
Database [postgres]:
Port [5432]:
Username [postgres]:
postgres 사용자의 암호:
psql (10.7)
도움말을 보려면 "help"를 입력하십시오.

postgres=# \dn
 스키마(schema) 목록
   이름   |  소유주
----------+----------
 public   | postgres
 sqlstudy | postgres
(2개 행)

postgres=#
```

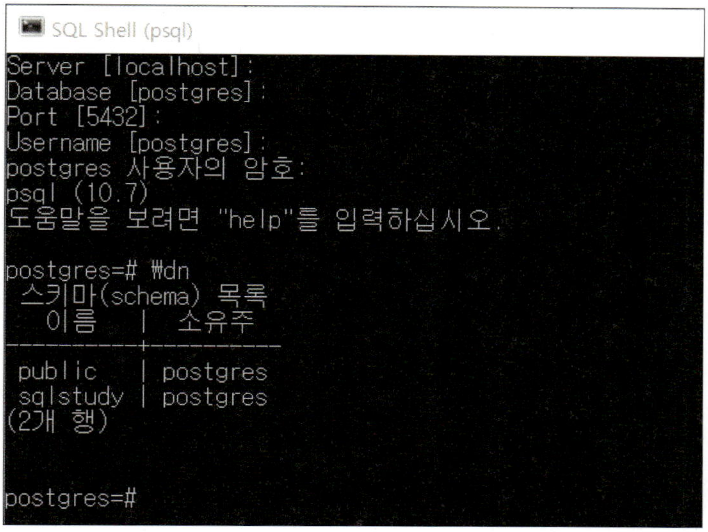

그림 3-7 스키마 목록 조회 화면 예시

위 그림을 보면 스키마 목록에 기본 생성된 public 스키마와 2장에서 예시로 생성한 sqlstudy 스키마가 나타난 것을 볼 수 있다. 목록의 소유주 컬럼에 나타난 postgres는 2장에서 PostgreSQL 설치 시 생성한 슈퍼유저이다.

테이블 목록을 조회하고자 할 경우는 \dt 명령어를 사용한다. 이 명령은 현재 접속한 데이터베이스의 스키마가 소유하고 있는 테이블들의 목록을 보여준다. 기본적으로 public 스키마는 PostgreSQL 설치 시 기본적으로 생성되는 스키마로 PostgreSQL에 접속할 때 기본적인 접속 위치에 해당한다. 때문에 \dt 명령을 입력하면 public 스키마에 속한 테이블들을 보여준다. 특정 스키마에 속한 테이블들의 목록을 보고자 하면 아래와 같이 \dt schema_name.* 라고 입력한다.

postgres=# ₩dt ⇦ public 스키마에 속한 테이블들의 목록

postgres=# ₩dt sqlstudy.* ⇦ sqlstudy 스키마에 속한 테이블들의 목록

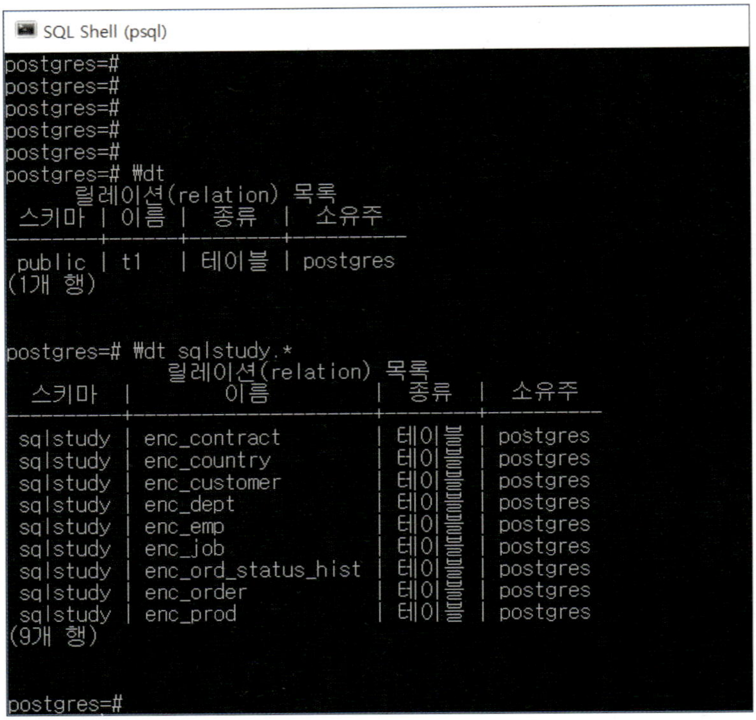

```
SQL Shell (psql)
postgres=#
postgres=#
postgres=#
postgres=#
postgres=#
postgres=# ₩dt
     릴레이션(relation) 목록
 스키마 | 이름 |  종류  |  소유주
--------+------+--------+----------
 public | t1   | 테이블 | postgres
(1개 행)


postgres=# ₩dt sqlstudy.*
            릴레이션(relation) 목록
  스키마  |        이름          |  종류  |  소유주
----------+----------------------+--------+----------
 sqlstudy | enc_contract         | 테이블 | postgres
 sqlstudy | enc_country          | 테이블 | postgres
 sqlstudy | enc_customer         | 테이블 | postgres
 sqlstudy | enc_dept             | 테이블 | postgres
 sqlstudy | enc_emp              | 테이블 | postgres
 sqlstudy | enc_job              | 테이블 | postgres
 sqlstudy | enc_ord_status_hist  | 테이블 | postgres
 sqlstudy | enc_order            | 테이블 | postgres
 sqlstudy | enc_prod             | 테이블 | postgres
(9개 행)


postgres=#
```

그림 3-8 테이블 목록 조회 화면 예시

특정 테이블에 대한 컬럼 구성 등의 정보를 확인하는 방법은 대부분 DBMS가 제공하고 있지만 그것도 DBMS에 따라서 조금씩 다르다. 오라클이나 MySQL, DB2와 같은 DBMS에서는 desc 또는 describe 명령을 사용하여 테이블의 컬럼 구성을 확인할 수 있다. 하지만 SQL Server 경우는 sp_columns 프로시저를 사용한다. PostgreSQL에서는 테이블 구조에 대한 정보를 확인하기 위해 ₩d 명령어를 사용한다. 아래와 같이 프롬프트 뒤에 ₩d 와 스키마명, 테이블명을 입력하고 엔터키를 누르면 테이블의 컬럼 구성과 관련 정보를 확인할 수 있다.

```
postgres=# \d schema_name.table_name

postgres=# \d sqlstudy.enc_emp  ⇐ 2장에서 생성한 예시 테이블
```

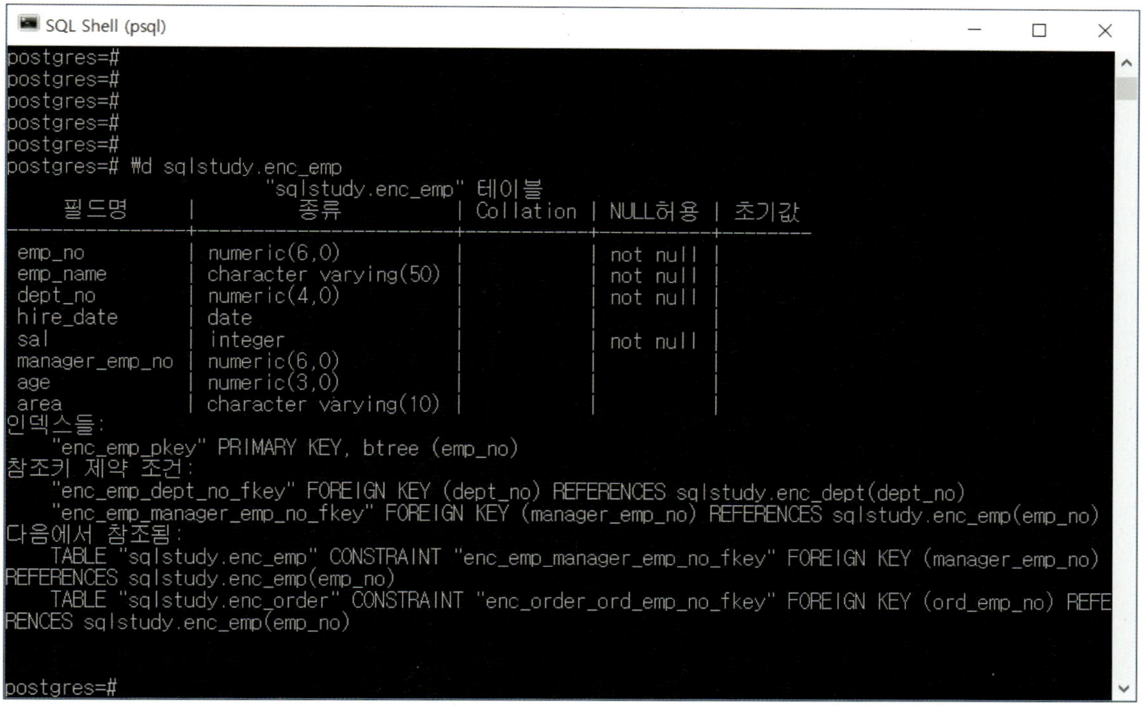

```
■ SQL Shell (psql)                                              —    □   ×
postgres=#
postgres=#
postgres=#
postgres=#
postgres=#
postgres=# \d sqlstudy.enc_emp
                       "sqlstudy.enc_emp" 테이블
     필드명        |         종류          | Collation | NULL허용 | 초기값
------------------+------------------------+-----------+----------+--------
 emp_no           | numeric(6,0)           |           | not null |
 emp_name         | character varying(50)  |           | not null |
 dept_no          | numeric(4,0)           |           | not null |
 hire_date        | date                   |           |          |
 sal              | integer                |           | not null |
 manager_emp_no   | numeric(6,0)           |           |          |
 age              | numeric(3,0)           |           |          |
 area             | character varying(10)  |           |          |
인덱스들:
    "enc_emp_pkey" PRIMARY KEY, btree (emp_no)
참조키 제약 조건:
    "enc_emp_dept_no_fkey" FOREIGN KEY (dept_no) REFERENCES sqlstudy.enc_dept(dept_no)
    "enc_emp_manager_emp_no_fkey" FOREIGN KEY (manager_emp_no) REFERENCES sqlstudy.enc_emp(emp_no)
다음에서 참조됨:
    TABLE "sqlstudy.enc_emp" CONSTRAINT "enc_emp_manager_emp_no_fkey" FOREIGN KEY (manager_emp_no)
REFERENCES sqlstudy.enc_emp(emp_no)
    TABLE "sqlstudy.enc_order" CONSTRAINT "enc_order_ord_emp_no_fkey" FOREIGN KEY (ord_emp_no) REFE
RENCES sqlstudy.enc_emp(emp_no)

postgres=#
```

그림 3-9 enc_emp 테이블 정보 확인 화면 예시

psql에서 \d 명령으로 특정 테이블의 정보를 조회하면 컬럼 구성 정보 외에 인덱스, 제약조건 등 해당 테이블에 관련된 다양한 사항까지 조회되는 것을 확인할 수 있다.

(2) SQL(select 문장)을 사용한 테이블 정보 확인

테이블 정보를 확인할 때 기본적으로 DBMS에서 제공하는 desc나 describe, 또는 sp_column, ₩d 등과 같은 유틸리티 명령을 사용할 수 있다. 하지만 때로는 사용자가 원하는 형태의 결과를 얻기 위해 메타 정보를 SQL로 직접 조회하여 테이블 정보를 확인할 수도 있다. SQL로 테이블 정보를 조회하기 위해서는 앞서 설명한 information_schema나 pg_catalog 스키마에 속한 테이블이나 뷰 등의 오브젝트를 참조해 SQL을 작성한 후 psql 이나, pgAdmin4의 Query Tool 창에서 실행한다. 다음은 pgAdmin4의 Query Tool 창에서 SQL로 데이터베이스, 스키마, 테이블, 컬럼 등에 대한 정보를 조회하는 화면의 예시이다. SQL의 사용 방법은 뒤에서 다시 자세히 설명하도록 하겠다.

데이터베이스 정보 조회

아래 SQL은 접속한 데이터베이스를 포함하여 데이터베이스 클러스터에 생성되어 있는 데이터베이스의 목록을 보여준다. 또한 앞서 설명했듯이 SQL이 참조하는 pg_database는 pg_catalog 스키마에 속한 메타 데이터 테이블로 모든 데이터베이스에서 접속할 수 있는 특수한 테이블이다. 아래 SQL을 실행하면 psql에서 ₩l 명령을 실행한 것과 유사한 결과를 얻는다.

예제	3장_01_데이터베이스목록조회(1)

```
/* 데이터베이스 목록 조회 */
SELECT   datname AS "데이터베이스명",
         datistemplate AS "템플릿?",
         datallowconn AS "접속허용여부"
FROM     pg_database
ORDER BY datistemplate, datname ;
```

위 SQL을 실행한 결과는 아래와 같다.

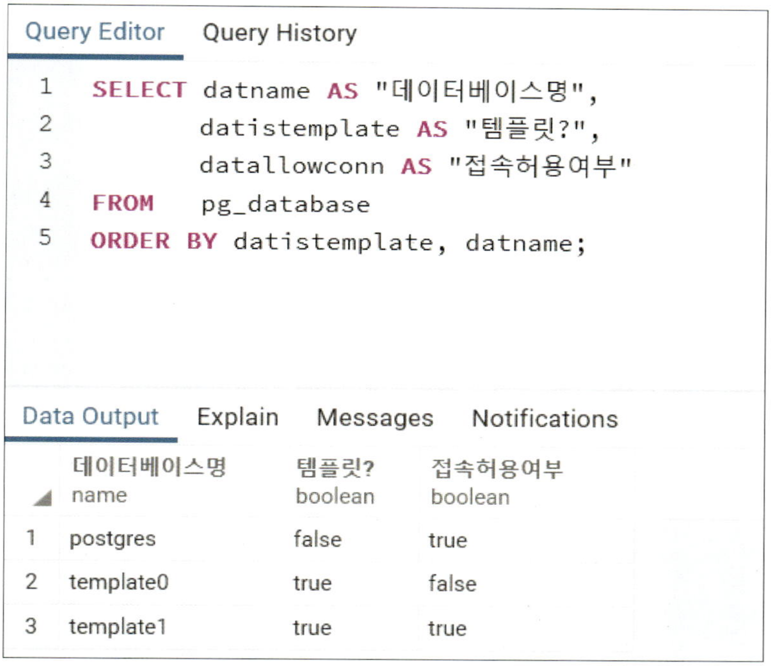

```
Query Editor    Query History
1   SELECT datname AS "데이터베이스명",
2          datistemplate AS "템플릿?",
3          datallowconn AS "접속허용여부"
4   FROM   pg_database
5   ORDER BY datistemplate, datname;
```

Data Output Explain Messages Notifications

	데이터베이스명 name	템플릿? boolean	접속허용여부 boolean
1	postgres	false	true
2	template0	true	false
3	template1	true	true

그림 3-10 데이터베이스 정보 조회 SQL 실행 결과 화면 예시

뒤에서 자세하게 설명하겠지만 SQL 문장에 WHERE 키워드를 사용하여 원하는 데이터를 선별하는 조건을 부여할 수 있다. 아래 SQL 문장은 템플릿 데이터베이스가 아닌 업무용 데이터베이스만을 필터링 해 결과를 보여 달라는 선별 조건을 WHERE 키워드로 시작하는 조건절 형태로 추가한 것이다.

예제 3장_01_데이터베이스목록조회(2)

```
/* 특정 조건에 해당하는 데이터베이스만 조회 */
SELECT  datname AS "데이터베이스명",
        datistemplate AS "템플릿?",
        datallowconn AS "접속허용여부"
FROM    pg_database
WHERE   datistemplate = false
ORDER BY datistemplate, datname;
```

위 SQL을 실행한 결과는 아래와 같다.

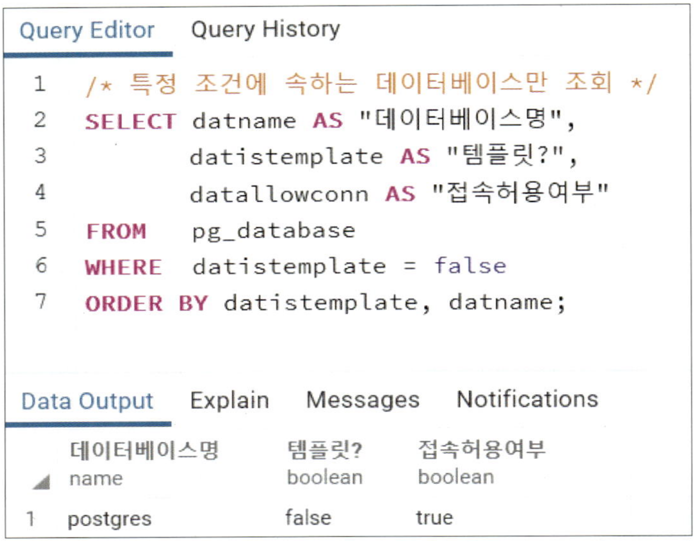

```
/* 특정 조건에 속하는 데이터베이스만 조회 */
SELECT datname AS "데이터베이스명",
       datistemplate AS "템플릿?",
       datallowconn AS "접속허용여부"
FROM   pg_database
WHERE  datistemplate = false
ORDER BY datistemplate, datname;
```

데이터베이스명 name	템플릿? boolean	접속허용여부 boolean
1 postgres	false	true

그림 3-11 조회 조건을 추가한 데이터베이스 정보 조회 SQL 실행 결과 화면 예시

스키마 정보 조회

아래 SQL은 현재 접속한 데이터베이스에 속한 스키마의 목록을 보여준다. SQL에서 참조하는 pg_namespace는 접속한 데이터베이스에 속한 스키마 목록을 저장하고 있는 pg_catalog 스키마에 속한 메타 정보 테이블이다. 스키마 목록에 대한 정보는 information_schema의 schemata 뷰를 통해서도 확인할 수 있다.

예제　　　　　　　　　　　　　　　　　　　　　　　　　　　　　　3장_02_스키마정보조회

```
SELECT a.nspname AS "스키마명", b.usename AS "소유자"
FROM    pg_catalog.pg_namespace a INNER JOIN pg_catalog.pg_user b ON a.nspowner = b.usesysid
WHERE   a.nspname not in ('information_schema','pg_catalog')
AND     a.nspname not like 'pg/_%' escape '/'
ORDER BY a.nspname;
```
또는
```
SELECT  catalog_name AS "데이터베이스명",
        schema_name AS "스키마명",
        schema_owner AS "소유자"
FROM    information_schema.schemata
WHERE   schema_name not like 'pg/_%' escape '/'
AND     schema_name <> 'information_schema'
ORDER BY schema_name;
```

위 SQL을 실행한 결과는 아래와 같다.

```sql
select catalog_name as "데이터베이스명",
       schema_name as "스키마명",
       schema_owner as "소유자"
from information_schema.schemata
where  schema_name not like 'pg/_%' escape '/'
and    schema_name <> 'information_schema'
order by schema_name;
```

Data Output | Explain | Messages | Notifications

	데이터베이스명 character varying	스키마명 character varying	소유자 character varying
1	postgres	public	postgres
2	postgres	sqlstudy	postgres

그림 3-12 스키마 정보 조회 SQL 실행 결과 화면 예시

테이블 정보 조회

아래 SQL은 현재 접속한 데이터베이스에 속한 테이블의 목록을 보여준다. SQL에서 참조하는 pg_catalog 스키마의 pg_tables는 각 스키마가 소유하고 있는 테이블 목록만을 보여주는 View 객체이다. information_schema의 tables는 각 스키마 소유의 테이블과 뷰의 목록을 보여주는 View 객체이다. 아래에 제시한 3개의 SQL은 모두 같은 결과를 얻을 수 있는 다양한 SQL 형태의 사례라고 할 수 있다.

예제　　　　　　　　　　　　　　　　　　　　　　　　　　　　3장_03_테이블정보조회

```
SELECT   schemaname AS "스키마명",
         tablename AS "테이블명",
         tableowner AS "소유자"
FROM pg_catalog.pg_tables    ── 각 스키마 소유의 테이블만 보여주는View
WHERE schemaname = 'sqlstudy'
ORDER BY 1, 2;
```

또는

```
SELECT   table_catalog as "데이터베이스명",
         table_schema as "스키마명",
         table_name as "테이블명"
FROM information_schema.tables  ── 각 스키마 소유의 테이블과 뷰를 보여주는 View
WHERE table_schema = 'sqlstudy'
ORDER BY table_schema, table_name;
```

또는

```
SELECT   n.nspname AS "스키마명",
         c.relname AS "테이블명",
         pg_get_userbyid(c.relowner) AS "소유자"
FROM pg_class c    ── 모든 오브젝트 정보를 관리(오라클의 dba_objects와 유사)
     LEFT JOIN pg_namespace n  ON n.oid = c.relnamespace
WHERE c.relkind in ('r', 'p')  ── table & partitioned table
AND n.nspname = 'sqlstudy'
ORDER BY c.relname;
```

위 SQL을 실행한 결과는 아래와 같다.

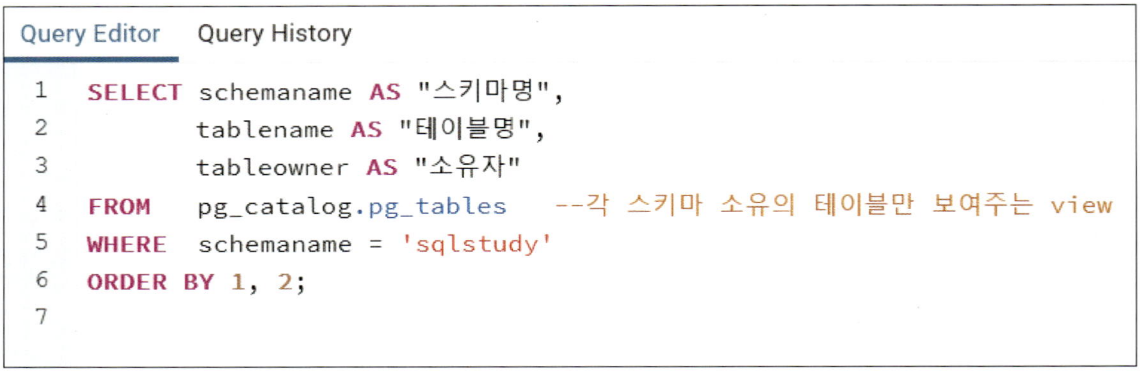

```
Query Editor  Query History
1  SELECT schemaname AS "스키마명",
2         tablename AS "테이블명",
3         tableowner AS "소유자"
4  FROM   pg_catalog.pg_tables  --각 스키마 소유의 테이블만 보여주는 view
5  WHERE  schemaname = 'sqlstudy'
6  ORDER BY 1, 2;
7
```

그림 3-13 테이블 정보 조회 SQL 실행 결과 화면 예시

컬럼 정보 조회

아래 SQL은 테이블의 컬럼 구성 정보를 보여준다. SQL에서 참조하는 information_schema의 columns는 테이블별 컬럼 구성 정보를 보여주는 View 객체이다. 각 테이블의 컬럼들은 create table 문장에서 정의한 순서대로 레코드를 구성하기 때문에 컬럼 구성 정보를 조회할 때 컬럼 순서를 고려해야 한다.

예제　　　　　　　　　　　　　　　　　　　　　　　　　　　　　　3장_04_컬럼정보조회

```
SELECT  table_catalog AS "데이터베이스명", table_schema AS "스키마명",
        table_name AS "테이블명", ordinal_position AS "컬럼순서",
        column_name AS "컬럼명",
        data_type || case data_type
        when 'numeric' then '(' || numeric_precision ||
               case numeric_scale when 0 then '' else ',' || numeric_scale end || ')'
        when 'character varying' then '(' || character_maximum_length || ')'
        when 'date' then ''
        when 'integer' then '' end as "데이터타입",
        is_nullable AS "NULL허용?"
FROM    information_schema.columns
WHERE   table_catalog = 'postgres'     -- 데이터베이스명
AND     table_schema ='sqlstudy'       -- 스키마명
AND     table_name = 'enc_emp'         -- 테이블명
ORDER BY table_name, ordinal_position;
```

위 SQL을 실행한 결과는 다음과 같다.

```
 1  SELECT table_catalog AS "데이터베이스명", table_schema AS "스키마명",
 2         table_name AS "테이블명", ordinal_position AS "컬럼순서",
 3         column_name AS "컬럼명",
 4         data_type || case data_type
 5           when 'numeric' then '(' || numeric_precision ||
 6                case numeric_scale when 0 then '' else ',' || numeric_scale end || ')'
 7           when 'character varying' then '(' || character_maximum_length || ')'
 8           when 'date' then ''
 9           when 'integer' then '' end as "데이터타입",
10         is_nullable AS "NULL허용?"
11  FROM   information_schema.columns
12  WHERE  table_catalog = 'postgres'   --데이터베이스명
```

	데이터베이스명 character varying	스키마명 character varying	테이블명 character varying	컬럼순서 integer	컬럼명 character varying	데이터타입 text	NULL허용? character varying (3)
1	postgres	sqlstudy	enc_emp	1	emp_no	numeric(6)	NO
2	postgres	sqlstudy	enc_emp	2	emp_name	character varying(50)	NO
3	postgres	sqlstudy	enc_emp	3	dept_no	numeric(4)	NO
4	postgres	sqlstudy	enc_emp	4	hire_date	date	YES
5	postgres	sqlstudy	enc_emp	5	sal	integer	NO
6	postgres	sqlstudy	enc_emp	6	manager_emp_no	numeric(6)	YES
7	postgres	sqlstudy	enc_emp	7	age	numeric(3)	YES
8	postgres	sqlstudy	enc_emp	8	area	character varying(10)	YES

그림 3-14 컬럼 정보 조회 SQL 실행 결과 화면 예시

(3) DBMS 관리도구를 사용한 테이블 정보 확인

테이블 정보를 확인하는 세 번째 방법은 DBMS 관리도구 소프트웨어를 사용해 그래픽화 한 화면으로 테이블 정보를 확인하는 것이다. 이 방법은 가장 편리하지만 때에 따라서는 유료 소프트웨어를 사용해야 할 수도 있다. 그러나 대부분의 DBMS가 익숙한 윈도우 형식의 그래픽 환경에서 SQL의 편집과 실행, 데이터베이스 관리 등을 할 수 있는 소프트웨어를 기본적으로 제공하고 있다. 때문에 크게 불편하지만 않다면 이러한 기본 제공 도구 소프트웨어를 사용하여 쉽게 테이블 정보를 확인할 수 있다. 2장에서 설명한 pgAdmin4는 PostgreSQL이 기본적으로 제공하는 데이터베이스 관리 도구 소프트웨어이다. 더불어 오라클의 SQL Developer나 SQL Server Management Studio, MySQL Workbench 등도 이와 동일한 용도의 소프트웨어이다.

pgAdmin4에서 테이블 정보를 확인하는 방법은 다음과 같다. 아래의 화면 예시는 2장에서 제시한 테이블들이 sqlstudy 스키마 내에 생성되었음을 전제로 한다.

① pgAdmin4를 실행하여 데이터베이스에 접속한 후 스키마(Schema) 항목을 클릭하고, 다시 Table 항목을 클릭한다.

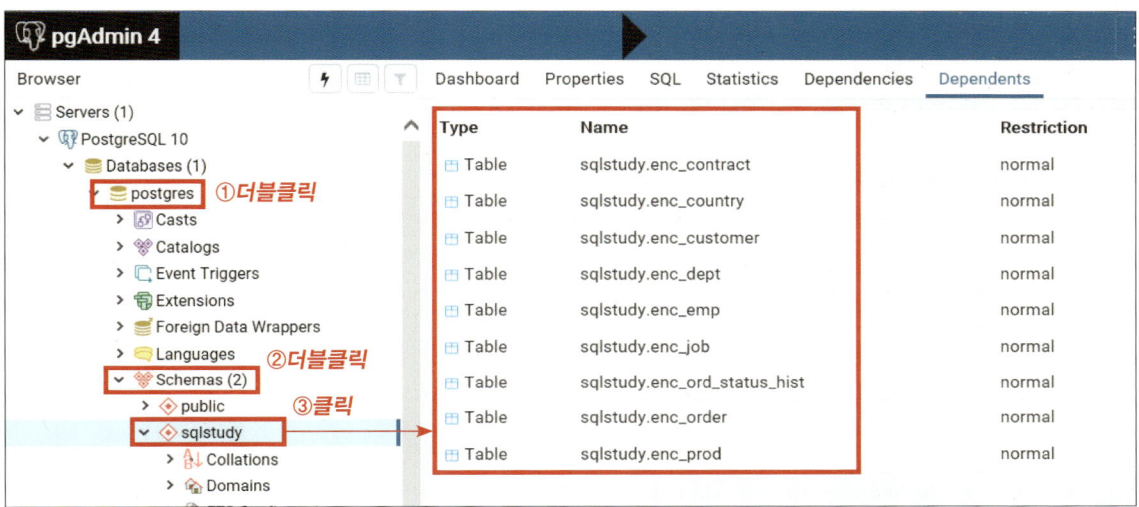

그림 3-15 pgAdmin4에서 스키마명 클릭 결과 화면

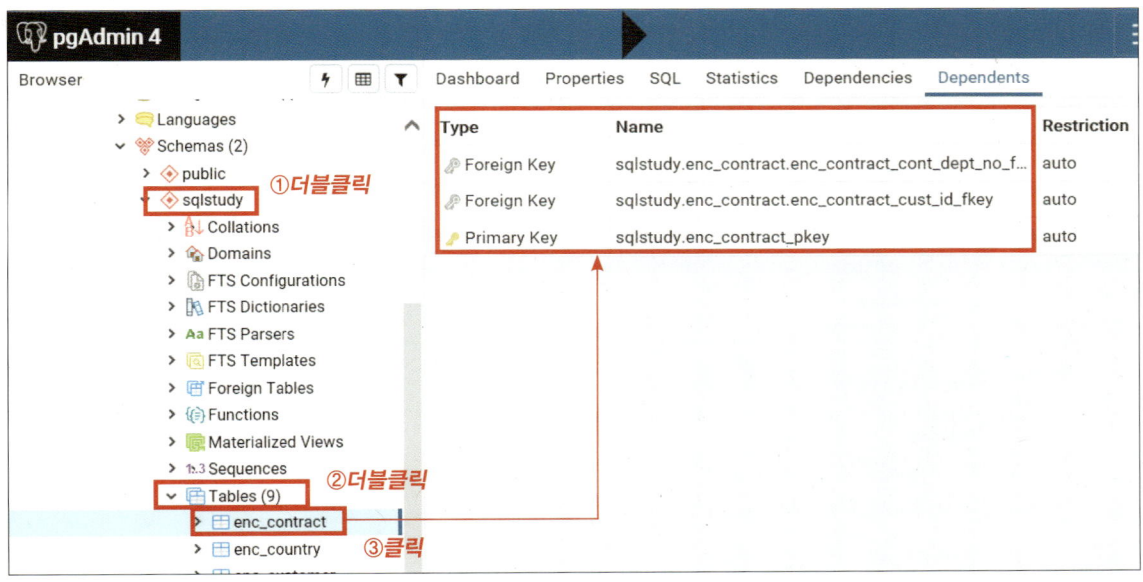

그림 3-16 pgAdmin4에서 Table 항목 선택 화면

② Table 항목의 하위에 나타난 테이블 목록에서 원하는 테이블을 선택하여 마우스 오른쪽 버튼을 클릭한 후 나타나는 메뉴 리스트에서 가장 아래의 Properties 메뉴를 클릭한다.

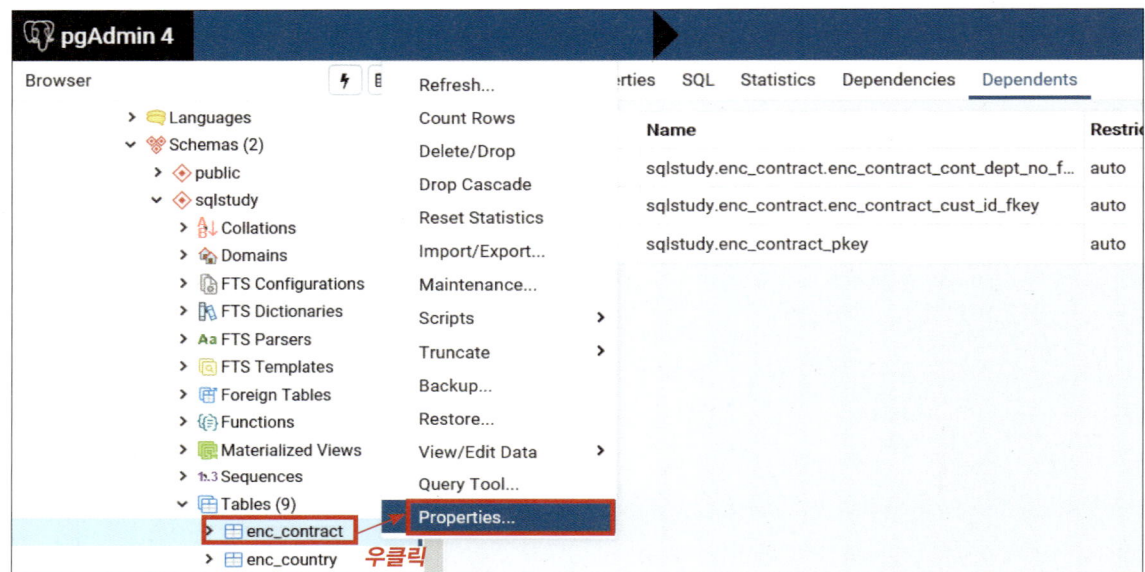

그림 3-17 pgAdmin4에서 Table Properties 메뉴 선택 화면

③ 화면에 나타난 Table Properties 창에서 컬럼 구성은 Columns 메뉴를, 제약조건 확인은 Constraints 메뉴를 클릭하여 확인한다. 참고로 인덱스는 해당 테이블의 하위에 나타난 항목 중 indexes 라는 항목을 선택하여 확인할 수 있다.

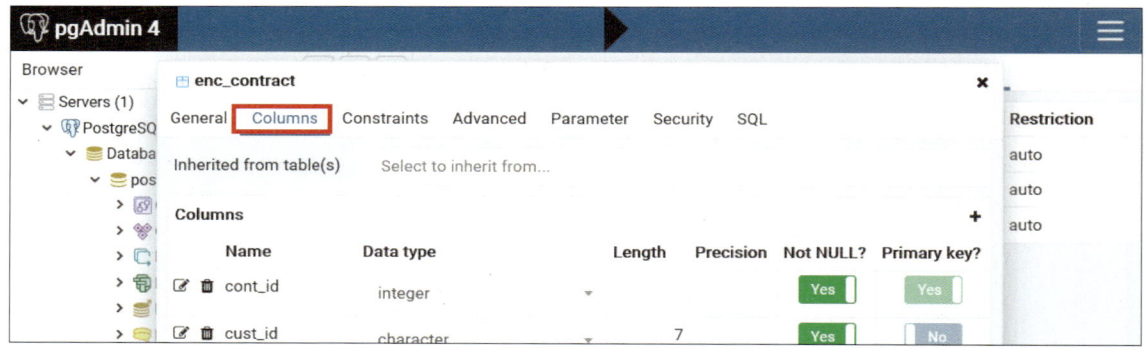

그림 3-18 pgAdmin4의 Table Properties 창 – 컬럼목록 화면

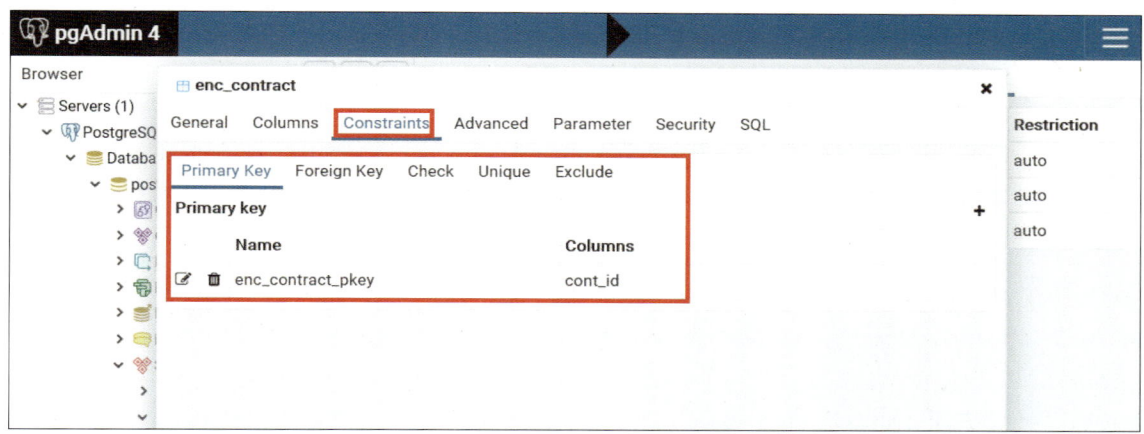

그림 3-19 pgAdmin4의 Table Properties 창 – 제약조건 화면

3.1.3 DML · 데이터 추가, 삭제, 갱신하기

앞서 설명했듯 DML(Data Manipulation Language)은 존재하고 있는 테이블에 데이터를 추가·저장하거나, 갱신, 삭제, 혹은 저장된 데이터를 추출하고 가공하는 등 데이터를 조작하는 다양한 SQL문장을 일컫는다. DBMS 벤더나 사람에 따라서는 데이터 조작에 대한 SQL 전체를 DML로 분류하기도 한다. 이들은 직접적인 변경을 가하는 추가(INSERT), 갱신(UPDATE), 삭제(DELETE) 처리에 대한 SQL과 조회(SELECT) SQL 문장을 구분해 추가, 갱신, 삭제 처리에 대한 SQL문장만을 DML로 분류하고, 조회(SELECT) SQL 문장은 별도로 구분하기도 한다. 이 장에서는 DML 문장 추가(INSERT), 갱신(DELETE), 삭제(UPDATE)에 집중하여 소개하고, 조회(SELECT) SQL 문장은 뒤에서 상세하게 설명하도록 하겠다.

(1) 데이터 추가 · 저장 (INSERT)

테이블에 새로운 레코드를 추가하기 위해서는 INSERT 명령을 사용한다. 즉, INSERT는 행(ROW) 단위의 신규 데이터를 저장하기 위한 용도로 사용되는 SQL 문장이다.

INSERT 문장의 기본적인 형태는 다음과 같으며, [ ]안에 표시된 부분은 생략 가능하다.

INSERT INTO [스키마명.]**테이블명** [(컬럼1 [, 컬럼2, ...])]
VALUES (value1 [, value2, ...]) ;

INSERT는 반드시 INTO와 함께 사용한다. 위 INSERT 문장에서 테이블명 앞에 있는 스키마명을 생략할 경우 public 스키마가 소유한 테이블 중에서 대상 테이블을 찾게 되고, 찾지 못하는 경우는 에러로 처리된다.

테이블명 뒤에 해당 테이블의 컬럼들을 나열하여 데이터가 저장될 대상 컬럼을 지정할 수 있다. 또한 테이블명 뒤에 저장 대상 컬럼 목록을 생략하면 전체 컬럼, 즉 온전한 하나의 행(row)을 대상으로 하게 된다. 테이블명 뒤에 컬럼 목록을 나열한 경우 기본값 제약조건(default constraint)을 설정하지 않은 필수 입력 컬럼(not null column)이 있다면 반드시 포함되어야 한다.

행 단위의 데이터를 직접 기술하여 INSERT 처리를 할 경우 **VALUES**는 필수 요소가 되는 키워드이다. VALUES 뒤에는 괄호 안에 저장할 데이터 값이나 수식을 나열할 수 있다. 또한 나열 순서와 개수는 테이블명 뒤에 나열한 입력 대상 컬럼 목록의 순서 및 개수와 일치해야 한다. 아울러 각 컬럼에 대응하는 데이터 값이나 수식의 결과값이 대응하는 해당 컬럼의 데이터 형식 및 길이 제한에 맞아야 한다. DBMS에 따라서 VALUES 뒤에 하나의 레코드 데이터만 기술하거나, 여러 개의 레코드 데이터를 기술할 수 있으며, PostgreSQL은 후자에 해당한다.

테이블명 뒤에 컬럼을 생략하는 경우와 나열하는 경우를 나누어 좀 더 자세히 설명해 보면 다음과 같다.

1) 테이블 내 모든 컬럼에 대한 데이터 입력 (입력할 컬럼명 생략)
위에서 제시한 INSERT 문장의 기본형에서 아래와 같이 데이터를 추가할 대상 테이블명 뒤에 대상 컬럼을 생략하는 형태이다.

INSERT INTO [스키마명.]테이블명 VALUES (value1, value2, ...) ;

테이블의 전체 컬럼에 대해 데이터 값을 저장하는 경우 테이블명 뒤에 대상 컬럼 의 나열을 생략할 수 있다. 이때 VALUES 다음에 나열하는 value1, value2, ... 과 같은 데이터 값 목록은 해당 테이블에 정의된 컬럼 순서를 따르며, 각 컬럼의 데이터 형식과 길이에 맞아야 한다. 즉, 대상 컬럼이 문자 데이터 형식이면 작은 따옴표(' ')로 둘러 싸고, 숫자 데이터 형식이면 숫자 그대로 표기한다.

모든 컬럼에 대한 데이터 값을 입력하는 INSERT 문장을 작성할 때는 널(null, 빈값) 허용 컬럼을 가리지 않고 모든 컬럼에 대한 데이터 값을 VALUES 절의 해당 컬럼의 순서 위치에 반드시 기술해야 한다. 이것은 필수 입력 컬럼(not null column)이나 선택 입력 컬럼 할 것 없이 모두 적용된다.

입력할 대상 컬럼이 널(null) 허용 컬럼이라고 해서 VALUES 다음 괄호 안에 해당 데이터 값을 생략해서는 안 된다. 나열된 데이터 값 순서에 따라 그 다음 순서의 데이터 값에 해당하는 널 허용 컬럼이 입력되는 것으로 잘못 처리되어 오류를 반환하거나 잘못된 값이 저장될 수 있어 주의해야 한다

예제   3장_05_1_DDL INSERT 문장(1)

INSERT INTO sqlstudy.enc_prod VALUES (101, '탁상용가습기', 10000, '2005-10-05', '갑돌전자') ;

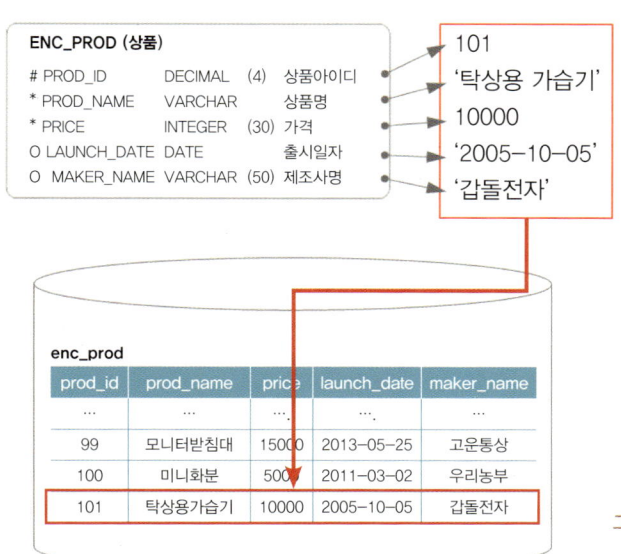

그림 3-20 테이블 내 모든 컬럼에 대한 데이터 입력 예시

널 허용 컬럼에 저장할 값이 없다면 해당 컬럼의 데이터 형식에 상관없이 VALUES 절의 해당 컬럼 순서 위치에 데이터 값 대신 'NULL' 이라고 기술하면 된다. 참고로, 문자 데이터 형식 컬럼에 대해 VALUES 절에 '' (빈문자열, empty string)을 사용하면 이것은 NULL(빈값)과는 다르게 취급되므로 주의해야 한다. DBMS에 따라서 NULL과 empty string을 동일시 하는 경우도 있으나 PostgreSQL에서는 empty string을 '길이가 0인 문자값'으로 보기 때문에 NULL과 동일시 하지 않는다.

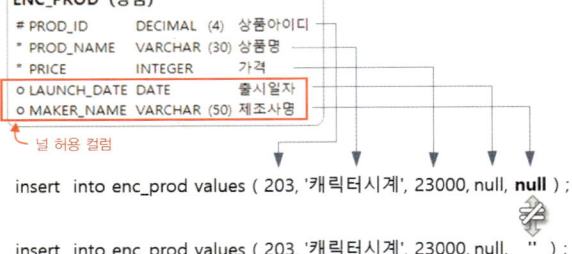

그림 3-21 널 허용 컬럼에 대한 빈 값(NULL) 입력 방법

2) 테이블 내 특정 컬럼에 대한 데이터 입력 (입력할 컬럼명 지정)

테이블명 다음에 오는 칼럼의 목록은 해당 테이블의 구성 컬럼 중 데이터를 입력할 컬럼을 나열한 것이다.

INSERT INTO [스키마명.]테이블명 (컬럼1, 컬럼2, ...)
VALUES (value1, value2, ...) ;

앞서 이야기 했지만 대상 컬럼을 지정하여 데이터를 추가하고자 할 경우 필수 입력 컬럼은 해당 컬럼에 기본값 제약조건(default constraint)이 설정되어 있지 않는 한 테이블명 뒤의 컬럼 목록에 반드시 나타나야 한다. VALUES 다음 괄호 안에는 테이블명 뒤에 나열한 컬럼 목록의 순서에 따라 대응하는 데이터 값을 나열한다. 데이터 값을 표현할 때는 대상 컬럼이 문자 데이터 형식이면 작은 따옴표(' ')로 둘러 싸고, 숫자 데이터 형식이면 숫자 그대로 표기한다.

예제   3장_05_2_DDL INSERT 문장(2)

INSERT INTO sqlstudy.enc_prod (prod_id, prod_name, price, maker_name)
VALUES (102, '미니키보드', 30000, '두리상사') ;

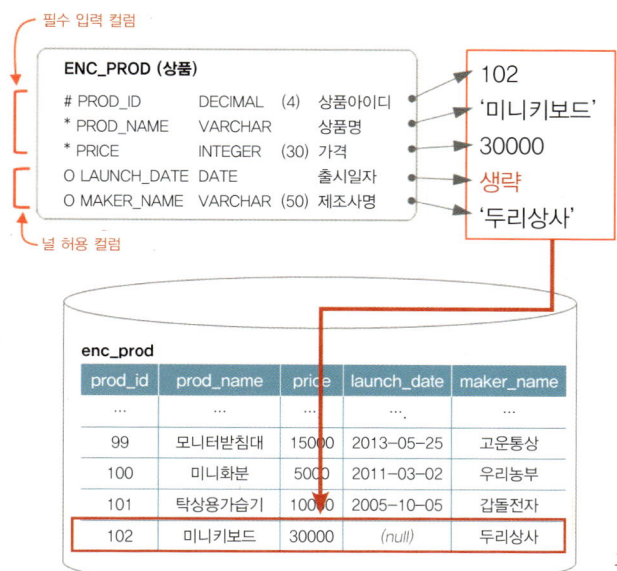

그림 3-22 테이블 내 특정 컬럼에 대한 데이터 입력 예시

(2) 데이터 갱신 (UPDATE)

UPDATE 문장은 테이블에 저장되어 있는 데이터 값을 변경하기 위해 사용된다. UPDATE 문장의 기본적인 형태는 다음과 같다.

```
UPDATE [스키마명.]테이블명
SET    (대상)컬럼명1 = 변경할 컬럼 데이터값1 [, 컬럼2 = 변경값2 ]
[WHERE  조건절] ;
```

UPDATE 다음에는 INSERT 문장과 마찬가지로 갱신 대상 테이블명을 기술한다. 대상 테이블이 PUBLIC 스키마에 속해 있다면 그대로 테이블명을 기술해도 되지만, 다른 스키마에 속해 있다면 '스키마명.테이블명' 형식으로 작성해야 한다.

SET 절은 변경하고자 하는 컬럼과 이 컬럼에 저장하려는 변경값을 기술한다. 하나의 레코드를 기준으로 변경할 컬럼이 여러 개인 경우는 콤마(,)로 구분하여 '대상 컬럼 = 변경할 값' 형태를 변경할 컬럼 모두에 대해 기술한다.

    SET 컬럼1 = 변경값1, 컬럼2 = 변경값2, 컬럼3 = 변경값3, ...

WHERE 절은 변경할 대상 레코드를 지정하는 조건을 기술한다. 즉, WHERE 절 조건이 있는 경우 그 조건에 해당하는 모든 레코드가 변경 대상이 되어 SET 절에 명시한 대상 컬럼(들)에 변경값(들)을 갱신하여 저장하게 된다. 명시된 조건에 해당하는 레코드를 찾을 수 없는 경우는 SQL 문장 오류가 아니라 UPDATE 문장의 실행 결과가 실패로 끝나게 된다. WHERE절 조건을 생략하면 특정한 조건이 없는 상태가 되어 테이블에 저장된 모든 레코드가 변경 대상이 된다. 그러므로 UPDATE 문장을 작성할 때는 반드시 다음 사항을 확인해 보아야 한다.

- WHERE절 조건 문장이 필요한지의 여부 (변경 대상 범위)
- WHERE절 조건이 변경할 대상을 정확하게 지정하는지 여부 (조건의 정확성)

하나의 컬럼을 수정하는 경우와 여러 개의 컬럼을 수정하는 경우에 대한 UPDATE 문장 형태를 비교하여 도식화 하면 다음과 같다.

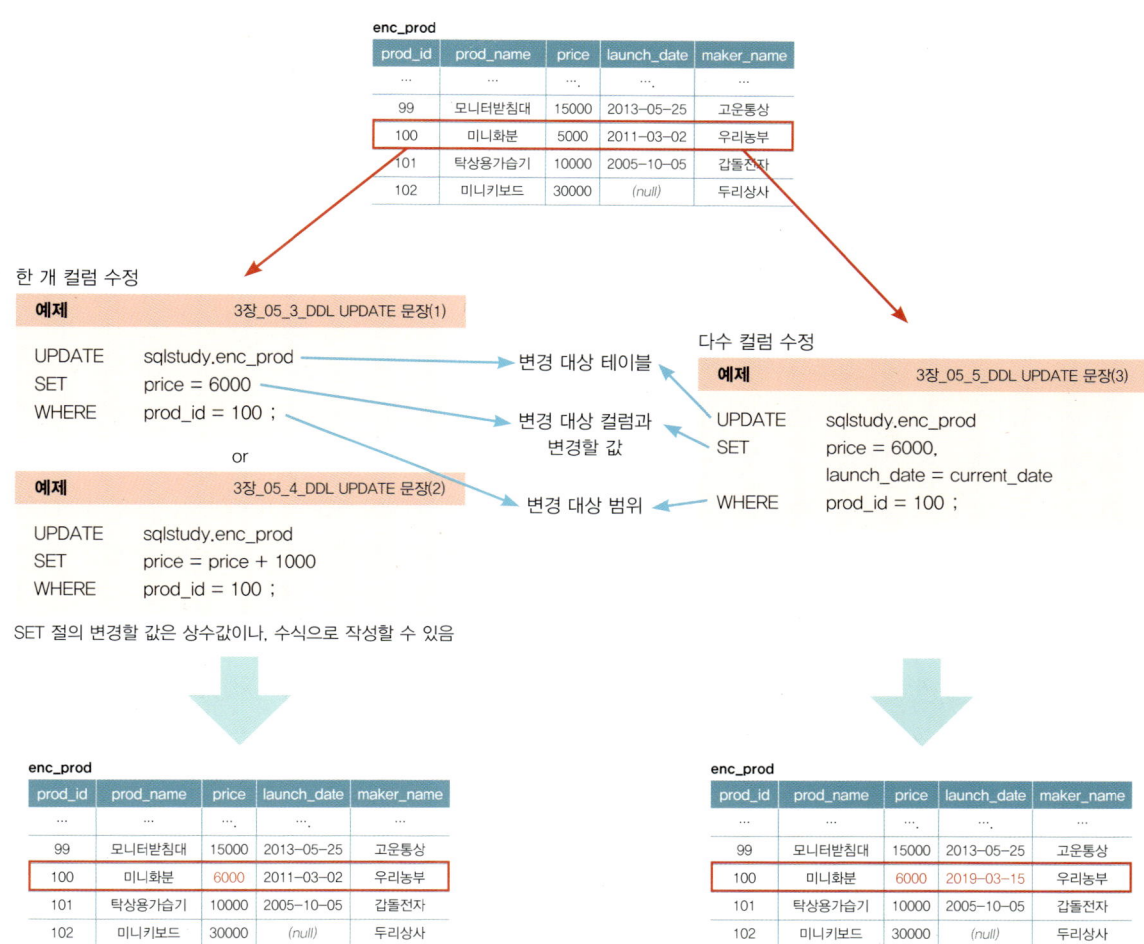

그림 3-23 UPDATE 문장의 실행 형태 예시

(3) 데이터 삭제 (DELETE)

DELETE 문장은 테이블에 저장되어 있는 데이터 레코드를 삭제하기 위해 사용된다. 즉, DELETE는 INSERT 처럼 행(row) 단위의 데이터 처리를 한다. DELETE 문장의 기본적인 형태는 다음과 같다.

DELETE FROM [스키마명.]테이블명
[**WHERE** 조건절] ;

DELETE FROM 다음에는 데이터를 삭제하고자 하는 대상 테이블명을 기술한다. 대상 테이블이 PUBLIC 스키마에 속해 있다면 그대로 테이블명을 기술해도 되지만, 다른 스키마에 속해 있다면 '스키마명.테이블명' 형식으로 작성해야 한다.

WHERE 절은 삭제할 대상 레코드를 지정하는 조건을 기술한다. 명시된 조건에 해당하는 레코드를 찾을 수 없는 경우 SQL 문장 오류가 아닌 DELETE 문장의 실행 결과가 실패로 끝나게 된다. 즉, WHERE 절 조건이 있는 경우 그 조건에 해당하는 모든 레코드가 삭제 대상이다. 다시 말해 WHERE절 조건을 생략하면 특정한 조건이 없는 상태가 되어 테이블에 저장된 모든 레코드가 삭제 대상이 된다. 그러므로 DELETE 문장을 작성할 때는 반드시 다음 사항을 확인해 보아야 한다.

- WHERE절 조건 문장이 필요한지의 여부 (삭제 대상 범위)
- WHERE절 조건이 삭제할 대상을 정확하게 지정하는지 여부 (조건의 정확성)

당연한 이야기겠지만 WHERE 조건이 정확하지 않거나 WHERE 절 조건 없이 DELETE 문장을 실행하면 원치 않는 데이터가 손실될 수 있기 때문에 주의해야 한다. 특히 WHERE 절 조건이 없는 채로 실행하여 전체 데이터를 삭제하고자 하는 경우는 앞에서 언급한 바와 같이 DELETE 보다 TRUNCATE TABLE 문장을 사용하는 것이 처리 속도나 자원 효율성 등의 측면에서 절대적으로 유리하다.

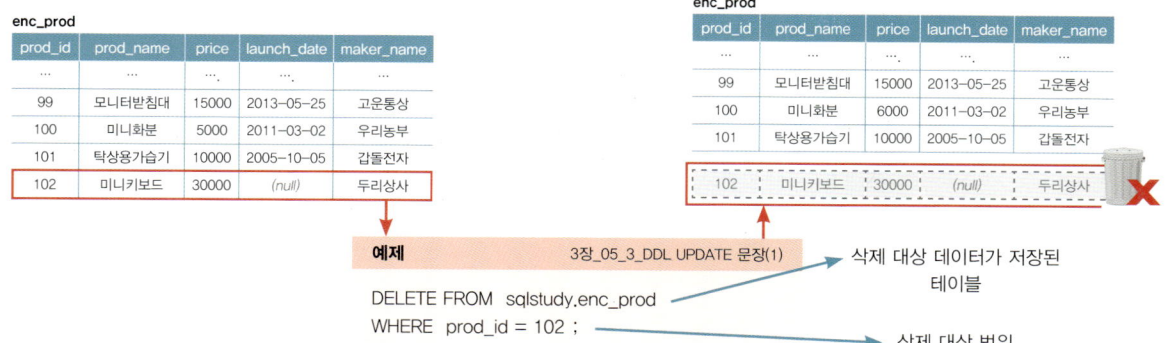

그림 3-24 DELETE 문장의 실행 형태 예시

3.2 데이터 조회(select) 기본

'구슬이 서 말이라도 꿰어야 보배다'라는 말처럼 내가 소유하고 있는 물건이 많을수록 정리 정돈을 잘 해 보관해야 한다. 그래야만 필요할 때 쉽게 찾아내어 그 가치를 충분히 발휘하게 할 수 있기 때문이다. 데이터를 잘 모아서 데이터베이스를 구성하는 것도 비슷한 이유라고 할 수 있다. 데이터를 잘 정리하여 보관하고 관리해야만 적시에 목적과 용도에 따라 활용할 수 있을 것이다. 이를 위해 필요한 기법이 데이터베이스 설계이며, 그 중에서도 가장 핵심이 되는 것은 데이터 모델링이다. 나 혼자만 사용한다고 할지라도 마구잡이로 데이터를 쌓아 놓으면 필요한 데이터를 찾기가 어려울 것이다. 하물며 관련된 여러 사람들이 공유하기 위한 목적으로 구축하는 데이터베이스에 있어서 설계의 중요성은 아무리 강조해도 지나치지 않을 것이다.

필요한 데이터를 '잘' 저장하기 위해 적절한 설계가 수행되었다면, 그 다음은 저장된 데이터를 어떻게 활용하는가의 문제가 대두된다. 필요한 양질의 데이터를 잘 쌓아 놓고도 막상 이를 잘 활용하지 못하면 이 또한 매우 심각한 문제가 아닐 수 없다. 데이터를 잘 활용하기 위해서 필요한 것이 DML(Data Manipulation Language, 데이터 조작어)이다. 특히 저장된 데이터 중에서 원하는 데이터를 정확하고 빠르게 찾아 내고, 이를 원하는 형태로 만들어 추출해 낼 수 없다면 데이터를 데이터베이스에 보관할 의미가 없다. 데이터베이스에 보관하고 있는 데이터에 대해 추가(INSERT), 수정(UPDATE), 삭제(DELETE) 등의 조작을 하는 방법에 대해서는 이미 앞서 살펴 보았다. 여기서는 테이블에 저장한 데이터에 대해서 원하는 데이터를 원하는 형태로 조회하는 방법에 대해 알아 본다.

3.2.1 SELECT 문장의 기본 구성

테이블에 저장된 데이터를 조회하기 위해서는 SQL의 종류 중 DML(Data Manipulation Language)의 하나인 SELECT 문장을 사용한다. 테이블에서 데이터를 조회하는 처리를 검색 (select)이라고 하며, 다른 말로 질의(query), 또는 추출(retrieve) 이라고도 하는데, 이와 같은 처리에 사용되는 SQL이 바로 SELECT 문장이다.

SELECT 문장에 대해 이야기 하기 전에 잠시 앞에서 살펴 보았던 DML 문장을 상기하면서 DML 문장의 구성에 대해 생각해 보자. DML 문장의 구성에 대해 공통적인 부분을 요약해 보면 다음과 같다.

- 원하는 데이터를 저장하고 있거나 저장하려는 데이터 개체(테이블)
- 원하는 데이터를 얻기 위한 조건(액세스 조건, 필터 조건, 조인 조건)
- 원하는 데이터에 대한 처리(조회, 갱신, 삽입, 삭제)

위에서 요약해 본 구성요소들은 DML 문장들에 공통적으로 나타난 부분들이다. 그래서 위의 구성요소들은 DML 문장의 기본적인 구성 요소라고 할 수 있다.

SELECT 문장의 구성도 위의 DML 문장의 기본 구성 요소를 그대로 따른다. SELECT 문장의 기본적인 구성은 다음과 같다.

> SELECT 문장의 목표 :
> **"어디서, 어떤 데이터를, 어떤 형태로 (가져 올 것인가)"**를 지정한다.
> - **어디서** : 원하는 데이터를 저장하고 있는 개체(테이블)를 명시
> - **어떤 데이터를** : 원하는 데이터를 얻기 위한 조건을 명시
>   (액세스 조건, 필터 조건, 조인 조건)
> - **어떤 형태로** : 출력을 원하는 데이터 항목과 가공 방법을 명시

SELECT 문장을 작성할 때 가장 먼저 확인할 것은 필요한 데이터를 어디에서 가져와야 하는지를 결정하는 것이다. 즉, 원하는 데이터를 저장하고 있는 테이블을 찾아 SELECT 문장에 명시하는 것이며, 이것은 FROM 절에 표시한다.

원하는 데이터를 저장하고 있는 테이블을 명시했다면, 그 다음은 그 테이블에서 어떤 데이터를 대상으로 하는지의 조건을 명시해야 한다. 즉, 원하는 데이터를 조회(SELECT) 할 때 그 대상이 어떤 데이터인지 기술하는 것이며, 이것은 WHERE 절에 표시하고 다른 말로 '조건절' 이라고도 한다.

원하는 데이터가 저장된 테이블과 그 테이블에서 어떤 데이터를 대상으로 하는지의 조건까지 기술했다면, 마지막은 어떤 데이터 항목을 어떤 형태로 보여줄 것인가를 정의하는 것이다. 테이블에서 가져온(혹은 읽어온) 레코드의 데이터 항목을 그대로 보여주거나, 연산 또는 집계를 하고, 다른 형태로 보여주도록 가공을 하는 등의 처리 내용을 기술하는 것으로, 이것은 SELECT 절에 표시한다.

여기서 한 가지 짚고 넘어가야 할 것이 있다. 보통 SQL 문장의 구성을 이야기 할 때 문장(statement), 절(clause) 등의 표현을 자주 사용한다. 여기서 **문장(statement)**은 하나의 SQL 문장 전체를 일컫는다. CREATE, ALTER, DROP 등의 명령이 테이블이나 인덱스 등 데이터베이스 객체에 대해 목적하는 바를 달성하기 위해 필요한 모든 내용을 갖춘 온전한 형태일 때 이것을 'DDL 문장'이라고 한다. 마찬가지로 INSERT 문장, DELETE 문장, SELECT 문장 등과 같이 부를 때도, 목적하는 데이터 조작을 온전하게 달성할 수 있는 SQL 형태를 갖추고 있

을 때 이를 문장(statement)이라는 표현으로 사용한다. SQL 문장이 되기 위해서는 '데이터가 저장된 테이블', '데이터에 대한 접근 범위', '원하는 처리 방법' 등이 모두 나타나 있어야 한다. **절(clause)**은 문장을 구성하는 부분들 중에서 어느 한 부분을 일컫는다. 즉, '데이터가 저장된 테이블'을 기술한 부분은 'FROM 절'이라고 하고, '데이터에 대한 접근 범위'를 기술한 부분은 'WHERE 절', '원하는 처리 방법'이 기술된 부분은 처리 목적에 따라 'SELECT 절', 'INSERT 절', 'UPDATE 절', 'DELETE 절' 등과 같이 표현한다. SQL을 이야기 할 때 '문장'이니 '절'이니 하는 표현들은 앞으로 이 책에서도 그렇거니와 현장에서도 너무나 빈번하게 사용되는 용어이니 충분히 이해를 해 두면 많은 도움이 될 것이다.

앞에서 설명한 SELECT 문장의 구성 요소를 실생활에 대입해 보면 조금 더 이해가 쉽다. 예를 들어, 전자제품 판매점에 가서 모니터를 사려고 한다고 가정해 보자. 판매점 직원에게 '화면 사이즈가 27인치~32인치 사이면서 가격은 30만원을 넘지 않고 올해에 출시된 모니터 제품의 브랜드와 화면 사이즈, 가격 등을 알려 주세요.' 라고 했을 때, 이 요구를 SELECT 문장의 구성 요소에 따라 표현해 보면 다음과 같다.

- 어디서(FROM) : '(이 매장에서 판매하는) 전자제품들 중에서'
- 어떤 데이터를(WHERE) : '제품의 종류는 모니터, 화면 사이즈는 27~32인치, 가격은 30만원 이하, 출시일은 2019년 1월 1일 이후'
- 어떤 형태로(SELECT) : '브랜드, 화면 사이즈, 가격 항목을 가공없이 조회'

이제 이 내용을 SELECT 문장으로 표현해 보면 다음과 같다.

예제	3장_06_1_SELECT문장(1)

```
SELECT   브랜드, 화면_사이즈, 가격
FROM     판매전자제품
WHERE    종류 = '모니터'
AND      화면_사이즈 BETWEEN 27 AND 32
AND      가격 <= 300000
AND      출시일 >= '2019-01-01' ;
```

지금까지 SELECT 문장의 기본적인 구성요소에 대해 알아 보았다. 한 가지 유념할 것은 지금까지 살펴 본 SELECT 문장이 항상 '데이터가 저장된 테이블'을 대상으로 조회 처리가 이루어지는 경우였다는 것이다. 그러나 가끔 단순한 연산 결과를 알고 싶거나 시스템 환경값을 알고자 하는 등 어딘가에 저장된 데이터와 상관없이 결과값을 보고자 할 경우가 있다. 예를 들면, 현재 날짜-시간 정보를 알고 싶은 경우 FORM 절 없이 SELECT NOW(); 와 같이 사용한다. 아래는 FROM 절 없이 SELECT 절만으로 이루어진 문장의 몇 가지 예시이다.

예제 현재 날짜 및 시간, 현재 날짜만 출력	3장_06_2_SELECT문장(2)

```
postgres=# SELECT NOW(), TO_CHAR(NOW(), 'YYYY.MM.DD');
              now               |   to_char
--------------------------------+------------
 2019-03-18 21:25:18.537773+09  | 2019.03.18
(1개 행)
```

* NOW()는 현재 날짜 및 시간을 출력하는 내장 함수이다.

예제 현재 날짜만 출력	3장_06_3_SELECT문장(3)

```
postgres=# SELECT CURRENT_DATE;
current_date
--------------
 2019-03-18
(1개 행)
```

* CURRENT_DATE는 현재 날짜를 출력하는 내장 함수이다.

예제 문자열을 합성한 결과를 출력   3장_06_4_SELECT문장(4)

```
postgres=# SELECT CONCAT('Hi','-','Five') AS CONCATED_STRING;
concated_string
-----------------
Hi-Five
(1개 행)
```

* CONCAT은 괄호 안의 각 인자 값에 해당하는 문자(열)들을 순서대로 합성한 결과를 출력하는 내장 함수이다.

예제 날짜 연산을 통해 일주일 전 날짜를 출력   3장_06_5_SELECT문장(5)

```
postgres=# SELECT CURRENT_DATE - 7 AS "1 Week Ago";
1 Week Ago
------------
2019-03-11
(1개 행)
```

예제 순환적인 날짜 연산을 통해 오늘부터 일주일씩 이전 날짜를 출력   3장_06_6_SELECT문장(6)

```
postgres=# WITH RECURSIVE REC(C1, C2) AS (
postgres(#   SELECT 0, CURRENT_DATE
postgres(#   UNION ALL
postgres(#   SELECT C1 + 1, C2 - 7 FROM REC
postgres(# )
postgres-# SELECT CASE C1
postgres-#        WHEN 0 THEN 'Today'
postgres-#        ELSE CONCAT(C1,' Week Ago')
postgres-#        END AS C1, C2
postgres-# FROM REC LIMIT 5;
    c1      |     c2
------------+------------
 Today      | 2019-03-18
 1 Week Ago | 2019-03-11
 2 Week Ago | 2019-03-04
 3 Week Ago | 2019-02-25
 4 Week Ago | 2019-02-18
(5개 행)
```

* WITH RECURSIVE 문장은 오라클의 START WITH~CONNECT BY 문장처럼 데이터 레코드 간에 존재하는 계층적 관계에 따라 순서대로 연속해서 레코드를 출력하는 쿼리이다. 다른 말로 '순환 쿼리' 또는 CTE(Common Table Expressions)라고도 한다. 이 문장의 상세한 구성과 사용 방법은 뒤에서 다시 설명한다.

3.2.2 SELECT 문장의 실행 순서

앞에서 설명한 SELECT 문장이 어떻게 실행되는지 SELECT 문장의 전체 구성을 토대로 살펴보겠다.

```
〈실행순서〉
5 …… SELECT      컬럼명 [ALIAS명]
1 …… FROM        테이블명
2 …… WHERE       조건식
3 …… GROUP BY    컬럼이나 표현식
4 …… HAVING      그룹 조건식
6 …… ORDER BY    컬럼이나 표현식
```

SELECT ~ FROM ~ WHERE 절까지는 앞에서 설명했다. WHERE 절 다음에 표현된 GROUP BY 절, HAVING 절, ORDER BY 절은 WHERE 절에 의해서 선별된 데이터를 가공하는 내용에 대한 부분이다. GROUP BY 절은 WHERE 절에 의해 추출된 데이터들을 그룹핑 하는 기준을 명시한다. HAVING 절은 GROUP BY에 대한 WHERE 조건과 같은 개념으로, GROUP BY 절의 그룹핑 기준에 따라 그룹핑을 할 때 적용하는 선별 조건을 명시한다. ORDER BY 절은 조회할 데이터의 선별과 집계가 다 완료된 후 최종적으로 출력 순서를 지정하기 위한 부분이다.

위에 기술한 SELECT 문장의 전체 구성과 각 절의 내용을 토대로 SELECT 문장의 실행 순서를 정리해 보면 다음과 같다.

① 데이터를 발췌할 대상 테이블을 지정한다. (FROM)

② 발췌 대상 데이터가 아닌 것은 제거한다. (WHERE)

③ 데이터 행(ROW)들을 소그룹화 한다. (GROUP BY)

④ 그룹핑 결과에 대해 선별 조건에 맞는 것만을 추출한다. (HAVING)

⑤ 조회 결과로 보여줄 데이터 값을 출력/계산/가공한다. (SELECT)

⑥ 출력 데이터를 정렬한다. (OREDER BY)

일반적으로 테이블에 저장된 데이터를 조회하는 SELECT 문장 구성은 SELECT ~ FROM ~ WHERE가 필수 구성 요소이고, 나머지는 필요에 따라 추가하여 원하는 결과를 조회하면 된다. 앞에서 SQL은 처리 과정을 표현하지 않고 원하는 결과에 대해 명확한 제시만 하면 된다고 설명했다. 이와 같은 SELECT 문장 구성 요소들의 실행 순서를 이해해야만 원하는 결과를 정확하게 표현할 수 있다. 또 SELECT 문장의 실행 결과가 어떻게 나타날지를 정확하게 예측할 수 있으며, 조회된 결과를 이해할 수 있다.

3.2.3 출력할 열 제어하기

앞에서 살펴 본 SELECT 문장의 구성 요소 중 SELECT 절은 조회·출력할 대상 컬럼이나 그 컬럼에 대한 연산·가공 결과를 정의하는 부분이다. SELECT 절에 기술할 수 있는 내용을 정리해 보면 다음과 같다.

1) SELECT 절에는 기본적으로 조회·출력할 컬럼을 기술한다.
   - SELECT 절에는 기본적으로 조회·출력할 컬럼 목록이 나열되며, 각 컬럼들은 콤마(,)로 구분한다.

        SELECT 컬럼1, 컬럼2, 컬럼3, ... FROM 테이블명 ... ;

   - SELECT 절에 해당 테이블의 모든 컬럼을 나열하고자 할 경우 와일드카드 문자 '*(asterisk)'를 사용한다.

        SELECT * FROM 테이블명 ... ;

2) SELECT 절에 나열하는 컬럼에 대해 일종의 별명(ALIAS)을 부여하면 출력되는 컬럼명 또는 컬럼 레이블이 변경되어 나타나게 할 수 있다.
   - 별명(ALIAS)은 별명을 부여하고자 하는 대상 컬럼 바로 뒤에 기술한다.

        SELECT emp_name 사원명, sal 월급여, age 나이 FROM enc_emp ... ;

   - 컬럼명과 별명(ALIAS) 사이에 가독성 향상을 위해 as 또는 AS 키워드를 사용할 수 있다.

        SELECT emp_name AS 사원명, sal AS 월급여 FROM enc_emp ... ;

- 별명(ALIAS)에 공백이나 특수문자를 포함하고자 할 경우와 대소문자 구분이 필요할 경우 이중인용부호(Double Quotation)로 둘러싼다.

    SELECT emp_name "사원 이름", sal "월 급여" FROM enc_emp ... ;

3) SELECT 절에 조회·출력하고자 하는 컬럼이나 컬럼들에 대해 산술연산자나 합성연산자를 사용하여 조회·출력할 내용을 가공할 수 있다.
- SELECT 절에 **산술연산자(Arithmetic Operator)**를 사용할 경우 대상 컬럼은 숫자 데이터 형식이거나 날짜 데이터 형식이어야 하며, 일반적으로 수학에서의 4칙 연산과 동일하게 사용한다.

표 3-2 SQL에서 사용하는 산술연산자 종류

연산자 (SQL)	연산자(수학)	의미	형식	설명
+	+(더하기)	더하기	컬럼1+컬럼2	컬럼1 값과 컬럼2 값을 더한다
−	−(빼기)	빼기	컬럼1−컬럼2	컬럼1 값에서 컬럼2 값을 뺀다
*	×(곱하기)	곱하기	컬럼1*컬럼2	컬럼1 값과 컬럼2 값을 곱한다
/	÷(나누기)	나누기	컬럼1×컬럼2	컬럼1 값을 컬럼2 값으로 나눈다
( )	( )(우선순위)	연산자 우선순위 변경을 위한 괄호		

▷ 산술연산자 사용 시 연산자 적용의 우선순위를 변경하기 위해 괄호를 사용할 수 있으며, 괄호를 사용하면 괄호 안의 연산이 우선적으로 수행된다.
▷ 산술연산자는 수학과 같이 (), *, /, +, − (괄호, 곱하기, 나누기, 더하기, 빼기)의 우선순위를 갖는다.
▷ 산술연산자를 사용하여 생성한 연산 결과는 적절한 별명(ALIAS)을 새롭게 부여하여 조회·출력되는 컬럼 목록 상에서 이름으로 구분될 수 있도록 하는 것이 좋다.

예제　　　　　　　　　　　　　　　　　　　　　　　　　　　　3장_07_1_SELECT문장(7)

SELECT　emp_name 사원명, weight / (height * height) "BMI 지수"
FROM　　enc_emp_health ... ;

- 문자와 문자를 연결하는 **합성(Concatenation) 연산자**를 사용하면 별도의 프로그램 도움 없이도 SQL 만으로 유용한 결과를 출력할 수 있다.

▷ 문자와 문자를 연결하는 경우 2개의 수직 바(||) 또는 CONCAT 함수를 사용한다. CONCAT 함수는 CONCAT(string1, string2, …)와 같이 괄호 안에 합성 대상 목록을 콤마(,)로 구분하여 나열하면 된다.

▷ 문자의 합성연산자는 DBMS에 따라 조금씩 다르다. 두 개의 수직바(||)가 사용되기도 하고, 산술연산자 '+'가 합성연산자로 사용되는 경우도 있으나, 대부분 CONCAT 함수는 공통적으로 갖고 있다.

▷ 컬럼과 문자 또는 다른 컬럼과 연결하거나 문자형 함수의 결과로 생성된 새로운 컬럼은 문자 데이터 형식이 된다.

예제   3장_07_2_SELECT문장(8)

SELECT   UPPER(emp_name) || '-' || TO_CHAR(hire_date, 'YY.MM.DD')
FROM   enc_emp … ;

▷ 이 책에서 사용하고 있는 PostgreSQL의 경우 문자 합성연산자로 || 와 CONCAT 함수를 모두 사용할 수 있으나 합성 대상 컬럼에 빈값(NULL)이 포함된 경우 그 합성연산의 결과는 다를 수 있어 주의가 필요하다. (|| 가 코딩 시 편하기는 하지만 빈값(NULL)에 대한 정확한 이해가 없이 사용하면 예상치 못한 결과를 얻을 수 있기 때문에 다소 번거롭더라도 CONCAT 함수를 사용하는 것이 신뢰성과 이식성 측면에서 더 유리하다.)

예제   3장_07_3_SELECT문장(9)

SELECT NULL || 'ABC' as concated_string;

* 위 SELECT 문장의 실행 결과는 빈값(NULL) 이다. (그러나 오라클 DBMS의 경우에는 'ABC'가 출력된다.)

SELECT CONCAT(NULL, 'ABC') as concated_string;

* 위 SELECT 문장의 실행 결과는 'ABC' 가 출력된다.

SELECT '' || 'ABC' as concated_string;

* 빈값(NULL) 대신 empty_string('')을 사용한 위 SELECT 문장의 실행 결과는 'ABC' 가 출력된다.

SELECT CONCAT('', 'ABC') as concated_string;

* 빈값(NULL) 대신 empty_string('')을 사용한 위 SELECT 문장의 CONCAT 함수 실행 결과는 'ABC'가 출력된다.

3.2.4 조건절

SELECT 문장의 구성 요소에서 조회·출력할 대상 데이터의 범위는 WHERE 절에 정의하게 된다. 대상 데이터를 선별하는 조건을 기술하기 때문에 '조건절' 또는 'WHERE 조건절'이라고도 한다. 조건절은 생략 가능한 부분이기 때문에 SELECT 문장에서 WHERE 절을 생략하면 특정한 조건이 없는 상태 즉, FROM 절에 지정한 테이블에 저장된 모든 데이터가 대상이 된다. 현실에서의 데이터베이스는 많은 사용자나 프로그램들이 동시에 접속해 사용하고 있다. 때문에 의도적으로 전체 데이터를 대상으로 처리하려는 경우가 아니면, WHERE 절 없이 SELECT 문장을 실행했을 때 필요하지도 않은 많은 데이터를 읽게 되어 데이터베이스가 설치된 서버의 CPU나 메모리 등의 자원을 과도하게 사용하게 된다. 이로 인해 다른 사용자나 프로그램의 실행에 영향을 줄 수 있고, 심각한 성능 문제로까지 이어질 수 있다. 이러한 이유 때문에 매우 많은 데이터를 저장하고 있는 테이블일수록 SELECT 문장을 비롯한 SQL 문장 실행 시 주의가 필요하다.

조건절은 모든 데이터가 아닌 원하는 일부의 데이터만 정확하게 선별해 낼 수 있어야 하기 때문에 조건의 내용을 정확하게 작성하는 것이 무엇보다 중요하다. WHERE 절에는 다양한 연산자들을 활용할 수 있으며, 이를 활용하여 원하는 조건에 해당하는 데이터를 선별하게 된다.

WHERE은 FROM 절 다음에 위치하며, 반드시 FROM 절의 다음 라인에 작성할 필요는 없으나 가독성을 위해 일반적으로 FROM절과는 라인을 바꿔서 작성한다. 라인을 바꾸지 않고 FROM 절에 이어서 WHERE 절을 작성할 경우는 WHERE 절 앞에 반드시 공백 문자를 하나 이상 두어야 한다.

WHERE 절은 하나 이상의 조건식들을 묶어 전체적인 선별 조건을 구성할 수 있으며, 조건식들은 AND나 OR와 같은 논리연산자로 연결한다. 하나의 조건식은 컬럼과 상수 또는 변수를 비교하는 비교연산자를 포함하고 있으며, 컬럼을 포함하지 않고 상수나 변수끼리 비교할 수도 있다. WHERE 절에 조건을 정확하게 작성하려면 이러한 연산자들의 정확한 의미와 사용법을 이해하여 정확하게 조건식을 작성하는 것이 기본이다.

조건식은 보통 비교 대상이 되는 컬럼명, 비교연산자, 비교할 값이나 수식 등으로 구성되며, 때로는 비교할 값이나 수식 대신 컬럼이 사용될 수도 있다. 조건식에 포함되는 구성 내용을 정리해 보면 아래와 같다.

> - 컬럼명 : 비교 대상이 되는 컬럼을 말하며, 보통 조건식의 좌측에 위치한다.
> - 비교연산자
> - 비교할 값 : 보통 조건식의 우측에 위치하며, 문자, 숫자, 날짜 등의 상수값이나 변수, 또는 표현식(Expression) 등이 올 수 있다. 여기서 표현식(Expression)이란 피연산자(변수, 상수, 연산자, 함수 등)와 연산자의 복잡한 조합을 일컬으며, 가장 간단한 표현식은 단일 변수이다. 복잡한 조건식의 경우 또 다른 SELECT 문장이 올 수도 있으며, 조인 문장의 경우는 컬럼이 올 수도 있다. 이러한 형태에 대해서는 뒤에서 다시 상세하게 설명한다.

조건식 구성 : 컬럼명   비교연산자   비교할 값

(예) emp_no >= 1234

여기서 좌측, 우측의 구분은 일반적으로 많이 사용하는 형태를 참고한 가독성 향상을 위한 가이드일 뿐, 절대적인 규칙은 아니다.

WHERE 절에 사용되는 연산자는 다음과 같은 3가지 종류가 있다.

> - 비교 연산자 (부정 비교 연산자 포함)
> - SQL 연산자 (부정 SQL 연산자 포함)
> - 논리 연산자

(1) 비교 연산자 (부정 비교 연산자 포함)

기준 컬럼의 데이터 값과 비교 대상(컬럼이나 변수, 상수, 표현식 등) 데이터 값 간의 값 비교에 사용되는 연산자이다. 비교 결과는 참(TRUE), 거짓(FALSE)으로 분류하여 참(TRUE)에 해당하는 데이터들이 조건에 해당하는 처리 대상이 된다.

표 3-3 비교 연산자 및 부정 비교 연산자의 종류

구분	연산자	의미	형식	설명
비교 연산자	=	같다	A = B	A와 B는 같다
	>	보다 크다	A > B	A는 B 보다 크다
	>=	보다 크거나 같다	A >= B	A는 B 보다 크거나 같다
	<	보다 작다	A < B	A는 B 보다 작다
	<=	보다 작거나 같다	A <= B	A는 B 보다 작거나 같다
부정 비교 연산자	!=	같지 않다	A != B	A와 B는 같지 않다
	^=	같지 않다	A ^= B	A와 B는 같지 않다
	<>	같지 않다	A <> B	A와 B는 같지 않다
	NOT 컬럼명 =	~와 같지 않다	NOT c1 = 3	c1 컬럼값이 3이 아닌 행(row). c1 <> 3 과 동일.
	NOT 컬럼명 >	~보다 크지 않다	NOT c1 > 3	c1 컬럼값이 3보다 크지 않은 행(row). c1 <= 3 와 동일.

일반적으로 비교 연산자 중 EQUAL('=')은 기본적으로 '단일' 레코드라고 생각하기 쉬우나 항상 그렇지는 않으며, 그 처리 범위는 단일 레코드일수도 있고 '범위'로 표현되는 다수의 레코드일 수도 있다. 비교 연산자는 그 연산자를 포함하는 조건식이 참(TURE)이 되는 모든 레코드를 결과로 내놓는다.

예제   3장_07_4_조건절_비교연산자

```
SQL Shell (psql)
postgres=# select * from sqlstudy.enc_emp where dept_no = 300;
 emp_no | emp_name | dept_no | hire_date  |  sal  | manager_emp_no | age | area
--------+----------+---------+------------+-------+----------------+-----+------
    105 | 오명심    |     300 | 2001-05-01 | 50000 |            101 |  43 | 부산
    106 | 장기태    |     300 | 2001-06-01 | 60000 |            109 |  43 | 대전
    107 | 도인범    |     300 | 2001-07-01 | 70000 |            101 |  35 | 대전
(3개 행)

postgres=# select * from sqlstudy.enc_emp where hire_date < to_date('2001/03/01','yyyy/mm/dd');
 emp_no | emp_name | dept_no | hire_date  |  sal  | manager_emp_no | age | area
--------+----------+---------+------------+-------+----------------+-----+------
    101 | 김사부    |     100 | 2000-01-01 | 10000 |                |  45 | 정선
    102 | 강동주    |     100 | 2001-02-01 | 20000 |            101 |  35 | 정선
(2개 행)

postgres=#
```

그림 3-25 비교 연산자 사용 예시

(2) SQL 연산자 (부정 SQL 연산자 포함)

SQL 문장에서 사용하도록 기본적으로 예약되어 있는 4가지 연산자를 묶어서 일명 SQL 연산자라고 하며, 이들 중 LIKE는 문자와의 비교만 가능하나 나머지는 모든 데이터 형식에 대해서 연산이 가능하다.

표 3-4 SQL 연산자 및 부정 SQL 연산자의 종류

구분	연산자	의미	형식	설명
SQL 연산자	BETWEEN a AND b	a 보다 크거나 같고 b 보다 작거나 같다	c1 BETWEEN a AND b	c1 컬럼값이 a와 b 사이에 있는 행(row)(비교값에 a, b 포함). c1 >= a AND c1 <= b 와 동일.
	IN (list)	list에 있는 값 중 어느 하나에 일치	c1 IN (a, b)	c1 컬럼값이 a 나 b 와 일치하는 행(row). c1 = a OR c1 = b 와 동일.
	LIKE '문자열'	비교할 문자열과 형태가 일치하는 것	c1 LIKE 'B%'	c1 컬럼값이 문자 'B'로 시작하는 것 (문자열의 길이는 상관 없음). 문자열 비교에 와일드 카드 사용 가능 (%, _). * % : 임의의 문자열을 대체 * _ : 하나의 문자를 대체
	IS NULL	빈값(NULL)인 것	c1 IS NULL	c1 컬럼이 빈값(NULL) 상태인 것
부정 SQL 연산자	NOT BETWEEN a AND b	a와 b 사이에 있지 않다	c1 NOT BETWEEN a AND b	c1 컬럼값이 a와 b 사이에 있지 않은 것. c1 < a OR c1 > b 와 동일.
	NOT IN (list)	list 값과 일치하지 않는 것	c1 NOT IN (a, b)	c1 컬럼값이 a, b 어느 것과도 일치하지 않는 것. c1 <> a AND c1 <> b 와 동일.
	NOT LIKE '문자열'	비교할 문자열과 형태가 일치하지 않는 것	c1 NOT LIKE 'B%'	c1 컬럼값이 문자 'B'로 시작하지 않는 것.
	IS NOT NULL	빈값(NULL)이 아닌 것	c1 IS NOT NULL	c1 컬럼이 빈값(NULL)이 아닌 것. 즉, 어떤 값이라도 저장되어 있는 행(row)들.

1) LIKE 연산자

SQL 연산자로 분류한 연산자 중 LIKE 연산자는 문자열 비교에만 사용될 수 있지만, 매우 자주 사용되는 연산자로, 비교할 문자열에 와일드 카드('%', '_')를 사용하여 문자열의 패턴을 검색한다.

- customer테이블에서 고객구분코드가 '2'로 시작하는 데이터

예제	3장_08_LIKE연산자(1)

```
SELECT * FROM sqlstudy.enc_customer WHERE cust_div_cd LIKE '2%';
```

- customer테이블에서 고객구분코드가 3자리이면서 '2'로 시작하여 '1'로 끝나는 데이터

예제	3장_08_LIKE연산자(2)

```
SELECT * FROM sqlstudy.enc_customer WHERE cust_div_cd LIKE '2_1';
```

- '_'가 포함된 문자열 값에서 '_'를 포함하여 패턴 비교 (테이블명이 'enc_'로 시작하는 레코드를 검색) : 비교문자열에 '/'와 함께 사용하면서 escape '/' 라는 구문이 추가되면 '/' 다음의 '_'는 와일드카드 문자가 아니라 실제로 '_' 문자가 포함된 것을 의미한다. 이때 비교문자열 안에 '/__' 와 같이 '_'를 하나 더 붙여주면 두 번째의 '_'는 와일드 카드를 의미하게 된다.

예제	3장_08_LIKE연산자(3)

```
SELECT * FROM pg_catalog.pg_tables
WHERE tablename LIKE 'enc/_%' escape '/';
```

c1 컬럼에 'abc_b_cf', 'rdfgc__gft', 'dfgc___fdg' 와 같은 값이 있을 때
c1 LIKE '%c/__/_%' escape '/' 라는 조건절의 실행 결과에 대해 생각해 보자.
escape '/'에 의해 첫 번째 '/' 다음의 '_'는 실제값, 두 번째 '_'는 와일드카드, 세 번째 '_'는 다시 그 앞에 '/'가 있기 때문에 실제값을 의미하게 된다. 결국 c1 컬럼에 저장된 문자열 중 앞이나 중간에 'c_' 문자가 있고, 그 다음 위치에 임의의 문자가 하나, 다시 그 다음에 '_' 값이 들어 있는 문자열을 찾는다.

data :

c1
abc_b_cf
rdfgc__gft
dfgc___fdg

조건절 :
c1 LIKE '%c/__/_%' ESCAPE '/'

결과 :
```
    c1
_____
 abc_b_cf
 dfgc___fdg
```

그림 3-26 와일드카드 문자를 포함하는 문자열 검색 예시

- 비교 문자열에서 와일드 카드의 위치에 따라서 검색 효율이 달라질 수 있다.

예제 3장_08_LIKE연산자(4)

SELECT * FROM sqlstudy.enc_customer WHERE email LIKE '%naver%' ;

위 문장은 email 컬럼에 저장된 데이터 값의 어느 위치에라도 비교문자열에 표시된 'naver' 라는 문자열이 들어 있는 데이터를 검색한다.

예제 3장_08_LIKE연산자(5)

SELECT * FROM sqlstudy.enc_customer WHERE email LIKE '%.ac.kr' ;

위 문장은 email 컬럼에 저장된 데이터 값 중 비교문자열에 표시된 '.ac.kr' 이라는 문자열로 끝나는 데이터를 검색한다. '%naver%' 비교문자열 표현처럼 문자열의 아무 위치에라도 원하는 문자열이 포함되어 있는 것을 찾거나, '%.ac.kr' 과 같이 비교문자열로 끝나는 것을 찾는 형태를 **전문 검색(Full Text Search, FTS)**이라고 한다. 이는 검색 대상 데이터가 많을수록 빠른 검색을 가능하게 하는 추가적인 수단이 강구되지 않고 단순히 LIKE 문자열 비교만으로 전문 검색 문장을 실행하면 데이터베이스 서버에 심각한 부하를 줄 가능성이 있어 주의가 필요하다.

- LIKE 연산자를 사용할 때 비교문자열에 와일드 카드를 사용하지 않으면 DBMS는 비교 연산자 '='과 동일하게 해석한다.

예제 3장_08_LIKE연산자(6)

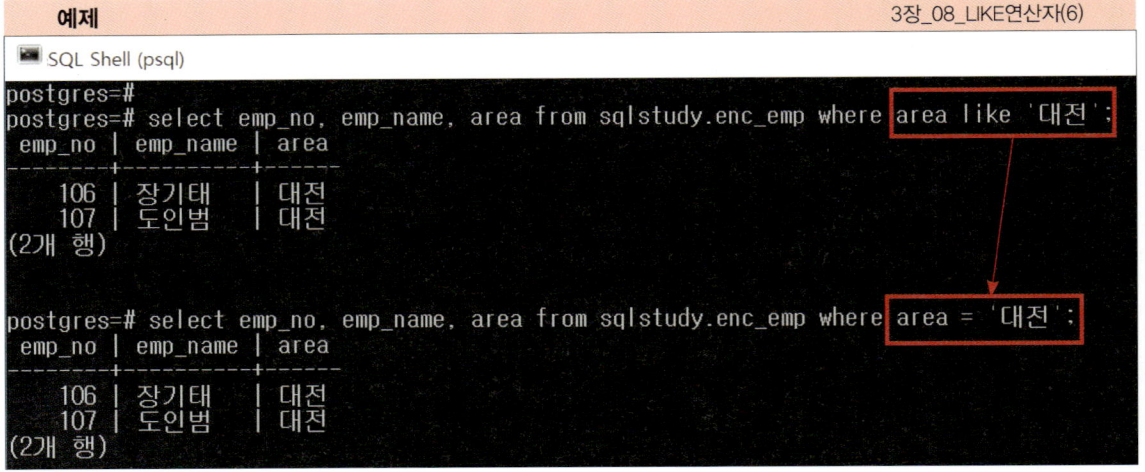

그림 3-27 와일드카드 없는 LIKE 연산자 사용 예시

2) IN 연산자

SQL 연산자로 분류한 연산자 중 IN 연산자는 데이터 형식에 상관없이 사용할 수 있는 연산자로, 비교연산자 '=' 을 갖고 있는 조건식을 논리연산자 'OR'로 연결한 것과 동일하게 실행된다.

- 서울이나 대전 지역에 거주하는 사원의 목록

  ▷ 사원 테이블에서, 거주지역이 '서울' 또는 '대전'인 조건에 해당하는 사원

예제	3장_09_IN연산자(1)

  ```
  SELECT * FROM sqlstudy.enc_emp WHERE area IN ( '서울', '대전' ) ;
  ```

  IN 조건식은 '=' 조건식을 OR로 연결한 것과 같다고 했으므로, 위 SQL은 다음과 같이 바꿔 쓸 수 있다.

예제	3장_09_IN연산자(2)

  ```
  SELECT * FROM sqlstudy.enc_emp WHERE area = '서울' OR area = '대전' ;
  ```

  실제로, IN 연산자로 작성한 SQL 문장은 DBMS가 내부적으로 OR 조건식으로 변경하여 처리한다.

- 400번 부서에 소속된 사원 중 '서울' 지역에 거주하는 사원과, 300번 부서에 소속된 사원 중 '대전' 지역에 거주하는 사원의 목록

  ▷ 사원 테이블에서 (부서번호가 400 이면서 거주지역이 '서울') 이거나 (부서번호가 300 이면서 거주지역이 '대전')인 조건에 해당하는 사원

예제	3장_09_IN연산자(3)

  ```
  SELECT * FROM sqlstudy.enc_emp
  WHERE (dept_no, area) IN ( (400, '서울'), (300, '대전') ) ;
  ```

  다양한 값들을 괄호로 묶으면 하나의 데이터 행처럼 생각할 수 있는데, 이와 같이 복합적인 값들로 행처럼 표현한 것을 행 생성자(row constructor)라고 부른다. 행 생성자 표현을 사용하여 IN 연산자로 비교하는 것은 행 단위 비교와 같이 생각할 수 있고, 비교 대상이 되는 행 생성자들 간에 동일 위치에 있는 값들끼리 비교한다.

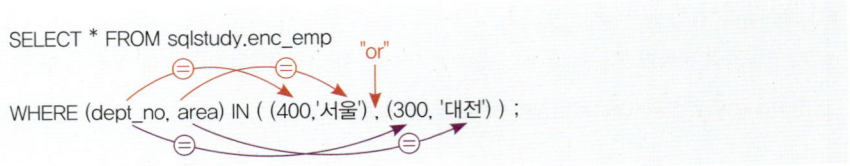

그림 3-28 행 생성자 표현을 이용한 다중 컬럼의 IN 연산 방법

위 SQL은 다음과 같은 OR 조건식으로 바꿔 쓸 수 있다.

| 예제 | 3장_09_IN연산자(4) |

```
SELECT * FROM sqlstudy.enc_emp
WHERE (dept_no = 400 AND area = '서울') OR (dept_no = 300 AND area = '대전') ;
```

3) BETWEEN 연산자

SQL 연산자로 분류한 연산자 중 BETWEEN 연산자도 데이터 형식에 상관없이 사용 가능하고 실무에서 자주 사용되는 연산자이다. BETWEEN은 어떤 컬럼값이 하한값과 상한값 사이에 들어가는 지를 비교한다. 즉, 어떤 컬럼값이 하한값보다 크거나 같고, 상한값 보다 작거나 같으면 참(true)이 되는 연산자이다. 이것을 수학적으로 표현하면 다음과 같다.

하한값 <= 컬럼1 <= 상한값   =   컬럼1 >= 하한값 AND 컬럼1 <= 상한값

그림 3-29 between 연산자의 수행 방식

- 연령(나이)이 30세에서 40세 사이인 사원의 목록

| 예제 | 3장_10_BETWEEN연산자(1) |

```
SELECT * FROM sqlstudy.enc_emp WHERE age BETWEEN 30 AND 40;
```

- 사원 테이블에 입사일자와 퇴사일자 컬럼이 있고, 재직 중인 사원의 퇴사일자 컬럼은 빈값(null) 상태일 때, 2019년 02월 01일 시점에 재직 중이었던 사원의 목록을 보고자 한다. 조건 구문을 어떻게 표현해야 할까? 이 내용을 그림으로 표현해 보면 아래와 같다.

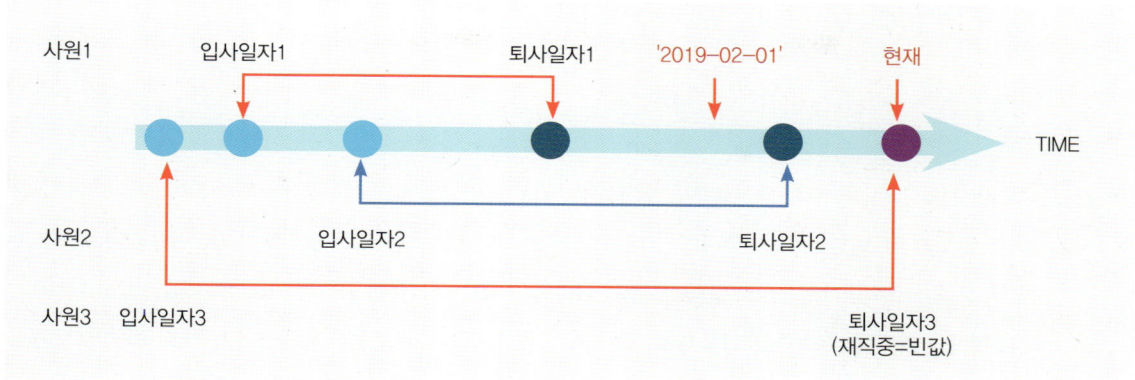

그림 3-30 '임의의 시점(2019-02-01)에 재직 중인 사원'의 특징

2019-02-01 시점에 사원1은 이미 퇴직했기 때문에 대상이 아니다. 사원2는 현재는 퇴직 상태이나 2019-02-01 시점에는 재직 상태였으므로 출력 대상이 된다. 사원3은 현재 시점에도 재직 중이므로 당연히 출력 대상이 된다. 그러면 사원1은 배제하고 사원2와 사원3은 대상이 되게 하려면 조건절을 어떻게 작성해야 할까? 먼저 사원의 재직기간은 입사일자와 퇴사일자 사이의 기간으로 범위 표현이 될 수 있다. 어떤 시점에서 재직인지의 여부는 입사일자와 퇴사일자로 표현되는 범위 안에 그 시점이 포함 되는지 여부와 같은 의미가 된다. 이것은 다음과 같이 표현할 수 있다.

입사일자 <= 어떤_시점 <= 퇴사일자

앞서 임의의 컬럼1이 하한값과 상한값 사이에 속하는지 여부를 검색하는 조건을 아래와 같이 표현했다.

하한값 <= 컬럼1 <= 상한값

이 표현을 BETWEEN 연산자로 표현하면 다음과 같다.

컬럼1 BETWEEN 하한값 AND 상한값

이제 위에서 표현한 시점이 입사일자와 퇴사일자 사이에 포함 되는지 조건을 컬럼값의 하한~상한 범위를

BETWEEN 연산자 조건으로 표현했던 것처럼 바꿔보면 다음과 같다.

어떤_시점 BETWEEN 입사일자 AND 퇴사일자

그러면 현재 재직 중이어서 퇴사일자가 빈값(null)인 경우는 어떻게 비교해야 할지에 대해 알아보자. 빈값(null)은 아직 값이 정해지지 않은 미지수와 같은 상태, 즉 모르는 값이라고 할 수 있기 때문에 이것을 어떤 값과 비교할 수 없다. 모르는 값과 비교해 보아도 결과는 모르는 값이 되기 때문이다. 이런 경우 빈값(null)을 특정 값으로 대체해서 사용할 수 있는 내장 함수가 있는데, 바로 COALESCE 함수이다. COALESCE 함수는 괄호 안에 나열하는 인자값 들을 검토하여 빈값(null)이 아닌 첫 번째 인자 값을 보여주며, 다음과 같이 사용한다.

COALESCE (인자1, 인자2, 인자3, 인자4, ...)

여기서 인자1이 빈값(null)인 경우, 인자2가 빈값(null)이 아니면 인자2가 함수 결과값이 된다. 반면 인자1, 인자2가 모두 빈값(null)이고 인자3이 빈값(null)이 아니라면 인자3이 함수 결과값이 된다. 이 함수를 이용하여 퇴사일자가 빈값(null)인 재직 사원의 경우는 다음과 같다. 논리적인 날짜 형식에 맞춰보면 가장 마지막 날짜로 대체할 수 있다.

COALESCE(퇴사일자, '9999-12-31')

이 함수로 퇴사일자의 빈값(null)을 대체하도록 하여 위에 나타낸 조건 구문을 다시 작성하면 다음과 같이 표현된다.

어떤_시점 **BETWEEN** 입사일자 **AND** COALESCE(퇴사일자, '9999-12-31')

이제 이 조건 구문을 사용하여 2019-02-01 시점에 재직 중이었던 사원의 목록을 출력하는 SELECT 문장을 작성해 보자.

예제	3장_10_BETWEEN연산자(2)

```
SELECT  * FROM sqlstudy.enc_emp
 WHERE '2019-02-01' BETWEEN 입사일자
                AND COALESCE(퇴사일자, '9999-12-31');
```

그림 3-31 빈값 대체 함수 사용 예시

(3) 논리 연산자

논리 연산자는 비교연산자나 SQL연산자 등으로 이루어진 여러 개의 조건식 또는 조건절들을 논리적으로 조합하거나 연결시키는 연산자이다. 이는 집합 단위 연산을 하는 수학의 논리연산자(교집합, 합집합, 차집합, 여집합 등)와 같은 개념이다.

표 3-5 논리 연산자의 종류

구분	연산자	의미	형식	설명
논리 연산자	AND	그리고 (범위 축소)	조건절1 AND 조건절2	• 조건절1과 조건절2가 모두 참(TRUE)이 되면 AND 연산 결과도 참(TRUE)이 된다. 즉, 조건절1과 조건절2를 동시에 만족해야 한다. • 조건절이 AND로 연결될수록 처리 대상 집합은 작아진다.
	OR	또는 (범위 확장)	조건절1 OR 조건절2	• 조건절1이 참(TRUE) 이거나 조건절2가 참(TRUE)이 되면 OR 연산 결과도 참(TRUE)이 된다. 즉, 조건절1과 조건절2 중 하나만 참(TRUE)이면 된다. • 조건절이 OR로 연결될수록 처리 대상 집합은 커진다.
	NOT	아닌 것 (여집합)	NOT (조건절1)	• 조건절1 조건에 해당하면 거짓(FALSE) 이 된다. 따라서 조건절1의 조건에 반대되는 결과가 참(TRUE)이 된다.

논리 연산자를 사용한 문장의 예시는 다음과 같다.

| 예제 | 3장_11_논리연산자(1) |

```
SELECT   emp_no, emp_name, hier_date, sal FROM sqlstudy.enc_emp
WHERE    dept_no = 400
AND      sal >= 1200 ;
```

| 예제 | 3장_11_논리연산자(2) |

```
SELECT   emp_name, dept_no, sal FROM sqlstudy.enc_customer
WHERE    cust_div_cd = '111'
OR       city IN ('서울', '대전') ;
```

| 예제 | 3장_11_논리연산자(3) |

```
SELECT   emp_no, emp_name, hier_date, sal FROM sqlstudy.enc_emp
WHERE    dept_no = 400
AND      NOT sal BETWEEN 800 AND 1200
AND      NOT area = '서울' ;
```

위 NOT 연산자 문장은 다음과 같이 해석되어 실행된다.

| 예제 | 3장_11_논리연산자(4) |

```
SELECT   emp_no, emp_name, hier_date, sal FROM sqlstudy.enc_emp
WHERE    dept_no = 400
AND      sal NOT BETWEEN 800 AND 1200
AND      area <> '서울' ;
```

앞에서 설명한 WHERE 절 연산자들에 대해 SQL이 실행될 때 적용되는 우선순위는 다음과 같다.

표 3-6 SQL에서의 연산자 우선 적용 순위

우선 순위	설명
1	괄호 ( )
2	산술 연산자 (*, /, +, −), 합성 연산자 (||, concat)
3	NOT 연산자
4	비교 연산자 (〈, 〉, 〈=, =〉, 〈〉, =), SQL 연산자 (BETWEEN, IN, LIKE, IS NULL)
5	AND 연산자
6	OR 연산자

- 괄호로 묶은 연산이 제일 먼저 연산 처리된다.
- 연산자들 중에는 부정 연산자(NOT)가 먼저 처리된다.
- 비교 연산자(=, 〉, 〉=, 〈, 〈=), SQL 비교 연산자(BETWEEN a AND b, IN (list), LIKE, IS NULL)가 그 다음으로 처리된다.
- 논리 연산자 중 AND, OR의 순으로 처리된다.

원하는 결과를 얻기 위한 SQL을 정확하게 작성하기 위해서는 WHERE 절에 사용되는 연산자의 우선순위를 이해하는 것이 매우 중요하다. 만일 SQL 문장을 실행하는데 있어서 연산자들의 우선순위를 염두에 두지 않고 WHERE 절을 작성한다면 테이블에서 원하는 자료를 찾지 못하거나, 혹은 잘못된 데이터를 추출하여 틀린 결과를 만들게 된다. 아울러 이에 기반하여 잘못된 업무 결정을 하게 될 수도 있다. 실수하기 쉬운 비교 연산자와 논리 연산자에 대해서는 가급적 괄호를 적극적으로 사용해서 우선순위를 표시하는 것이 가독성을 높이고 실수를 미연에 방지하는데 도움이 된다.

3.2.5 집합의 확장 검색 · 조인(JOIN)

(1) 조인(JOIN)이란?

앞에서 설명한 SELECT 문장들은 모두 하나의 테이블에서 데이터를 검색하여 출력하는 경우였다. 관계형 데이터베이스는 데이터의 중복으로 인한 비일관성 오류를 제거하기 위해 정규화라는 설계 기법을 사용한다. 때문에 논리적으로 하나의 개념을 설명하는 데이터라 하더라도 정규화에 의해 여러 개의 데이터 집합 즉, 엔티티로 나누어지게 된다. 이런 과정을 거쳐 논리 데이터 모델링과 물리 데이터 모델링까지 진행하고 나면 하나의 개념을 설명하는 데이터가 결과적으로 여러 개의 테이블로 나뉘어 생성되게 된다. 업무에서는 논리적인 개념에 입각해서 데이터를 다루게 되므로 설계 과정에서 분리된 여러 개의 테이블들에 저장된 데이터를 다시 조합하게 되는 경우가 빈번하게 발생한다. 예를 들어, 사원에 대한 데이터를 기본인적사항과 경력사항, 학력사항, 자격사항 등으로 나누어 각각을 별도의 테이블에 저장하고 있는 상태라고 하자. 이때 임의의 부서에 근무하는 사원의 사번과 이름, 거주지역, 전화번호, 입사 전 최종 직장명과 직위, 최종 학력, 가장 최근에 취득한 자격증 등을 조회하려 한다. 필요한 데이터들이 여러 테이블에 나누어져 있기 때문에 어느 하나의 테이블만 읽어서는 원하는 결과를 만들어 낼 수 없다. 이를 위해 필요한 데이터를 저장하고 있는 여러 테이블들을 모두 읽어 이를 조합해 최종적으로 하나의 사원에 대해 마치 하나의 레코드로 관리하고 있는 것과 같은 형태를 만들어내야 한다. 관계형 데이터베이스에서는 이와 같이 여러 테이블에 나뉘어진 데이터를 읽고 조합해 원하는 결과를 만들어 내는 처리가 필연적으로 자주 발생한다. 이렇게 2개 이상의 테이블에 저장된 데이터를 읽어 관련 있는 데이터끼리 연결하는 것을 **조인(JOIN)**이라고 한다. 실무에서 데이터를 처리하는 SQL의 상당수가 여러 개의 테이블을 조인하여 처리하기 때문에 조인의 종류와 방법을 잘 이해하고 상황에 맞게 적절한 조인을 구사할 수 있어야 한다.

(2) 조인의 종류

JOIN은 관계형 데이터베이스의 가장 큰 특징으로 대표적인 핵심 기능이라 할 수 있다. 앞 장의 설계 과정에서 보았듯이 관계형 데이터베이스의 데이터 모델을 설계하면 엔티티 간에 관계가 정의된다. 물리 데이터 모델에 정의된 테이블에는 이 관계에 의해 부모 테이블의 주 키(Primary Key, PK)가 자식 테이블에 외부키(Foreign Key, FK)로 상속되고, 이렇게 관계가 정의된 테이블들 간에 PK와 FK컬럼의 연관에 의해 조인이 전제된다.

그림 3-32 엔티티간 관계에 따른 조인

그러나 어떤 경우에는 이러한 PK, FK의 관계가 없어도 컬럼값들의 논리적인 연관만으로 조인이 가능하다. 예를 들어, 어떤 사람 A가 3월1일부터 5월 31일까지 3개월간 B 지역에 머물렀다. A는 B 지역에서 발생한 현금이나 카드 등의 지출에 대해 모아 보려 한다. 이때 지출 지역에 대한 정보를 따로 갖고 있지 않아도 이 사람의 체류 기간 즉, 지역별 체류 시작일과 체류 종료일 기간에 해당하는 지출 일자 데이터만 모아 보면 지역과 지출 내역을 연결할 수 있다.

체류지역

관리번호	사번	지역	시작일	종료일	...
100	234	부산	20180601	20181228	...
101	234	광주	20190301	20190531	
102	234	대전	20190701	...	...

직접적인 관계는 없지만 지출일자가 체류시작일~체류종료일 사이에 포함되는지 여부로 연결 가능

지출내역

관리번호	지출일자	금액	집행사원	결의번호	...
100101	20190226	200	234	1902345	...
100105	20190301	250	234	1903020	...
100223	20190415	230	234	...	...
100245	20190601	350	255	...	...

그림 3-33 직접적인 관계가 없는 엔티티간의 논리적 데이터 연결

앞 장의 업무 명세에 대한 설계를 통해 생성한 테이블 중 주문(enc_order) 테이블과 상품(enc_prod) 테이블을 이용하여 임의의 기간에 발생한 주문 건 중 특정 상품에 대한 주문을 검색하는 상황을 생각해 보자. 먼저 주문 테이블을 기준으로 원하는 기간에 발생한 주문 데이터를 검색한다. 이렇게 1차 선별된 데이터의 컬럼 중 상품 아이디 컬럼을 연결고리로 하여 상품(enc_prod) 테이블과 연결해 특정 상품에 해당하는 행을 찾아 최종 결과 집합을 만드는 과정으로 처리가 진행될 수 있을 것이다. 이러한 처리 과정이 조인(JOIN)을 이용한 데이터 검색 과정이라고 할 수 있으며, 조인을 이용하여 원하는 결과 집합을 만들어 내는 여러 방법 중 하나가 된다. 이와 같은 조인 처리를 하기 위해서는 SQL의 FROM 절에 연결을 원하는 테이블들을 나열하고, FROM 절이나 WHERE 절에 이 테이블들 간의 연결고리 조건(또는 조인 조건)을 기술해 주면 된다. 주문과 상품 테이블을 연결하는 경우에 조인 조건은 주문 테이블의 상품 아이디 컬럼과 상품 테이블의 상품 아이디 컬럼이 같은 값을 갖고 있는지를 비교하는 조건 구문이 될 것이다.

주문과 상품 테이블을 조인한 결과에 더해서 이 주문들이 어떤 고객이 주문한 것인지를 보여주려면 주문 테이블의 고객 아이디 컬럼을 연결고리로 하여 고객(enc_customer) 테이블까지 조인해서 필요한 데이터를 연결하고 조합할 수 있어야 한다. 이와 같이 하나의 SQL 문장에서 주문, 상품, 고객 등과 같은 여러 테이블을 조인하면 다양한 형태의 결과 데이터를 원하는 만큼 만들어 낼 수 있다.

이러한 조인 처리를 위해 SELECT 문장을 작성할 때 FROM 절에 여러 개의 테이블을 나열하게 된다. 하지만 DBMS가 조인을 처리할 때는 FROM 절에 나열한 여러 개의 테이블을 한꺼번에 처리하는 것이 아니라 단 두 개의 집합 간에만 조인을 수행한다. DBMS는 가장 유리한 조인 방법과 순서 결정 기준 그리고 연산 메커니즘을 갖고 있다. 때문에 여러 개의 조인 대상 테이블들 중 가장 먼저 조인을 처리할 두 테이블을 선택하고, 이 중간 결과 집합을 그 다음 순서의 테이블과 차례로 조인하는 방식으로 여러 개의 테이블들에 대한 조인을 처리해 나간다. 이와 같은 조인 처리 과정은 4개 이상의 테이블이 조인을 해야 하는 상황이더라도 동일한 처리 과정을 반복함으로써 효과적으로 원하는 최종 결과 집합을 생성할 수 있게 한다.

조인 대상이 될 수 있는 집합에는 테이블, 뷰 형태가 올 수 있으며, 이들을 연결하는 형태나 조인 조건에 사용되는 연산자, 조인 연산 방법 등에 따라 몇 가지로 나누어 볼 수 있다.

표 3-7 조인의 종류 구분

조인의 종류 구분		
조인 연산자에 따라 (집합을 비교하는 방법에 따라)	집합 연결 형태에 따라	조인 연산 방법에 따라
EQUI JOIN NON-EQUI JOIN	CROSS JOIN INNER JOIN LEFT JOIN RIGHT JOIN FULL OUTER JOIN	NESTED LOOP SORT MERGE JOIN HASH JOIN

1) 조인 연산자에 따른 분류

집합을 연결하는 조인 조건에 사용되는 연산자에 따라서 동등 조인(EQUI JOIN)과 비동등 조인(NON-EQUI JOIN)으로 구분할 수 있다.

동등 조인(EQUI JOIN)은 조인 조건에서 두 개의 테이블 간에 칼럼 값들이 서로 정확하게 일치하는지 여부를 비교하는 '='(equal) 연산자를 사용하는 조인이다. 대부분 엔티티 간의 관계(Relationship)로부터 나타나는 PK와 FK의 관계를 기반으로 한다. 그러나 일반적으로 테이블 설계 시에 나타난 PK와 FK의 관계를 이용하는 것으로 반드시 PK와 FK의 관계에 의해서만 동등 조인(EQUI JOIN)이 가능한 것은 아니다.

비동등 조인(NON-EQUI JOIN)은 두 테이블 간에 칼럼 값들이 서로 정확하게 일치하지 않는 경우에 사용된다. 그러므로 '='이 아닌 between, >, >=, <, <= 등이 조인 조건의 연산자로 사용된다. 이것은 두 테이블이 PK와 FK로 연관관계를 갖지 않고, 두 테이블 간에 컬럼값이 일치하지 않는 경우에 사용된다.

일반적으로 조인 조건은 WHERE 절에 기술하지만, 표준 SQL에서는 FROM 절에 ON 절을 추가하여 ON 절에 기술한다. 동등 조인(EQUI JOIN)에서는 '=' 연산자로, 비동등 조인(NON-EQUI JOIN)에서는 '=' 연산자가 아닌 다른 연산자(between, >, >=, <, <= 등)들을 사용하여 조인 조건을 표현한다.

다음은 동등 조인(EQUI JOIN)의 대략적인 형태이다.

```
SELECT 테이블1.칼럼1, 테이블2.칼럼2, ... FROM 테이블1, 테이블2
WHERE 테이블1.칼럼1 = 테이블2.칼럼명2
AND   ... ;
```

⇨ WHERE 절에 '=' 조인 조건을 넣는 방식으로 대부분의 DBMS에서 사용된다.

같은 내용을 표준 SQL 방식으로 표현하면 아래와 같다. ON 절에 대해서는 뒤에서 다시 자세히 설명한다.

```
SELECT 테이블1.컬럼1, 테이블2.컬럼2, ...
FROM 테이블1 INNER JOIN 테이블2 ON 테이블1.컬럼1 = 테이블2.컬럼2
WHERE ...... ;
```

➪ ON 절에 '=' 조인 조건을 넣는다. 표준 SQL을 지원하는 모든 DBMS에서 사용 가능하며, SQL 문장을 변경하지 않고 그대로 실행하여 동일한 결과를 얻을 수 있다. ON 절을 사용하면 DBMS가 ON절과 WHERE 절의 역할을 다르게 구분하고 해석하여 처리하기 때문에 조인 조건을 반드시 ON 절에 기술해야 한다. 이때 일부 조인 조건을 WHERE 절에도 분산하여 기술하게 되면 매우 비효율적인 실행 과정이 만들어진다. 이로 인해 대량의 데이터를 저장하고 있는 테이블의 경우 매우 많은 데이터가 불필요하게 조인 처리 대상이 되면서 시스템 자원 소모량이 크게 증가하거나 심각한 응답속도 지연 현상으로 나타날 수 있다.

다음은 비동등 조인(NON-EQUI JOIN)의 대략적인 형태이다. 앞서 이야기 한 바와 같이 비동등 조인에 사용되는 연산자는 '='이 아닌 between, >, >=, <, <= 등이다. 비동등 조인의 사례는 앞에서 예로 든 체류지역 테이블과 지출내역 테이블의 경우로 설명할 수 있다. 표준 SQL을 사용하여 2019-03-01부터 2019-05-31까지 지출한 금액을 사용 지역으로 모아 연결한 결과를 출력하는 SQL은 다음과 같다.

체류지역(체류)

관리번호	지역	시작일	종료일
10	서울	2018-02-01	2018-06-30
20	대전	2018-08-10	2018-12-30
25	남원	2019-02-01	2019-05-31
30	부산	2019-07-01	2019-09-30

지출내역(지출)

관리번호	지출일	지출금액
101	2018-06-10	1230
110	2018-12-15	3000
111	2019-02-10	1200
115	2019-04-02	1000
121	2019-05-06	2000
130	2019-06-10	1500

원하는 최종 결과

그림 3-34 조인 대상 테이블(체류, 지출)의 연관 관계와 데이터 예시

예제	3장_12_조인_BETWEEN조인

```
SELECT   체류.지역, 체류.시작일, 체류.종료일, 지출.지출일, 지출.지출금액
FROM     체류 INNER JOIN 지출
              ON 지출.지출일 BETWEEN 체류.시작일 AND 체류.종료일
WHERE    체류.시작일 <= '2019-05-31' ①
AND      체류.종료일 >= '2019-03-01' ①
AND      지출.지출일 BETWEEN '2019-03-01' AND '2019-05-31' ②
```

Query Editor   Query History

```
15  SELECT 체류.지역, 체류.시작일, 체류.종료일, 지출.지출일, 지출.지출금액
16  FROM 체류 INNER JOIN 지출 ON 지출.지출일 BETWEEN 체류.시작일 AND 체류.종료일
17  WHERE 체류.시작일 <= '2019-05-31'::DATE
18  AND 체류.종료일 >= '2019-03-01'::DATE
19  AND 지출.지출일 BETWEEN '2019-03-01'::DATE AND '2019-05-31'::DATE;
20
21
22
```

Data Output   Explain   Messages   Notifications

	지역 text	시작일 date	종료일 date	지출일 date	지출금액 integer
1	남원	2019-02-01	2019-05-31	2019-04-02	1000
2	남원	2019-02-01	2019-05-31	2019-05-06	2000

그림 3-35 between 연산자를 이용한 조인 예시 및 결과

⇨ 위 SQL 문장에서 지출내역 테이블의 지출일이 속하는 체류지역 테이블의 시작일 ~ 종료일 구간을 찾아서 연결하는 내용이 ON 절의 조인 조건 내용이다. 비동등 조인 연산자 중 BETWEEN 연산자를 사용하고 있어 달리 **BETWEEN 조인**이라고 부르기도 한다. 이때 WHERE절은 체류지역과 지출내역 테이블에서 어떤 데이터를 조인 대상으로 할 것인지를 결정하는 조건이 된다. 즉, WHERE 절의 ① 표시 부분의 조건은 체류지역 데이터 중 '2019-03-01' 부터 '2019-05-31' 사이에 체류했던 조건을 만족하는 행을 찾는 조건에 해당하는 것은 1건 밖에 없다. ② 부분은 지출내역의 지출일이 '2019-03-01' 부터 '2019-05-31' 사이에 해당하는 행을 찾으라는 것이다. 이렇게 두 테이블에서 각각의 조건에 해당하는 행들이 ON 절에 기술된 조인 조건에 따라 연결되어 최종 결과 집합을 얻게 된다. 여기서 설명한 조인 처리 과정은 DBMS의 효율성 판단에 따라 처리 순서가 달라질 수도 있다.

위 BETWEEN조인 문장에서 '2019-03-01' 부터 '2019-05-31' 까지 체류했던 지역을 검색하기 위해 WHERE절에 기술된 체류기간과 원하는 검색 기간을 비교하는 조건 구문을 주목해 보자. 원하는 기간의 종료일 시점과 체류 테이블의 시작일 컬럼을 비교하고, 원하는 기간의 시작일 시점과 체류 테이블의 종료일 컬럼을 비교하고 있다. 어떤 체류 기간의 시작일과 종료일을 정확히 지정해서 해당 체류 데이터를 가져올 수도 있다. 하지만 일반적인 상황에서는 아래 그림과 같이 여러 체류 기간이 있을 때 체류 기간의 시작일이나 종료일이 검색 기간의 시작일이나 종료일을 벗어나서 걸쳐 있는 경우(①)가 많다. 이와 달리 아예 원하는 검색 기간 안에 완전히 들어 오거나(②), 혹은 검색 기간을 완전히 체류 기간 안에 포함하게(③) 되는 등 다양한 케이스가 있을 수 있다.

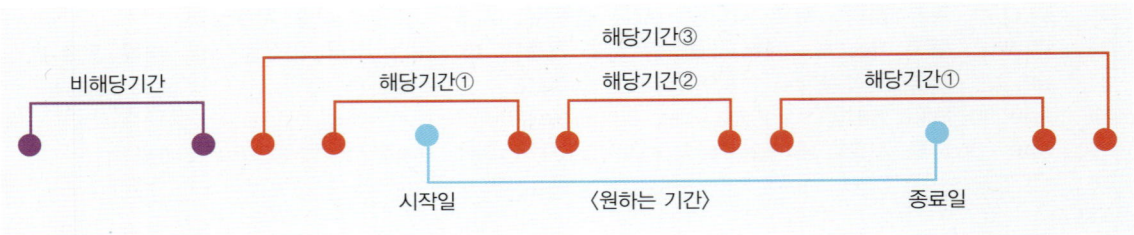

그림 3-36 between 조인 시 기간 선분의 구성 특징

위 그림에서 어떤 임의의 체류 기간이 검색을 원하는 기간에 해당하는지를 찾으려면 해당기간①, ②, ③ 의 경우에 해당하는 체류 기간 데이터를 찾으면 된다. '해당기간'으로 표현한 선분들과 〈원하는 기간〉으로 표현한 선분을 비교해 보았을 때, '해당기간' 선분의 시작점(시작일)은 〈원하는 기간〉 선분의 시작점보다 작을 수도 있고, 클 수도 있다. 그러나 '해당기간' 선분의 **시작점(시작일)은 〈원하는 기간〉 선분의 종료점보다 항상 작거나 같다**. 즉, 검색 기간의 종료일은 항상 체류 기간의 시작일보다 크거나 같다.

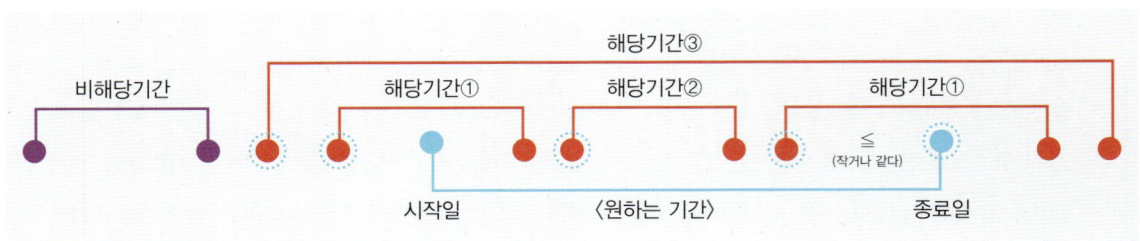

그림 3-37 between 조인 시 기간 선분의 시작일 비교 개념

또 '해당기간' 선분의 종료점(종료일)은 〈원하는 기간〉 선분의 종료점(종료일)보다 작을 수도 있고 클 수도 있다. 그러나, '해당기간' 선분의 **종료점(종료일)은 〈원하는 기간〉 선분의 시작점(시작일) 보다는 항상 크거나 같다**. 즉, 검색 기간의 시작일은 항상 체류 기간의 종료일보다 작거나 같다.

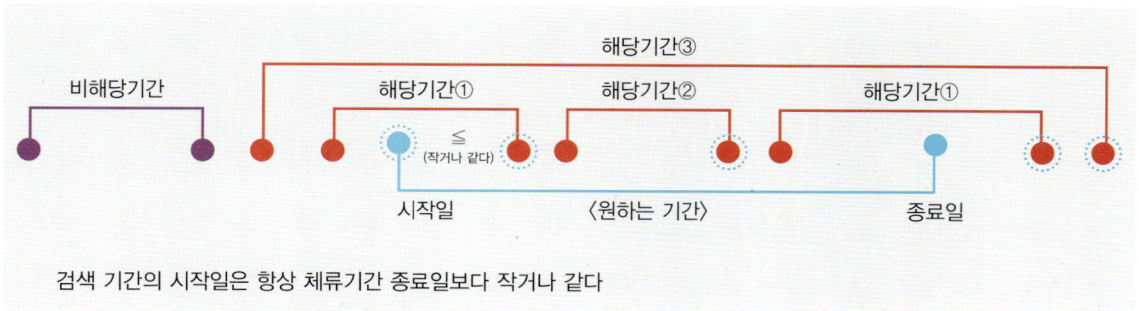

그림 3-38 between 조인 시 기간 선분의 종료일 비교 개념

'해당기간' 선분의 종료점이 〈원하는 기간〉 선분의 시작점보다 작거나, '해당기간' 선분의 시작점이 〈원하는 기간〉 선분의 종료점보다 큰 경우는 원하는 기간에 들어오지 않기 때문에 찾는 대상이 아니다. 이와 같은 개념에 따라 체류기간의 시작일, 종료일과 원하는 기간('2019-03-01' ~ '2019-05-31')을 비교한 조건 구문이 위 SQL의 WHERE 절에 ①로 표시한 부분의 의미이다.

2) 집합 연결 형태에 따른 분류

조인의 종류를 구분하는 두 번째 방법은 집합을 연결하는 형태에 따라 구분해 보는 것이다. 먼저 데이터 집합을 연결할 때, 조인 조건에 맞는 레코드만-등가 조인(EQUI JOIN)인 경우는 조인 대상 컬럼의 값이 서로 일치하는 레코드만- 결과에 포함하려 하는지를 구분한다. 아니면 연결하는 두 집합 중 어느 한 쪽을 기준으로 해서 기준 집합은 검색 조건에 해당하는 데이터가 모두 포함되고, 연결하는 상대 집합은 조인 조건을 만족하는 것만 연결하여 결과에 포함되도록 하려는지 살펴봐야 한다. 또는 양쪽 집합에서 조인 조건을 만족하면 연결하여 결과 집합에 포함하고, 일치하지 않더라도 그대로 결과 집합에 포함하도록 하려는지 등 집합을 연결하는 형태에 따라 조인의 종류를 구분하는 여러 방법이 있다. 이렇게 구분한 조인의 종류는 INNER JOIN, OUTER JOIN, FULL OUTER JOIN 이라고 부른다. 여기서 더 세분화 해 OUTER JOIN은 조인 대상인 두 테이블 중 FROM 절에서 왼쪽에 기술한 테이블을 기준 집합으로 정한 경우는 LEFT OUTER JOIN, 오른쪽에 기술한 테이블을 기준 집합으로 정한 경우는 RIGHT OUTER JOIN으로 부르기도 한다. (여기서 설명하는 조인 종류를 한글로 내부 조인(INNER JOIN), 외부 조인(OUTER JOIN), 전체 외부 조인(FULL OUTER JOIN) 등으로 번역한 책이나 자료들도 있는데, 실제 현장에서는 번역명을 잘 사용하지 않고 그대로 영어 원명을 사용하는 경향이 강하므로 이 책에서는 그대로 영어 원명을 사용한다) OUTER JOIN 의 경우, DBMS에 따라서는 자체적인 기호로 LEFT/RIGHT OUTER JOIN을 표현하기도 하지만, 표준 SQL에서는 명시적으로 LEFT OUTER JOIN, RIGHT OUTER JOIN이라고 기술해 주어야 한다. 이때 'OUTER'를 생략하고 LEFT JOIN, RIGHT JOIN이라고 사용하기도 한다. 보다 자세한 내용은 뒤에서 다시 설명한다.

- INNER JOIN

- 양쪽에서 조인 조건을 만족하는 레코드만 연결
- 동등조인(EQUI JOIN) 경우 조인 컬럼의 값이 일치하는 것만 연결

- LEFT OUTER JOIN (또는 LEFT JOIN)

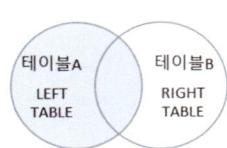
- 왼쪽 테이블(테이블A)이 조회 기준 집합
- 왼쪽 테이블은 모두 조회된다.(왼쪽 테이블에 대한 WHERE 절 조건이 있는 경우 그 조건에 해당하는 데이터를 모두 출력)
- 오른쪽 테이블(테이블B)은 조인 조건을 만족하는 레코드만 가져와 연결하여 결과 집합에 포함시킴

- RIGHT OUTER JOIN (또는 RIGHT JOIN)

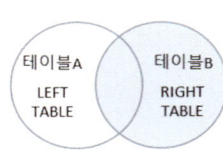
- 오른쪽 테이블(테이블B)이 조회 기준 집합
- 오른쪽 테이블은 모두 조회된다.(오른쪽 테이블에 대한 WHERE 절 조건이 있는 경우 그 조건에 해당하는 데이터를 모두 출력)
- 왼쪽 테이블(테이블A)은 조인 조건을 만족하는 레코드만 가져와 연결하여 결과 집합에 포함시킴

- FULL OUTER JOIN

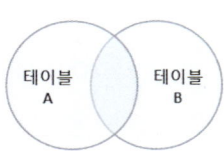
- 양쪽 테이블 모두가 조회 기준 집합
- 양쪽 테이블의 데이터를 모두 가져온다.
- 조인 조건을 만족하는 경우 양쪽 테이블 레코드를 가져와 연결하여 결과 집합에 포함시키고, 조건 조건을 만족하지 못하는 양쪽 테이블의 조인 대상 레코드는 각각 한쪽만 결과 집합에 포함시킴

그림 3-39 집합 연결 형태에 따른 조인 종류와 개념

3) 조인 연산 방법에 따른 분류

조인의 종류를 구분하는 세 번째 방법은 조인 연산 방법에 따라 나누어 보는 것이다. FROM 절에 나열한 두 개의 테이블을 조인 조건에 따라 연결할 때 ① 어느 한 쪽을 기준으로 한 레코드씩 읽어 가면서 조인 대상 테이블에서 조인 조건을 만족하는 해당 레코드를 찾아 하나씩 조인 연결을 완성해 갈 수도 있다. 또한 ② 두 테이블에서 먼저 조인할 대상을 각각 찾아 메인 메모리에 모두 로딩한 후 조인 컬럼을 기준으로 양쪽 집합을 정렬하고 메모리를 스캔해 가면서 조인 연결을 완성하는 방식으

로 처리할 수도 있다. 또 다른 방법으로는 ③ 한 쪽 테이블의 조인 대상만 먼저 메인 메모리에 모두 로딩한 후 조인 대상 테이블을 스캔해 가면서 조인 조건을 만족하면 먼저 메모리에 로딩된 데이터와 조인 연결을 하여 결과 집합에 포함시키는 방식으로 조인을 처리한다. 첫 번째에 설명한 조인 연산 방법은 NESTED LOOP JOIN, 두 번째는 SORT MERGE JOIN, 세 번째는 HASH JOIN이라고 부른다. 조인 연산 방법은 달리 조인 기법이라고도 하며, 이들이 관계형 데이터베이스에서 가장 많이 사용되는 조인 기법이라 할 수 있다.

FROM 절에 나열한 두 개의 테이블을 조인하는 조인 기법에 대해 간단하게 설명했다. 조인 기법에서 발견할 수 있는 중요한 포인트는 '어떤 집합을 먼저 처리하느냐'와 '어떤 조인 기법을 사용하느냐'이다. 먼저 처리할 집합을 어느 쪽으로 선택하느냐에 따라 조인 연결 처리량이 달라질 수 있고, 어떤 조인 기법을 선택하느냐에 따라 자원 사용 효율이 달라질 수 있다. 이러한 차이는 조인 수행 속도의 차이로 나타나며, 심할 경우는 1초도 안되어 조인 처리가 완료될 수 있는 것이 수 초에서 수 십 초 이상까지, 어쩌면 그 이상까지 느려지는 수행 속도의 차이가 나타난다. 이러한 부분들은 매우 중요한 튜닝 포인트가 되지만 이 책에서 다루고자 하는 범위를 벗어나므로 여기까지만 언급하겠다.

앞에서도 이야기했지만 두 개 이상의 테이블들을 조인으로 연결할 때는 두 개의 테이블을 먼저 조인하고, 그 조인 결과 집합과 나머지 테이블을 조인하는 과정으로 전체 테이블의 조인이 수행된다. 즉, A, B, C 세 개의 테이블을 조인한다고 가정했을 때, A·B·C 순서로 할지, A·C·B 순서로 할지, 또는 B·C·A 순서로 할지 등 다양한 순서의 조합이 나올 수 있다. 수학적으로 n개의 테이블을 조인한다면 n! 개수만큼의 순서 조합이 나올 수 있는 것이다. 이때 어떤 조인 순서를 선택하는지, 그리고 각각의 조인 처리에서 어떤 조인 기법을 사용하는지에 따라 조인의 수행 속도와 자원 사용 효율이 크게 달라질 수 있다. 그래서 위에서 언급했던 조인 기법에 따른 튜닝 포인트에 하나를 더한다면 조인 순서를 꼽을 수 있다.

조인 기법에 따른 조인 종류 구분을 정리해 보면 다음과 같다.

- **NESTED LOOP JOIN**

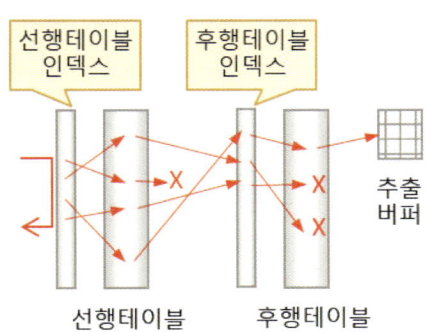

- 프로그램 소스코드에서 흔히 보이는 중첩된 반복문과 유사
- 먼저 읽는 쪽을 선행 테이블, 나중에 읽는 쪽을 후행 테이블이라고 함
- 선행 테이블에서 조인할 대상을 선별하여 조인 조건으로 후행 테이블에 접근한 후 후행 테이블의 조건으로 최종 선별된 조인 결과를 추출 버퍼로 보내는 과정을 선행 테이블의 조인 대상이 더 없을 때까지 반복 처리
- 선행 테이블을 처리할 양이 적을수록, 선행 테이블에서 조인 대상을 선별한 결과가 적을수록 유리
- 선·후행 테이블에서 필요한 데이터를 빠르게 읽을 수 있는 인덱스라는 데이터베이스 객체가 매우 중요

- **SORT MERGE JOIN**

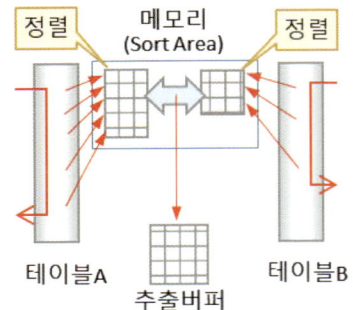

- 각각의 테이블을 따로 읽어서 메모리에 올린 후 조인 컬럼을 기준으로 데이터를 정렬하여 메모리를 스캔하면서 조인을 수행하여 조인 결과를 추출 버퍼에 보냄
- 먼저 읽거나 나중에 읽는 선·후행 구분은 하지 않음
- 메모리 위주의 조인 처리 기법이기 때문에 메모리 내에서의 조인 수행은 빠르지만 조인 대상 데이터를 모두 메모리에 적재하고 정렬한 후에 조인이 수행되므로 메모리를 많이 사용하고 메모리에 올릴 대상 집합이 크면 조인 성능이 저하됨

- **HASH JOIN**

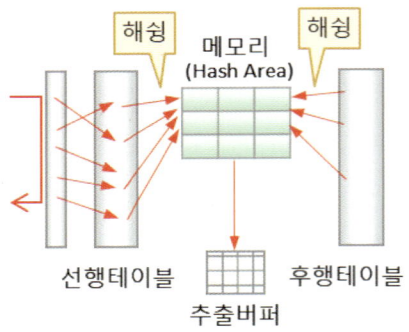

- 해싱(Hashing)이라는 기법을 이용하여 조인을 수행
- 조인 컬럼에 대해 해쉬 함수를 수행하여 결과값이 동일한 것들 중에서 실제 값이 같은 것들을 연결
- 선행 테이블에서 조인할 대상을 선별하여 조인 컬럼에 대해 해쉬 함수를 수행한 결과에 따라 모두 메모리에 올린 후, 후행 테이블에서 조인 대상을 찾아 조인 컬럼에 대해 동일한 해쉬 함수를 수행하여 그 결과값으로 메모리에 올려 놓은 선행 집합의 버켓을 찾고, 조인 조건에 따라 실제값을 비교하여 조인에 성공한 것을 추출버퍼에 보냄
- 후행 테이블에서 조인 대상을 더 이상 찾을 수 없을 때까지 후행 테이블을 읽어 해쉬 함수 결과에 따라 연결 결과를 추출 버퍼에 보내는 처리를 반복
- CPU 연산 위주의 조인 기법이므로 SORT MERGE JOIN보다 메모리 부담이 적어 더 많은 데이터를 조인하는데 유리

그림 3-40 조인 연산 방법(조인 기법)에 따른 조인 종류 구분

(3) 테이블 별명(TABLE ALIAS)

FROM 절에 하나의 테이블만 기술하는 경우는 SQL 문장 내에 사용된 컬럼이 어느 테이블에 속한 것인지에 대한 혼란의 여지가 없다. 그러나 조인 문장에서는 두 개 이상의 테이블이 등장하

면 SQL 문장 내에 사용되는 컬럼 중 동일한 이름의 컬럼이 있는 경우 어느 테이블의 컬럼인지를 구분해 주지 않으면 보는 사람이 혼란을 겪을 수 있다. DBMS 또한 어느 테이블의 컬럼인지 알 수가 없기 때문에 문장 오류(Syntax Error)로 처리한다. 그러므로 조인 문장에서는 컬럼명 앞에 해당하는 테이블명을 붙여주는 것이 좋다. 물론 조인 문장에 사용된 컬럼들이 전혀 동일 이름을 갖고 있지 않다면 컬럼명 앞에 테이블명을 붙여주지 않아도 DBMS가 문장을 오류로 처리하지는 않는다. 물론 DBMS가 이러한 조인 문장을 처리할 수 있다고 하더라도 사람이 모든 테이블의 컬럼을 잘 알고 있지 않는 한 가독성이나 이해 측면에서 효율이 저하될 수 있어 가급적이면 조인 문장은 항상 컬럼명 앞에 테이블명을 붙이는 것이 좋다.

조인 문장에서 컬럼명 앞에 테이블명을 붙일 때 테이블명이 아주 짧다면 괜찮을 수도 있겠지만 대체로 사람의 이해를 위해 테이블명은 어느 정도의 의미를 표현하는 영문 약어의 조합으로 사용하는 것이 일반적이다. 그러다 보니 테이블명의 길이가 짧지 않은 경우도 많다. 이런 상황에서 조인 문장의 모든 컬럼명 앞에 테이블명을 붙여 주려면 코딩량도 늘어나고 그만큼 생산성에도 영향을 미치게 될 것이다. 그래서 이러한 불편을 제거할 수 있도록 SQL 문장의 테이블에 별명(ALIAS)을 붙여주고 그 별명을 SQL 문장 내에서 사용할 수 있게 했다. 앞에서 SELECT 절에 나열하는 각 컬럼에 대해 별명(ALIAS)를 붙여 출력 시 열의 제목을 변경하는 것을 설명했다. SQL 문장 내에서 별명(ALIAS)을 사용할 수 있는 대상은 컬럼 외에 테이블에서도 해당된다. 테이블에 별명(ALIAS)을 부여할 때 다음 사항을 고려해야 한다.

- 컬럼 별명(ALIAS)에서와 같이 테이블의 별명(ALIAS)은 FROM절에 나열된 테이블 각각에 대해 부여한다.
- 테이블명 뒤에 최소 하나 이상의 공백을 추가하고 별명(ALIAS) 문자를 기술한다.
- 테이블 별명 문자는 특별한 의미를 표현할 필요 없이 FROM 절에 나열된 테이블들을 구분할 수 있는 식별성만 있으면 되므로 가능하면 짧게 부여하는 것이 좋다.
- FROM 절의 테이블명 뒤에 테이블 별명을 부여하고 나면 그 SQL 문장의 모든 위치에서 해당 테이블에 속한 컬럼은 FROM 절에 부여한 테이블 별명을 붙여주어야 한다. 또한 조인 대상 테이블의 컬럼들과 겹치지 않는 유일한 명칭의 컬럼이라 하더라도 가독성 향상을 위해 항상 테이블 별명은 컬럼명 앞에 붙여 주는 것이 유리하다.

테이블 별명을 사용하는 예시는 다음과 같다.

예제	3장_13_조인_Table Alias 사용(1)
SELECT　A.ord_no, A.ord_dt, A.cust_id, B.cust_name, B.phone_number FROM　　enc_order A INNER JOIN enc_customer B ON A.cust_id = B.cust_id WHERE　 A.ord_dt >= CURRENT_DATE -7 ;	

테이블 별명은 조인 문장에만 사용하는 것이 아니라 FROM 절에 하나의 테이블만 기술하는 경우에도 사용할 수 있다. 가장 흔한 사용 사례는 다음과 같다. 일부 컬럼의 가공 결과와 원래의 컬럼 목록을 함께 출력하고자 하는 경우 원래의 컬럼 목록을 일일이 나열하는 코딩 부담을 줄이는 목적으로 사용하는 경우이다.

예제	3장_13_조인_Table Alias 사용(2)
SELECT　CURRENT_DATE -ord_dt AS 경과일수, A.* FROM　　enc_order A WHERE　 ord_dt >= CURRENT_DATE -7 ;	

위 SQL은 최근 일주일 동안 발생한 주문 데이터를 읽어와 주문 일자와 현재일 사이의 날짜 간격이 얼마나 되는지를 보여주며 주문 테이블의 모든 컬럼을 함께 출력하는 쿼리 문장이다. 주문 일자에 대해 연산을 수행한 결과는 '경과 일수' 라는 열 제목으로 출력하고, 주문 테이블의 컬럼을 일일이 나열하는 코딩 수고를 덜기 위해 테이블 별명과 함께 컬럼 목록에 대한 와일드카드 문자 '*'를 사용하였다.

(4) INNER JOIN

INNER JOIN은 연결하려는 두 집합 간에 조인 연결고리 컬럼의 값이 일치하는 경우에만 양쪽 집합을 연결하여 결과 집합을 만드는 조인 형태이다. 앞에서도 이야기 했지만 INNER JOIN은 기존의 DBMS들이 대체로 비슷한 형태로 WHERE 절에 조인 조건과 검색 조건을 뒤섞어 사용하고 있어 가독성이 떨어지고 혼란을 유발하기 쉬웠던 것을 FROM 절에 명시적으로 조인 방식을 표현하도록 한 표준SQL의 조인 문법 중 하나로 조인 조건을 ON절에 표현한다.

```
SELECT 컬럼목록
FROM    table1 INNER JOIN table2 ON table1.column1 = table2.column1
WHERE   검색 조건 ;
```

예제   3장_14_조인_INNER JOIN(1)

```
SELECT  a.ord_no, a.ord_dt, a.cust_id, a.prod_id, a.quantity, b.dept_name
FROM    enc_order a INNER JOIN enc_dept b ON a.ord_dept_no = b.dept_no ;
```

INNER JOIN을 사용한 EQUI JOIN('=') 문장 작성 시 양쪽 테이블의 조인 대상 컬럼명이 동일하면 ON절을 이용한 '=' 조인 조건 구문을 생략하고 USING절을 대신 사용하여 간단하게 조인 컬럼명을 한 번만 표현하는 방식으로 INNER JOIN 문장을 작성할 수도 있다. 단, USING 절을 사용할 때는 조인 컬럼에 대해 테이블 별명(ALIAS)이나 테이블명 등의 접두사를 붙일 수 없다.

```
SELECT 컬럼목록
FROM    table1 INNER JOIN table2 USING (column1)
WHERE   검색 조건 ;
```

예제   3장_14_조인_INNER JOIN(2)

```
SELECT  a.emp_no, a.emp_name, a.dept_no, b.dept_name
FROM    enc_emp a INNER JOIN enc_dept b USING (dept_no) ;
```

ON 절은 양쪽 테이블의 조인 대상 컬럼의 이름이 동일하지 않아도 된다. 하지만 USING 절을 사용하려면 반드시 양쪽의 조인 대상 컬럼의 이름이 동일해야 하는 차이점이 있다. ON 절은 조인 조건을 명시적으로 구분할 수 있고, 양쪽 테이블의 컬럼명이 서로 다르더라도 조인 조건으로 사용할 수 있어 더욱 많이 사용된다. 더욱이 DBMS에 따라서 USING 절은 지원하지 않고 ON 절만 지원하는 경우도 있기 때문에 가급적 ON절의 사용법을 익혀 두는 것이 좋다. 다만,

FROM 절에 조인 대상 테이블이 많이 등장할 경우 FROM 절이 복잡해 보이는 단점도 있다. 또한 세 개 이상의 테이블을 조인하는 경우 ON절과 USING 절을 혼용하는 것도 좋지 않다.

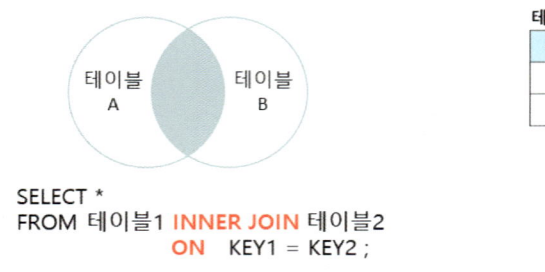

그림 3-41 INNER JOIN의 문장 형태와 조인 결과 예시

INNER JOIN은 조인의 기본 옵션이기 때문에 'INNER'를 생략하고 사용할 수도 있다.

```
예제                                                            3장_14_조인_INNER JOIN(3)
SELECT   컬럼목록 FROM 테이블1  [INNER] JOIN 테이블2 ON 조인 조건 ;
SELECT   a.ord_no, a.ord_dt, b.dept_name
FROM     enc_order a JOIN enc_dept b ON a.ord_dept_no = b.dept_no ;
```

(5) OUTER JOIN

앞에서 간단히 설명했지만 OUTER JOIN은 두 개의 조인 대상 테이블 중 어느 쪽을 기준 집합으로 정하는지에 따라 LEFT OUTER JOIN, RIGHT OUTER JOIN으로 구분할 수 있다. 양쪽 모두 기준이 아니면서 조인 연결이 되는 데이터는 연결한 상태로, 연결에 성공하지 못한 각 집합의 데이터들도 결과 집합에 그대로 출력하도록 하는 FULL OUTER JOIN까지 3가지로 구분할 수 있다. 이제 한 가지씩 좀 더 자세히 살펴 보겠다.

1) LEFT OUTER JOIN

LEFT OUTER JOIN은 왼쪽에 위치한 테이블의 조인 대상 데이터를 기준으로 한다. 검색 조건을 만족하는 왼쪽 테이블의 데이터 집합은 모두 출력되고, 이에 대해 조인 연결고리 컬럼에 대한 조인 조건을 만족하는 오른쪽 테이블의 데이터가 있으면 이들도 함께 출력하는 조인 형태이다. 여기서 왼쪽 테이블의 데이터 전체가 아닌 조인 대상 데이터라는 표현을 하는 이유가 따로 있다. WHERE 절에 기술된 왼쪽 테이블에 대한 검색 조건이 있을 때 이 조건을 먼저 처리하여 일차 선별된 중간 결과 데이터가 조인 조건을 처리할 대상이 되기 때문에 조인 대상 데이터 또는 조인 대상 집합이 기준이 된다는 표현을 한다.

그림 3-42 LEFT OUTER JOIN의 문장 형태와 조인 결과 예시

LEFT OUTER JOIN 문장은 FROM 절의 조인 형태를 명시하는 부분에 LEFT OUTER JOIN 이라고 표현한다. 그리고 ON 절에는 INNER JOIN에서와 마찬가지로 조인 조건을 기술하면 된다. LEFT OUTER JOIN 문장의 형태는 다음과 같다.

```
SELECT   테이블1의 컬럼목록, 테이블2의 컬럼목록
FROM     테이블1 A LEFT [OUTER] JOIN 테이블2 B ON A.컬럼1 = B.컬럼2
WHERE    검색 조건 ;
```

OUTER 키워드는 생략하고 LEFT JOIN 이라고만 표현할 수도 있다. ON 절에 '=' 조건을 사용하면 조인 컬럼의 데이터 값이 일치하는 데이터들만 연결하여 테이블1과 테이블2의 데이터가 함께 출력된다. 아울러 조인 조건을 충족하지 않는 경우는 테이블1이 기준 집합이므로 테이블1의 데이터는 정상적으로 출력되고 테이블2 부분은 빈값(NULL) 상태로 결과 집합이 만들어진다. 조인 조건을 기술하는 ON 절은 조인 대상 컬럼의 이름이 동일한 경우 USING 절로 간결하게 사용할 수 있다. LEFT OUTER JOIN 문장의 예시는 다음과 같다.

예제	3장_15_조인_LEFT OUTER JOIN

```
SELECT   a.dept_no, a.dept_name, b.emp_no, b.emp_name, b.hire_date
FROM     sqlstudy.enc_dept a LEFT OUTER JOIN sqlstudy.enc_emp b
                    USING (dept_no);
SELECT   a.dept_no, a.dept_name, b.emp_no, b.emp_name, b.hire_date
FROM     sqlstudy.enc_dept a LEFT JOIN sqlstudy.enc_emp b
                    USING (dept_no);
SELECT   a.dept_no, a.dept_name, b.emp_no, b.emp_name, b.hire_date
FROM     sqlstudy.enc_dept a LEFT JOIN sqlstudy.enc_emp b
                    ON a.dept_no = b.dept_no;
```

OUTER 조인 문장에 대해 표준 SQL을 사용하지 않는 경우는 각 DBMS가 제공하는 독자적인 문법에 따른 OUTER JOIN 문장 형태를 사용할 수 있다. 또한 DBMS 마다 OUTER JOIN을 표현하는 방법이 각기 다르므로 해당 DBMS에서의 OUTER JOIN 문법을 파악하여 사용해야 한다. 예를 들어, 오라클 DB의 경우는 LEFT OUTER JOIN을 다음과 같이 표현한다.

```
SELECT * FROM  테이블1 A, 테이블2 B WHERE A.컬럼1 = B.컬럼2(+) ;
```

2) RIGHT OUTER JOIN

RIGHT OUTER JOIN은 오른쪽에 위치한 테이블의 조인 대상 집합을 기준으로 하여 왼쪽 테이블에서 조인에 성공하는 데이터는 결과 집합에 포함시키고, 조인에 실패하는 경우는 기준 집합인 오른쪽 테이블의 조인 대상 데이터만 출력된다. 왼쪽 테이블에 해당하는 부분은 빈값(NULL) 상태로 결과 집합이 만들어진다.

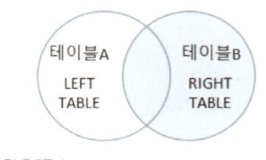
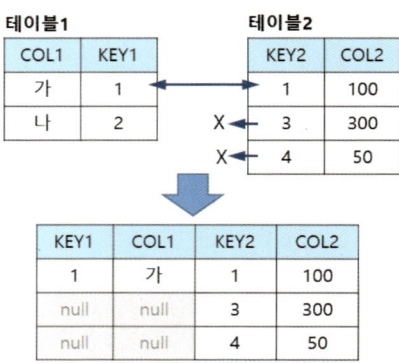

그림 3-43 RIGHT OUTER JOIN의 문장 형태와 조인 결과 예시

RIGHT OUTER JOIN 문장은 FROM 절의 조인 형태를 명시하는 부분에 RIGHT OUTER JOIN 이라고 표현하고 ON 절에는 INNER JOIN에서와 마찬가지로 조인 조건을 기술하면 된다. RIGHT OUTER JOIN 문장의 형태는 다음과 같다.

```
SELECT 테이블1의 컬럼목록, 테이블2의 컬럼목록
FROM   테이블1 A RIGHT [OUTER] JOIN 테이블2 B ON A.컬럼1 = B.컬럼2
WHERE 검색 조건 ;
```

OUTER 키워드는 생략하고 RIGHT JOIN 이라고만 표현할 수도 있다. 조인 조건을 기술하는 ON 절은 조인 대상 컬럼의 이름이 동일한 경우 USING 절로 간결하게 사용할 수 있다. RIGHT OUTER JOIN 문장의 예시는 다음과 같다.

예제 3장_16_조인_RIGHT OUTER JOIN

```
SELECT b.cust_id, b.cust_name, b.gender, b.city, a.join_dt, a.cont_id
FROM   sqlstudy.enc_contract a RIGHT OUTER JOIN sqlstudy.enc_customer b
                USING (cust_id);
SELECT b.cust_id, b.cust_name, b.gender, b.city, a.join_dt, a.cont_id
FROM   sqlstudy.enc_contract a RIGHT JOIN sqlstudy.enc_customer b
                USING (cust_id);
SELECT b.cust_id, b.cust_name, b.gender, b.city, a.join_dt, a.cont_id
FROM   sqlstudy.enc_contract a RIGHT JOIN sqlstudy.enc_customer b
                ON a.cust_id = b.cust_id;
```

3) FULL OUTER JOIN

FULL OUTER JOIN은 왼쪽, 오른쪽 테이블의 모든 데이터를 읽고 조인 조건을 비교하여 조인이 성공하면 양쪽 집합을 연결한 것을 결과에 포함시키고, 실패한 경우는 양쪽 집합에서 조인에 실패한 데이터들을 각각 한번씩 결과 집합에 포함시켜 출력한다. 즉, 테이블1과 테이블2가 있을 때 이들 둘 모두가 각각 기준이 되어, RIGHT OUTER JOIN과 LEFT OUTER JOIN을 수행한 결과를 합집합으로 처리한 결과와 동일하다. 단, 합집합을 생성하면서 중복되는 데이터는 삭제한다. 이것은 뒤에서 설명할 집합 연산 중 UNION 연산자를 사용하여 합집합을 생성한 것과 동일하다. FULL OUTER JOIN 역시 OUTER 키워드를 생략하여 FULL JOIN으로 사용할 수 있다.

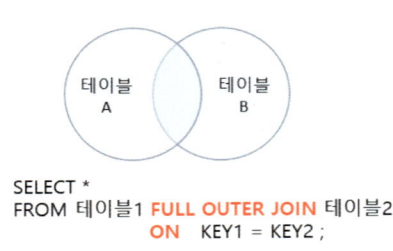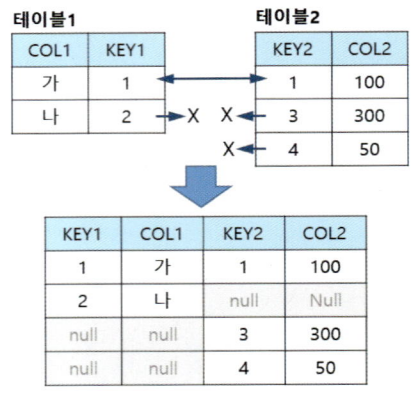

그림 3-44 FULL OUTER JOIN의 문장 형태와 조인 결과 예시

(6) CROSS JOIN

조인은 일반적으로 집합 간의 연결 조건에 의거하여 조인 컬럼 간의 값을 비교하는 과정을 통해 조인 조건을 충족하는 양쪽 집합의 데이터를 연결하는 것이 핵심이다. 그러나 어떤 경우에는- 극히 드문 경우에 해당하지만- 두 집합 간에 값 비교를 통해 양쪽 집합의 데이터를 연결하지 않고, 두 집합 간에 발생할 수 있는 모든 경우의 수를 전부 연결해서 결과 집합을 생성하는 경우가 있다. 즉, 조인 연결고리 없이도 두 집합 간에 연결 가능한 모든 경우의 수를 다 발생시키는 연결 방법이다. 이런 것을 카테시안 곱(Cartesian Product)이라고도 한다. 이러한 카테시안 곱을 생성하는 조인을 표준 SQL에서는 CROSS JOIN-크로스 조인이라 읽으며, 교차 조인이라고 하기도 함-이라고 한다.

CROSS JOIN의 특징은 다음과 같다.

- 실무에서는 잘 사용하지 않지만 특별한 경우-임의로 두 집합 간 경우의 수를 모두 발생시켜 처리해야 하는 예외적인 경우-에 한하여 사용한다.
- 두 집합 간에 M x N에 해당하는 가능한 모든 행의 조합이 발생하여 추출되기 때문에 각 집합의 데이터 양이 많을수록 그 결과 집합은 상상을 초월할 정도의 크기가 되어 시스템에 과부하를 주거나 심할 경우 시스템을 응답 불능 상태로 만들 수도 있다.

- CROSS JOIN은 조인 조건이 생략된 조인 문장과 결과가 동일하다.

  이 말에는 SQL을 작성할 때 실수로 조인 조건을 생략하거나 잘못 기술하게 되면 의도치 않은 카테시안 곱이 생성될 수 있기 때문에 주의가 필요하다는 의미가 포함된다.

카테시안 곱을 만드는 방법은 다음과 같은 두 가지 형태를 사용할 수 있다.

1) 표준SQL을 사용하는 방법
   - CROSS JOIN을 사용하는 방법

         SELECT * FROM 테이블1 CROSS JOIN 테이블2 ;

   - INNER JOIN을 사용하는 방법

         SELECT * FROM 테이블1 INNER JOIN 테이블2 ;
         INNER JOIN을 사용할 때 ON절을 추가하지 않으면 CROSS JOIN과 동일하게 카테시안 곱이 생성된다.

2) 일반적인 조인 문장을 사용하는 방법
이 방법은 다음과 같이 대부분의 DBMS가 지원하고 있는 FROM절에 조인 대상 테이블을 콤마로 구분하여 나열하는 형태의 문장을 사용하는 방법이다.

    SELECT * FROM 테이블1, 테이블2 ;

이 문장은 WHERE 조건절이 없이 테이블만 나열한 형태로, 두 집합 간에 발생 가능한 모든 경우의 수를 다 만들어 낸다. 이때 SELECT 절에 '*' (Asterisk)를 사용하면 양쪽 테이블에서 모든 컬럼들이 다 결과로 추출된다. 만일 양쪽 테이블에 동일한 이름의 컬럼이 있어 둘 중 한쪽만 지정하고자 할 경우 테이블명이나 테이블 별명을 컬럼명 앞에 '테이블명.컬럼명'과 같은 형태로 추가한다. 이때 테이블 별명을 사용하고자 한다면 FROM 절의 테이블명 뒤에 최소 하나 이상의 공백을 두고 테이블 별명을 지정하면 된다.

3.2.6 주석(Comment) 처리

주석(Comment)은 미래 시점에서 중요한 사항을 상기하거나 타인에게 작성자의 의사를 전달하기 위한 매우 의미 있는 수단이다. 이 때문에 프로그램 개발자들은 일반적인 프로그래밍 작업에서 조차도 소스 코드 내에 주석을 달아 놓는 것을 매우 중요하게 여기고 있다. 실제 개발 현장에서도 대부분 개발 시 반드시 사전에 정의된 규칙에 따라 소스 코드 내에 주석을 달도록 규정하고 있다.

주석은 어플리케이션 소스 코드에만 필요한 것이 아니라 SQL에도 필요하고, 테이블이나 뷰, 사용자 함수, 트리거와 같은 데이터베이스 객체에도 적용하는 것이 유리하다. 여기서는 SQL을 비롯하여 데이터베이스 객체에 대해 사용할 수 있는 주석 처리 방법에 대해 설명한다.

(1) SQL 주석(Comment)

SQL에 대한 주석은 일반적으로 SQL 문장 내에 포함하여 작성한다. SQL 문장에 주석을 추가할 때 정해진 규칙은 없지만 문법상 SQL 주석임을 의미하는 기호를 표현하기만 하면 된다. 그러므로 SQL 주석은 미래 시점에 그 주석을 볼 사람이 좀 더 쉽게 읽고 이해할 수 있도록 일관성 있게 사용하는 것이 필요하다. 예를 들면, 주석을 표시할 위치나 주석 내에 포함할 내용의 형식 등을 미리 정해 놓고, SQL 작성 시 모든 사람이 이를 준수하도록 하면 향후에 이 주석을 볼 때 훨씬 의사 전달이 용이할 수 있다.

SQL 주석을 사용하는 방법은 다음과 같은 두 가지로 말할 수 있다.

1) 라인 모드 주석(Line Mode Comment)

라인 모드 주석은 '한 줄 주석'이라고 하기도 한다. 두 개의 하이픈('-') 연달아 '--'와 같이 표시한 후에 원하는 내용을 기술하면 '--' 표시 이후의 내용은 그 라인의 끝까지 모두 주석으로 처리된다. 즉, DBMS가 SQL을 실행하기 위해 작성된 SQL을 해석할 때 '--' 표시를 만나면 그 표시 뒤에 기술된 내용은 모두 주석으로 인지하여 무시하고 다음 라인으로 넘어가게 된다. 그러므로 라인 모드 주석을 사용할 때는 주석 표시('--' 표시) 뒤에 SQL 구문을 사용하지 않아야 한다. 물론 반대로 이를 적극적으로 활용하여 SQL 구문 내용 중 처리를 하지 않고자 하는 부분이 있을 경우 그 앞에 '--' 표시를 붙여서 그 뒤에 기술된 SQL 부분이 실행되지 않도록 할 수도 있다. 라인 모드 주석은 문법 상 주석 표시 뒤의 내용이 모두 무시되기 때문에 SQL에 포함시킬 때 가능하면 SQL 구문의 뒤에 또는 중간에 한 라인을 모두 주석으로 사용하는 방식으로 활용하는 것이 좋다. DBMS에 따라 '――' 다음에 하나의 빈칸을 요구하기도 하므로 빈칸을 추가한 '―― '를 라인 모드 주석으로 알아 두는 것이 유리하다. 다음은 라인 모드 주석을 활용하는 예시이다.

```
―― 사원의 목록을 월급여와 함께 출력한다.
SELECT emp_no, emp_name, sal FROM enc_emp
WHERE ... ;


SELECT   emp_no, emp_name, sal   ―― 월급여는 화면에 천단위 콤마를 표시
FROM     enc_emp   ―― 사원의 주민번호 복호화 함수가 적용된 조회용 뷰
WHERE    조건식1   ―― 조건식에 대한 설명
AND      조건식2 ;


SELECT emp_no, emp_name, sal
―― 이 줄은 모두 주석임
FROM  enc_emp
WHERE ... ;


SELECT emp_no, emp_name, sal   ――, email   사원의 email 출력은 생략
FROM  enc_emp
WHERE ... ;
```

2) 블록 모드 주석(Block Mode Comment)

블록 모드 주석은 '여러 줄 주석' 이라고 하기도 한다. 주석의 시작(/*)과 완료(*/)를 표시하는 기호를 사용하며, 시작과 완료 기호 사이에서는 여러 줄에 걸쳐서 자유롭게 주석을 기술할 수 있다. 주석의 완료 기호(*/) 다음에는 다시 SQL 구문이 계속 이어져도 정상적인 SQL로 처리되기 때문에 블록 모드 주석은 SQL 문장의 아무 위치에서나 사용이 가능하다. 블록 모드 주석은 위치나 사용에 있어서 별다른 제약이 없기 때문에 실제 개발 현장에서도 많이 사용되고 있다. 또한 그들 대부분은 개발 표준과 같은 자체 규정에서 개발자 간의 원활한 의사소통을 위해 일관된 사용 방법을 제정하여 운영하고 있다. 다음은 블록 모드 주석을 활용하는 예시이다.

```
/* 이 SQL은 ...에 대한 목록을 조회한다.
   작성자 : 홍길동
   작성일 : 2019-03-24      */
SELECT col1, col2, col3, ...
FROM   table
WHERE  condition ... ;
SELECT /* 이 SQL은 ...을 하기 위한 ...의 목록을 추출함. */ col1, col2, ...
FROM   table
WHERE  condition ... ;

UPDATE /* ~에 따른 ~ 갱신 */ table1 SET col1 = 변경값 WHERE ... ;
```

지금까지 살펴 본 SQL 주석 방법은 SQL을 비롯하여 뷰, SQL을 절차적 언어 방식으로 확장하여 DBMS 내에 저장 모듈로 생성하는 사용자 함수나 프로시저, 트리거 등의 데이터베이스 객체 내에서도 동일한 방식으로 사용할 수 있다.

(2) 테이블과 컬럼에 대한 주석(Comment)

CREATE TABLE 문장으로 테이블을 생성한 후 SQL을 작성하거나 테이블의 구성을 확인할 때 테이블과 컬럼에 대한 주석이 없으면 어떨까? 일일이 설계 문서를 찾아 보거나 해당 테이블에 대해 잘 알고 있는 사람을 찾아서 물어 보아야 하는 등 매우 불편할 것이다. 이는 곧 생산성 저하로 이어질 수 있다. 이를 방지하기 위해 거의 모든 개발 현장에서는 테이블을 생성할 때 테이블과 그 구성 컬럼에 대한 주석을 함께 데이터베이스 내에 생성하도록 하고 있다. 이러한 목적으로 위해 COMMENT ON 명령을 사용하며, 이렇게 생성된 테이블과 컬럼에 대한 주석은 데이터베이스 내에 메타 데이터로 생성되어 관리되기 때문에 필요 시 SQL로 테이블과 컬럼에 대한 주석 데이터를 조회할 수 있다. 이러한 특성을 사용하여 많은 데이터베이스 관리 소프트웨어들은 데이터베이스 내에 생성되어 있는 주석 데이터가 있으면 테이블이나 컬럼의 목록을 보여줄 때 해당 개체의 주석을 테이블이나 컬럼 목록에 함께 보여준다.

테이블에 대한 주석은 다음과 같이 생성한다. 일반적으로 테이블명을 영문 약어로 생성하는 경우가 많기 때문에 정확한 의미를 전달하기 위해 테이블 생성 후 테이블 한글명을 테이블 주석으로 많이 생성하며, 간혹 간단한 테이블 설명을 포함시키기도 한다.

COMMENT ON TABLE schema_name.table_name IS '테이블한글명' ;

컬럼에 대한 주석은 다음과 같이 생성한다. 테이블과 마찬가지로 컬럼명 또한 일반적으로 영문 약어로 생성하는 경우가 많다. 때문에 정확한 의미 전달을 위해 테이블을 생성한 후 컬럼 한글명을 컬럼 주석으로 많이 생성하며, 간혹 간단한 컬럼 설명을 포함시키기도 한다.

COMMENT ON COLUMN [schema_name.] table_name.column_name IS '컬럼한글명' ;

앞 장에서 생성한 예제 DB 테이블에 대해 테이블과 컬럼에 대한 주석을 생성해 보면 다음과 같다.

```
SQL Shell (psql)
postgres=# COMMENT ON TABLE sqlstudy.enc_emp IS '사원';
COMMENT
postgres=# COMMENT ON TABLE sqlstudy.enc_prod IS '상품';
COMMENT
postgres=# COMMENT ON TABLE sqlstudy.enc_country IS '국가';
COMMENT
postgres=# COMMENT ON TABLE sqlstudy.enc_job IS '직업';
COMMENT
postgres=# COMMENT ON TABLE sqlstudy.enc_customer IS '고객';
COMMENT
postgres=# COMMENT ON TABLE sqlstudy.enc_order IS '주문';
COMMENT
postgres=# COMMENT ON TABLE sqlstudy.enc_ord_status_hist IS '주문상태이력';
COMMENT
postgres=# COMMENT ON TABLE sqlstudy.enc_contract IS '계약';
COMMENT
postgres=#
```

그림 3-45 테이블 주석(comment) 문장 예시

```
SQL Shell (psql)
COMMENT
postgres=# COMMENT ON COLUMN sqlstudy.enc_emp.emp_no        IS '사원번호';
COMMENT
postgres=# COMMENT ON COLUMN sqlstudy.enc_emp.emp_name      IS '사원명';
COMMENT
postgres=# COMMENT ON COLUMN sqlstudy.enc_emp.dept_no       IS '소속부서';
COMMENT
postgres=# COMMENT ON COLUMN sqlstudy.enc_emp.hire_date     IS '입사일자';
COMMENT
postgres=# COMMENT ON COLUMN sqlstudy.enc_emp.sal           IS '월급여';
COMMENT
postgres=# COMMENT ON COLUMN sqlstudy.enc_emp.manager_emp_no IS '관리자사원번호';
COMMENT
postgres=# COMMENT ON COLUMN sqlstudy.enc_emp.age           IS '나이';
COMMENT
postgres=# COMMENT ON COLUMN sqlstudy.enc_emp.area          IS '거주지역';
COMMENT
postgres=#
```

그림 3-46 컬럼 주석(comment) 문장 예시

앞에서도 설명했지만 생성한 주석은 데이터베이스 내에 메타 데이터로 관리되고 있기 때문에 SQL 문장으로 조회할 수 있다. 먼저, 테이블 주석을 조회하는 SQL 문장과 실행 결과에 대한 예시이다.

예제　　　　　　　　　　　　　　　　　　　　　　　　　　3장_17_테이블및컬럼주석정보조회(1)

```sql
SELECT PS.relname        AS TABLE_NAME
      ,PD.description    AS TABLE_COMMENT
  FROM pg_class PS
       LEFT JOIN pg_description PD
            ON PS.oid = PD.objoid AND PD.objsubid = 0
 WHERE PS.relkind = 'r'
   AND PS.relname like 'enc/_%' escape '/';
```

```
postgres=# SELECT PS.relname      AS TABLE_NAME
postgres=#       ,PD.description AS TABLE_COMMENT
postgres=#   FROM pg_class PS LEFT JOIN pg_description PD
postgres=#                ON PS.oid = PD.objoid AND PD.objsubid = 0
postgres=#  WHERE PS.relkind = 'r'
postgres=#    AND PS.relname like 'enc/_%' escape '/';
     table_name        |   table_comment
----------------------+--------------------
 enc_dept             | 부서
 enc_emp              | 사원
 enc_prod             | 상품
 enc_country          | 국가
 enc_job              | 직업
 enc_customer         | 고객
 enc_order            | 주문
 enc_ord_status_hist  | 주문상태이력
 enc_contract         | 계약
(9개 행)


postgres=#
```

그림 3-47 테이블 주석(comment) 조회 SQL 실행 결과 예시

다음은 컬럼 주석을 조회하는 SQL 문장과 실행 결과에 대한 예시이다.

| 예제 | 3장_17_테이블및컬럼주석정보조회(2) |

```sql
SELECT PT.relname         AS TABLE_NAME
      ,PA.attnum          AS COLUMN_POSITION
      ,PA.attname         AS COLUMN_NAME
      ,PD.description     AS COLUMN_COMMENT
  FROM PG_class pt
       INNER JOIN pg_attribute PA     ON PT.oid = PA.attrelid
                                     AND PA.attnum > 0
       LEFT JOIN  pg_description PD ON PA.attrelid = PD.objoid
                                     AND PA.attnum = PD.objsubid
                                     AND PD.objsubid <> 0
 WHERE PT.relkind = 'r'
   AND PT.relname = 'enc_emp'   --테이블명
 ORDER BY PT.relname, PA.attnum;
```

```
postgres=# SELECT PT.RELNAME      AS TABLE_NAME
postgres-#       ,PA.ATTNUM        AS COLUMN_POSITION
postgres-#       ,PA.ATTNAME       AS COLUMN_NAME
postgres-#       ,PD.DESCRIPTION   AS COLUMN_COMMENT
postgres-#   FROM PG_CLASS PT
postgres-#        INNER JOIN PG_ATTRIBUTE PA   ON  PT.OID = PA.ATTRELID
postgres-#                                    AND PA.ATTNUM > 0
postgres-#        LEFT JOIN  PG_DESCRIPTION PD ON  PA.ATTRELID = PD.OBJOID
postgres-#                                    AND PA.ATTNUM = PD.OBJSUBID
postgres-#                                    AND PD.OBJSUBID <> 0
postgres-#  WHERE PT.RELKIND = 'r'
postgres-#    AND PT.RELNAME  = 'enc_emp' --테이블명
postgres-#  ORDER BY PT.RELNAME, PA.ATTNUM;
```

table_name	column_position	column_name	column_comment
enc_emp	1	emp_no	사원번호
enc_emp	2	emp_name	사원명
enc_emp	3	dept_no	소속부서
enc_emp	4	hire_date	입사일자
enc_emp	5	sal	월급여
enc_emp	6	manager_emp_no	관리자사원번호
enc_emp	7	age	나이
enc_emp	8	area	거주지역

(8개 행)

그림 3-48 컬럼 주석 조회 SQL 실행 결과 예시

찾아보기

A
alias **142, 169**
ALTER **105, 107**
ALTER TABLE **85**
AS **142**

B
BETWEEN **148**

C
cardinality **53**
cartesian product **176**
catalogs **114**
CHECK **61**
Cluster **113**
column **23, 29**
commit **109**
CONCAT **144, 157**
constraint **59, 61**
CREATE **105, 107**
create table **84, 85**

D
Database **113**
DataBase Management System **19**
Data Control Language **104**
Data Definition Language **104, 106**
data dictionary **114**
data integrity **23**
Data Manipulation Language **104, 127**
DBMS **19**
DB **18**
DB2 **25**
DCL **104**
DDL **104, 106**
DELETE **105, 134**
DML **104, 127**
DROP **105, 107**
DROP TABLE **107, 108**

E
entity **45**
equi join **161**
ERD **39**
EXISTS **81, 108**

F
FK **59**
foreign key **59, 60**
FROM **137, 138**

G
GRANT **105**
GROUP BY **141**

H
HAVING **141**

I
IBM DB2 **25**
Illustra **25**
INDEX **107, 126**
Informix Dynamic Server **25**
INSERT **127, 128**
IN **148**
INTO **130**
IS NOT NULL **148**
IS NULL **148**

K
key **58, 59**

L
LIKE **148, 149**

M
meta data **114**

N

NoSQL DB **25**
non equi join **161, 162**
NOT **155, 157**
NOT EXISTS **81**
NOT IN **148**
NOT NULL **85**

O

Object Store **25**
optimizer **32**
optionality **53, 63**
OR **155, 157**
ORDB **25**
ORDER BY **141**
outer join **165, 172**

P

PK **59**
PostgreSQL **25, 61**
primary key **37**

Q

Query Tool **83**

R

RDBMS **15, 20**
REBUILD **107**
REINDEX **107**
RENAME **105, 107**
REVOKE **105**
rollback **105, 109**
row **23, 29**

S

Schema **114**
SELECT **105, 135**
SEQUEL **12, 13**
SET **131, 132**
SEQUENCE **107**
SQL **9**
SQL 연산자 **148**
SQL 편집기 **11**
SQL 표준 **14**

T

TABLE **23, 27**
TCL **105**
timestamp **93**
TO_CHAR **139, 144**
TRUNCATE **105, 107**
TRUNCATE TABLE **108**

U

UK **59**
UNION **140, 175**
UNION ALL **140**
unique key **59**
UniSQL **25**
UPDATE **105, 131**
UPPER **88, 144**

V

VIEW **121, 122**

W

WHERE **132, 137**
World Wide Web Consortium **14**

ㄱ

개체 **54, 58**
개체 무결성 **54, 58**
객체 지향 데이터베이스 **24**
객체-관계형 DB **25**
계층형 DB **21**
관계 **39, 45**
관계형 데이터베이스 **23**
기본값 **61**

ㄴ

네트워크형 DB **22**
논리 연산자 **155**

ㄷ

데이터 17
데이터베이스 18, 113
데이터베이스 시스템 18
데이터 무결성 100
데이터 사전 114
데이터 정의어 104, 106
데이터 제어어 104
데이터 조작어 104
동등 조인 161

ㄹ

레코드 21, 22
로우 29, 37

ㅁ

메타 데이터 114

ㅂ

별칭 14, 69
보고서 32, 33
부모 테이블 99
뷰 114, 118
비교 연산자 146, 147
비동등 조인 161, 162
비정형 데이터 25

ㅅ

산술 연산자 157
색인 42
속성 29, 39
시퀀스 114
스키마 114

ㅇ

열 29, 114
오라클 23, 24
옵티마이저 32
완료 179
외부 조인 165
인덱스 44, 117
일관성 25, 178

ㅈ

자식 테이블 99, 158
접속 111, 115,
제약조건 107, 126
조인 157, 158
주 키 54, 59

ㅊ

출력 139, 141

ㅋ

카탈로그 114
컨테이너 114
컬럼 29, 123
클러스터 113
키 59

ㅌ

테이블 23, 27
테이블 생성 84, 86
튜플 29
트랜잭션 105, 109
트랜잭션 제어어 105
티베로 25

ㅍ

파일 시스템 21
편집 83
편집 창 97
표준 SQL 13, 15

ㅎ

함수 16
항목 50
행 29, 114